STB
상생방송
특별기획
역사특강 ⑥

다시 보는 우리민족

• 윤명철 지음

다시 보는 우리 민족

발행일 2015년 12월 22일 초판 1쇄
지은이 윤명철
발행처 상생출판
주 소 대전시 중구 중앙로 79번길 68-6
전 화 070-8644-3156
팩 스 0303-0799-1735
홈페이지 www.sangsaengbooks.co.kr
출판등록 2005년 3월 11일(175호)

ISBN 979-11-86122-15-0
      978-89-94295-27-5 (세트)

STB
상생방송
특별기획
역사특강 ⑥

다시 보는 우리민족

● 윤명철 지음

상생출판

2015년 10월 현재

나는 때때로 이 땅의 지식인들, 국가를 대표하는 정치인들에게도 질문을 던진다.

"우리는 한민족이라고 하는데, '한민족' 의 어원, '한국' 이라는 국명의 의미를 알고 있습니까?"

유감스럽지만 제대로 답변을 하는 사람을 만난 적이 없다.

이것이 정상일까?

민족주의의 불필요성과 폐해를 열심히 강조하는 사람들, 국사해체론자들에게 묻고 싶다.

"민족주의와 민족이라는 단어와 개념 역할에 대해서 생각해 본 적이 있는가?" 물론 남의 언어와 개념을 빌어와서 소개하고 반복하는 것이 아닌 자기 연구와 성찰을 통해서 말이다.

또 "우리 민족의 역사에 대해서 얼마나 알고 있는가?"

그나마 알고 있다고 반발하는 사람들이 내세우는 근거는 중고등학교 시절 또는 대학 교양시간에 배운 국사지식이 대부분이다. 물론 난 그 역사서술에 대해서 불만을 가진 부분이 많다.

'민족民族' 이라는 단어는 우리가 만든 것이 아니다. 서양인들이 자신들의 역사와 특히 근대에 들어와 새로운 정체성을 찾고 만들어가는 과정에서 만들어진 'nation' 을 일본인들이 번역하면서 民 과 族을 합하여 만든 조어이다. 그때는 일본을 비롯한 동아시아 사람들은 이 단어를 사용할 수밖에 없었던 불행한 역사적인 상황에 처해 있었다. 특히 국권을 상실하고 삶을 앗긴 우리에게 '민족' 은 정치술어나 학문용어 아닌 생존을 위한 절대적인 힘이였었다.

지금 세계는 하나가 되고 있고, 소위 '세계화(globalization)'를 추진하고 있다. 적지 않은 이들이 그 '세계화'를 강요하고, 한국에서도 많은 이들이 그 '세계화'의 개념과 의도를 잘 알지 못한 상태에서 무조건 수용하면서, 다 많은 이들에게 또 다른 형태로 강요한다. 그리고 민족의 무용성은 물론이고, 오히려 부정적인 것으로 평가하거나 매도하고 있다. 그것은 분명 잘못된 행동일 뿐만 아니라, 무식한 짓이다.

지금도 세계에는 이 세계화의 흐름을 전적으로 수용할 수 없는 나라와 지역 사람들이 있다. 그 가운데 하나가 우리다. 우리는 그들과는 또 다른 몇 가지 이유가 더 있다.

첫째, 민족이라고 불리우는, 또는 인식하는 우리들의 생존 또는 생활의 문제와 직결되어 있다. 크게는 세계화의 과정 속에서 강대국들과 정치 군사 경제 뿐 만 아니라 문화 등에서 경쟁을 벌이고 있기 때문이다. 한편 작게는 동아시아 지역에서 한국 중국 일본은 서로 간에 경쟁을 벌이고 있을 뿐 만 아니라 때로는 충돌이 생기고, 미래를 예측할 수 없기 때문이다. 그런데 한국은 지정학적으로 불리할 수도 있는 여건 속에 놓여 있을 뿐 아니라 국력이 약하다.

둘째, 적대적인 분단 상황과 통일을 실현시켜야할 당위성과 필요성이 있다. 우리에게 남북 분단은 단순한 지역의 분할, 정치 세력의 분열이 아니다. 경제나 문화의 분열은 물론이고, 역사의 분열, 정체성의 분열, 그리고 자의식의 분열이다. 이 분열을 해소하고 분단을 이어주는 가장 효율적이고 절대적인 매체는 민족이다.

셋째, 역사의 정통성을 확립하고 정체성을 수복해야 한다. 한 집단에게 정체성이란 생존 그 자체의 의미를 갖고 있다. 길고도 긴 역사과정 가운데에서 어느 한 순간부터 우리 집단의 정체성이 약화되기 시작했고, 인간성과 민족문화를 비롯한 상당한 부분이 왜곡됐다. 따라서 이 상처들을 치유하고, 정체성을 수복하는 일은 후손으로서 역사에 대한 도리일 뿐 아니라 집단의 생존과 구성원들의 편안하고 의미있는 삶을 위해서도 반드시 필요하다.

넷째, 인류문명의 발전과 한민족의 역할과 연관됐다. 한민족은 생성할 때부터 역사적인 운명을 갖고 있었다. 우리가 살아온 터전은 지정학적으로 지경학적으로 매우 가치가 높으면서도, 동시에 의미가 깊은 곳이다. 세계의 여러 곳을 출발해서 이 터를 찾아와 정착하면서 구현한 세계관과 사상, 신앙, 미학 등은 숙고할 만한 가치와 의미가 있다. 그리고 이것들은 현대 인류가 당면한 새로운 문명을 찾고 만들어가는 데 필요한 모델과 교훈이 될 수 있다.

따라서 민족 문제는 우리가 대충 넘어가거나 피해서 돌아가거나 할 문제가 아니다.

이 책은 STB상생방송에서 강의한 〈다시 보는 우리민족〉의 내용을 녹취하여 만들어졌으나, 필자로서는 처음부터 목적을 갖고, 그동안의 연구 성과물을 갖고 시작했던 결과물이다.

제1강에서는 우선 민족주의가 무엇인가를 정확하게 알고자 하였다. 서양에서 민족주의가 왜 발생했고, 어떻게 활용됐고, 현재에는 무슨 이유로 '탈민족주의' '국사해체론' 등 민족주의 부정론이 나오는가를 살펴보았다. 이어 과거부터 현재에 이르기까지 중국과 일본, 때로는 우리 스스로가 어떠한 목적을 갖고 어떠한 방식으로 우리와 역사를 왜곡했는가를 살펴보았다.

제2강에서는 우리 민족은 어떻게 생성되었는가를 살펴보았다. 한민족을 제대로 이해하려면 민족의 개념과 용례 및 기능을 추상적으로 안 상태에서 자기주장을 내세우거나 논리를 전개해서는 안 된다. '혈연' '언어' '지연' '경제' '역사적인 경험' 등은 이미 100년 이상 사용해 온 용어와 개념이다. 심지어는 민족民族이라는 단어를 동일하게 사용하는 일본 중국과 우리조차 그 성격과 용례가 다르다. 현대는 자연과학, 사회과학이 질적으로 발달하고, 논리체계도 매우 복잡해졌고, 누구나 다양한 현상들을 체험하고 인식할 수 있게 되었다. 또한 민족 또는 민족주의가 가진 세계사적인 의미도 달라졌다. 따라서 민족의 정의 개념 등을 기존의 견해와는 다른 방식으로 살펴보았다.

제3강에서는 한민족의 근원과 생성과정을 살펴보았다. 그동안 우리 민족의 역사는 반도사관의 틀에 얽매어 있었을 뿐 만 아니라 바다를 주목하지 못했다. 당연히 자연환경의 다양성, 문화의 다양성 등을 인식하지 못했고, 우리 역사 및 문화를 유라시아 전 지역과 연관시키지 못했다. 또한 우리 역사를 유기적이고 계통적으로 이해하는 데 부족했다. 이 책에서는 원조선 계통론을 설정하였고, 각종 사료와 자연환경, 역사유기체설, 해륙사관 등 새로운 이론들을 동원하여 왜, 선비, 거란, 말갈, 튜르크계 일부 등을 한민족의 범주로 설정하였고, 활동공간도 확장하였다.

제4강에서는 한민족의 정체성을 살펴보았다. 이 책의 핵심이라고 할 수 있다. 정체성은 다양하게 정의될 수 있는데, 그 가운데 하나는 우리가 흔히 말하는 민족성이나 문화의 특성이라고 할 수 있다. 본서에서는 그동안 주장되거나 논의되어 왔던 것들은 몇 가지 문제가 있다고 단호하게 주장하였다. 첫째, 우리 스스로가 아닌 타他 또는 비아非我에 의해서 만들어지거나 주장된 것들이다. 둘째, 사실에 근거하지 않았고, 추상적이고 사변적으로 접근하여 내린 자기주장이 강하다. 셋째, 사료를 정확하게 검토하지 않았고, 역사적인 상황과 자연환경 등을 실제로 고려하지 않았다. 넷째, 자연과학, 사회과학 등 발달한 학문의 연구성과들을 충분하게 고려하지 못했다. 다섯째, 객관과 실증이라는 미명하에 우리 역사와 민족성을 '비긍정적' 또는 '부정적'으로 묘사하였다.

필자는 이러한 문제점들을 인식하면서 한계를 극복하려는 시도들을 하였고, 연구물들을 발표하였다. 따라서 이러한 이론과 학설에는 개별 연구자의 개성이 작용했음을 부인하지는 않는다. 앞으로 정체성과 연관하여 많은 논쟁들이 있기를 강하게 희망한다.

모든 존재물은 고유의 가치와 존재 이유, 그리고 독특한 삶의 양식이 있다. 그 개개, 부분 부분의 존재물이 모여 더 큰 단위를 이루고 전체가 되지만, 개별 존재들은 여전히 자기 개성을 갖고 있다. 그 부분 개성들이 살아있어야만 전체는 생명력을 가지며 발전한다. 따라서 작은 지역들, 소수의 사람, 비주도적인 문화 그리고 다양한 민족들이 공동으로 참여하고 창조하는 것이 바람직한 세계화, 즉 자연스러운 역사발전의 결과물로서의 세계화이다.

만약에 역사가 발전한다고 하면, 또는 발전을 지향하고 실현시키는 것이 역사라면 우리는 그 역할을 담당해야 한다. 민족과 민족주의는 새롭게 다가와야 하고, 우리는 그것을 끌어안고 새로운 역할을 담당해야 한다.

내게 민족과 민족주의란 이러하다.

사실과 진실을 규명하고 알며, 왜곡되고 상처난 정체성을 치유하면서, 안으로는 보다 인간다운 삶을 이룩하고, 민족통일을 실현시키고, 밖으로는 세계사와 인류의 발전을 위한 의미있는 역할을 담당하는 일을 하는 데 필요한 원핵이다.

민족 또는 집단의 정체성에 충실한 사람은 배타적이거나 공격적이지 않을 뿐만 아니라 개방적이며 남과 더불어 상생하고, 진실을 추구한다.

단기 4348년 10월 3일

| 차례 |

다시
보는

우리
민족

민족주의란
무엇인가

다시
보는
우리민족

1강

민족주의란 무엇인가

사회자 : 외국의 한 유명한 예술가가 한글이 아름답다며 "한글이 어디에서 온 것이냐?"고 물었습니다. 당연히 한국의 문자라고 대답했겠지요. 그러자 "물론 한국의 문자인 건 알고 있습니다. 내가 알고 싶은 것은 한글이 중국에서 왔는지, 아니면 일본에서 왔는지 그것을 알고 싶습니다"라고 했답니다. 이것은 한 다큐 감독이 최근에 겪은 일이라고 합니다. 한류열풍과 더불어 한국이란 이름은 전 세계에 알려져 있지만, 한국의 역사와 문화는 아직 올바로 알려져 있지 않은 것 같습니다. 우리의 역사와 문화를 올바로 알리는 일, 그것은 누구의 몫일까요?

안녕하세요. STB상생방송 역사특강입니다. 오늘 특강의 주제는 '민족'입니다. '민족', '민족주의'는 다소 민감한 주제입니다. 근래 민족주의를 국수주의 나 세계화에 뒤떨어진 구시대적인 발상이라고 보는 주장들도 있고, 심지어 '민족'을 만들어진 허상으로 보는 주장까지 있습니다.

다양한 민족과 고유문화가 서로 상생하는 길은 없을까요? 이런 논쟁 속에서 우리는 '민족'을 어떻게 정의하고 또 어떻게 이해해야 할까요?

오늘 한민족학회 학회장이시고, 동국대학교에서 역사를 가르치고 계신 윤명철 교수님을 모시고 '민족'을 주제로 소중한 강의를 청해 듣겠습니다.

교수님, 첫 강의의 주제는 '민족주의란 무엇인가' 입니다. 그리고 전체 강의 주제는 〈다시 보는 우리 민족〉인데요. 특별하게 이 주제를 정하신 이유가 있습니까?

'다시 보는 우리 민족'이란 주제가 있는데요. 이 땅, 이 터에서 살아가는 우리는 자신들이 원하든 원하지 않든 '한韓민족'의 구성원입니다. 모든 존재물이 그렇지만 특히 사람에게는 '정체성'의 발견과 인식이 가장 중요합니다. 자기가, 우리가 누구인지 알아야 되는데 유감스럽게도 내가 누구인가? 우리 민족이 무엇이며, 누구인가? 그리고 언제부터 '민족국가'로 성립되었는가? 이런 질문을 스스로에게 던질 때나 또는 타인, 외국인에게 질문 받을 때 자신있게 명쾌하게 답변할 수 없습니다. 가끔 이런 예를 들기도 하고, 실지로 그런 질문을 던지기도 합니다.

여러분들에게 물어보겠습니다. '대한민국', '한국' 이러한 우리 국호의 어원과 의미를 아시나요? 만약 외국에 나가서 활동하는 외교관, 장관, 기업가들이 상대방에게서 이런 질문을 받았다고 가정하세요. 그럴 일이야 없겠지만 우리 대통령이 일본의 내각 총리대신이나 중국의 국가주석에게서 그런 질문을 받았다고 가정하세요. 만에 하나라도 답변을 못한다거나 우물우물거린다면 그야말로 상상할 수조차 없는 일이 발생할 겁니다. 중요한 협상을 하는 도중이라면 완전히 허를 찔리고 당황하다가 실패하고 말겠지요? 자! 우리나라에서 이 질문에 답변할 수 있는 사람이 과연 몇이나 있을까요?

민족을 말할 때 가장 중요한 용어가 '정체성', 즉 그 민족이란 본체의 핵심이죠. 지금은 유행처럼 부담없이 사용하고 있지만 정작 이 단어가 사용된 것은 그리 오래지 않습니다. 그런데 정작 그 어원과 내용에 관해서 특히 우리의 정체성에 대해서 잘 알고 있거나 고심하는 사람들은 그리 많지 않습니다.

사회자께서도 분명히 말했지만 동북공정이 가져다 준 충격 때문인지 아니면 생존을 유지하기 위해 고군분투하던 시절을 벗어나고 세계적으로 알려진 부국, 경제력이 성장한 나라가 되고 이제 숨 돌리고 자신을 돌아보고 인생의 의미와 문화를 향유하려는 욕구가 생겨서인지 모르지만, 또 어쩌면 다른 나라와 경쟁을 벌이고 다른 민족을 의식해서인지 최근에 들어서는 민족에 대한 관심이 또 다른 점에서 높아지고 있습니다. 일종의 자기점검이 시작된 것은 아닌가 하는 생각도 들긴 합니다.

우리는 한韓민족인가? 하나의 민족인가? 정말 한 점 흠결없는 단일민족인가? 이런 민족 자체에 대한 논쟁도 발생하고 있습니다. 또한 '민족주의(nationalism)'란 것이 정말 실재하는가? 아니면 실제로는 없는데도 만들어진 허구의 존재인가? 특히 우리가 알고 있는 우리 한민족은 만들어진 것이 아닌가? 이런 애매모호한 문제들도 더불어 발생하고 있습니다.

뿐만 아니라 보통 '민족성'이라고 했을 경우, 우리는 당연한 듯 알고 있는 단어와 문장 내용들은 역사의 초창기나 혹은 오래 전부터 세월을 거쳐오며 숙성돼서 만들어진 것이 아니라 일제강점기 때나 또는 그 직후에 만들어진 것이 대부분입니다. 당연히 우리를 부정적이고 약한 존재로 규정한 것들이지만.

지금 우리는 21세기라는 새로운 세기를 두려움과 불안으로 가득차서 힘겹게 맞이하고 있습니다. 또 '세계화(globalization)'라는, 그 전의 국제화와는 질적으로 다른, 전에는 전혀 경험해보지 못했던 인류 역사상 미중유의 시대를 맞이하고 있습니다.

그렇다면 살기 위해서, 생존을 위해서라도 당연히 정체성을 찾아야 하고 만들어가야만 합니다. 우리 민족은 과연 무엇인가? 우리 민족은 어떻게, 언제부터 생성되었는가? 그리고 가장 중요한 것이지만 우리 민족성은 무엇인가? 이런 문제들을 속에 담아만 두지 말고, 사회 전면에서 끄집어내서 모두가 동참해서 다시 한 번 되짚어 볼 기회가 된 것 같습니다.

더구나 최근에는 우리 한민족을 둘러싸고 벌어지는 국제관계가 매우 격동적이고 걷잡을 수 없어서 예측불허인데다가 국가 또는 민족 간의 경쟁은 제2차 세계대전 이후에 가장 심각한 상태입니다. 심지어는 물리적이고 군사적인 충돌로 일어나는 상황입니다.

그런 의미에서 '다시 보는 우리 민족'이란 어쩌면 케케묵은 소리이거나 다소 추상적으로 들릴 수도 있지만 가장 현실적이고 근본적이고 핵심인 주제로 강의를 시작합니다. 할 말이 많습니다만 이 번에는 아쉬운 대로 종합 4강으로 정리를 하고자 합니다. 제1강은 '민족' 자체에 대해서 말씀을 드리지요. 즉 근대 세계에 들어온 이래 세계사람들 모두에게 관심인 '민족'은 어떻게 구성되어 있는가? 다음 주에는 '민족주의'의 문제, 그 다음 주에는 우리 민족국가의 형성과정과 우리 민족주의, 마지막 주에는 민족성 등 예민한 문제들을 주어진 시간에 맞춰서 차근차근 말씀드리도록 하겠습니다.

사회자 : 교수님의 소중한 강의 청해 듣겠습니다.

인사드리겠습니다. 최근에 들어서면서 많은 사람들이 저한테 이런 질문들을 하고 있습니다. 우선 첫 번째는, '우리 민족은 과연 단일민족인가?' 입니다. 이 말을 처음 들었을 때는 다소 놀랐죠. 우리 세대는 중학교, 고등학교를 다닐 때까지만 해도 이러한 말을 아무런 의심 없이 받아들였습니다. 그냥 사실로서 알았습니다. 그런데 이제는 그렇지가 않다는 것입니다. 물론 사람들이 이런 의문을 갖는 것은 당연하다고 봅니다. 그래도 제가 놀라고 당황스러워하는 것은 숨길 수 없습니다.

또 이런 질문도 있습니다. 보다 구체적인데요. '고구려, 백제, 신라 이들은 과연 우리 민족국가인가?' '삼국은 하나의 민족이라는 의식을 갖고 있었는가?' 특히 최근에 들어서는 동북공정의 영향 때문인지 모르겠지만, 저는 중국의 전략에 말려들었다고 판단합니다만 분명 그 때문입니다.

"고구려, 백제, 신라는 각각 다른 민족국가가 아닌가요?" 이런 의문 아닌 주장하는 사람들도 생겨나고 있습니다. 심지어는 '고구려는 우리 역사도 아니고 중국 역사도 아니며 오로지 고구려의 역사다'라고 주장하는 역사학자들도 있습니다. 다음 시간에 구체적으로 거론하겠지만 역사의 정의와 역사인식, 외세지향적인 지적태도 그리고 역사 지식에 대한 무지 때문에 그러한 발상을 하는 것이지요.

그리고 또 한 가지 '우리 민족은 언제부터 형성되었는가?' 이런 질문입니다. 이 질문은 언제부터라는 민족국가가 성립되는 시기와 연관이 되고 우리 국가, 즉 정치체제가 성립되는 시기와도 관계가 있습니다. 시기, 장소, 단계, 종족, 부족, 분포 등이 다 연관되어 있습니다. 이러한 종류의 크고 작은 질문들을 던지고 있습니다.

이러한 질문과 몇 몇 주장들에는 두 가지 서로 다른 관점들이 있습니다. 하나는 우리 민족의 역사를 비교적 긍정적으로 보려는 분들의 생각입니다. 그동안은 소위 강단의 주류사학에서 우리 역사나 한민족을 이해할 때 실증과 고증에 지나치게 집착하고 경직된 사고를 하다보니까 비긍정적이거나 불리하게 바라보는 경향이 있었습니다. 문화의 발전 정도와 시기들, 국가의 형성과 민족의 탄생, 영토와 활동범위 등 모든 것이 축소되고 부정적으로 묘사되었지요. 일본학자들의 영향이나 지시를 받았는지는 모르지만 결과적으로는 다분히 일본의 주장과 유사하지요.

그런데 최근에, 정확하게 말하면 1980년대부터 중국이 요서지방, 내몽골지방에서 여러 가지 의미가 깊고 큰 발견과 발굴들을 했습니다. 최근에 들어서 소위 '요하문명론'으로 규정된 것입니다. 그런데 그 결과들을 고려한다면 그동안 강단주류라는 학자들이 주장한 만주 일대에 대한 문화 단계와 편년들은 폐기하지 않으면 안 되는 상황이 되어 가고 있습니다. 그러다보니까 불만을 가진 입장에 선 사람들은 한민족은 언제 처음으로 형성되었는가? 그리고 언제부터 과연 민족국가가 되었는가? 이런 것들을 놓고 관심을 기울이면서 논쟁을 시작하고 있습니다.

그렇다면 왜 이런 현상들이 생기거나 아니면 갑자기 튀어나온 것일까요? 이 세상, 세계사가 변했다는 겁니다. 1991년도, 참으로 상징적인 해이죠. 그 이전에는 대체적으로 많은 나라들은 세계가 커다란 몇 몇 국가들을 중심으로 이루어졌고 나머지 국가들은 따라서 움직이는 걸로 생각하고 있었습니다.

즉 전근대에는 '민족은 국가이다' 으레껏 이렇게 생각했습니다. 민족주의나 국가주의는 서양 역사의 산물이니까요. 그런데 꼭 같은 개념은 아니지만 우리는 오랫동안 하나의 민족으로 국가를 번갈아가면서 계속 만들어왔기 때문에 당연히 민족은 국가였고 하나의 민족이다. 그렇게 생각했지요. 그런데 다른 나라들의 복잡한 역사와 민족분쟁 등을 알게 되면서 생각을 달리하기 시작한 것입니다. 일단 궁금증을 갖게 된 것입니다. 또 소위 21세기 들어서면서 소위 'Globaliztion(한국은 '세계화'로 번역)'화돼가면서 이제는 민족과 국가는 꼭 같은 것이 아니라는 생각들이 많이 확산되고 있습니다.

또 한 가지가 있습니다. 주로 젊은 사람들을 중심으로 해서 이런 생각이 많이 퍼져가고 있습니다. 문명의 상태와 성질이 달라지고 있습니다.

민족이건 국가건 문명이건 간에 사람들이 만나고 접촉해야만 생성되는 것입니다. 사람과 사람을 만나게 만드는 수단이 교통입니다. 근대 이후에 기계 동력을 사용하면서 교통수단이 발달했지만, 현대는 말할 수조차 없을 정도로 속도가 빨라지고 조직적으로 체계화돼서 지구의 전 지역이 교통망으로 연결되고 있습니다. 서울에서 출발해서 중앙아시아의 사막 가운데 있는 오아시스 마을이나 시베리아의 타이가 숲을 지나면서 자작나무 향을 맡으면서 지평선처럼 펼쳐진 꽃의 바다를 달릴 수 있습니다. 그러다가 며칠 후에는 물론 남태평양의 미크로네시아 제도의 섬에서 '아웃트리가'로 섬과 섬 사이를 유람할 수 있습니다.

통신은 교통과는 비교할 수 없습니다. 그야말로 걷잡을 수 없을 정도로 발달합니다. 특히 인터넷의 발달로 인하여 이젠 직접 만나거나 접촉하지 않고도 동시에 지구 곳곳의 모든 지역 사람들을 만나고 온갖 원하는 것을 공유할 수 있습니다. 심지어는 하나의 사건을 놓고 전 지구대의 사람들이 공감하고 동시에 행동하는 일까지 벌어지고 있습니다. 뿐만 아니라 인간이 사용할 수 있는 기호(code)의 종류는 미처 따라갈 수도 없을 정도로 만들어지면서 워낙 다양해졌습니다. 상상할 수도 없을 정도입니다.

그렇다면 당연한 결과이지요. 이제 인류는 현실적으로 생활하고 알고 있었던 물리적인 영토, 공간(space), 즉 면面(land, plane, place)이라는 개념을 넘어섰습니다. 이제는 젊은이들뿐 아니라 장년층에서도 인터넷을 자유자재로 사용하면서 선線(line)이라든가 점點(dot)을 통해서 전 지구와 어떤 종족, 어느 누구와도 교류를 할 수 있고 또 실제로 하고 있습니다. 이러한 시대의 변화와 움직임, 신문명을 만들어가는 과정에서 선두에 있으면서 때로는 주도적인 역할을 담당하는 것이 우리입니다. 우리 한민족이라는 것입니다.

이런 상황과 입장에서 볼 때, 과거처럼 '한 핏줄이다'라는 명제와 '혈연공동체', '지연공동체'를 기본으로 삼은 그런 민족개념이 과연 적당하거나 무리없이 수용될 수 있을까요? 이런 고전적인 사유와 행동이 또는 언어가 현대 한국 사회에서도 무리없이 받아들일 수 있을까요? 저는 젊은 사람들이 좁은 의미의 '민족국가'라든가 혈연을 기초로 삼은 '민족'에 대해서 의문을 갖는 것은 당연하다고 봅니다.

그리고 또 한 가지가 있는데요. 우리 5,60대를 비롯해서 젊은 세대에 이르기까지 다 마찬가집니다만, 우리는 식민지시대에 가졌던, 만들어졌던 기억들을 이미 다 잊어버리고 있습니다. 역사의 망각상태인 것이지요. 나쁘건 좋건 간에 말입니다. 제 바로 윗 선배 세대라든가 부모님 세대만 하더라도 식민지 시대의 어둡고 암울했던 기억들이 어느 정도는 남아있었습니다. 식민지 시대를 경험했다는 사실은, 즉 다시 말씀드려서 일본제국주의, 우리의 비아非我라는 존재로서 일본제국주의는 대大, 강强이라는 존재이고, 그것과 대응하는 존재로서 아我인 우리는 스스로를 소소, 약弱, 즉 '적고', '작다'라고 생각할 수밖에 없었거든요. 그런 의미에서 대결해서 생존해야만 한다는 본능 때문이라도 우리는 대항하는 주체로서 '민족'이라든가 '민족국가'에 대해서 거의 절대적인 의미를 부여하고 있었습니다. 선택이나 고려가 아닌 '생존'을 위한 필수요건이었죠.

그런데 이제는 세월이 흐르고 어두운 터널을 다 빠져나왔다고 자만해서인지 식민지시대의 모든 기억들을 다 잃어버리고 잊어버렸습니다. 어찌 보면 자연스러운 것일 수도 있습니다. 그러다보니까 당연한 듯이 과연 민족이라는 것이 필요할까? 아니 그런 게 진짜로 있는 걸까? 있었던 것이기나 한 걸까? 이런 효용성이나 존재에 대해서 크고 작은 의심을 갖게 되는 것이죠. 자연사적 과정과 달리 인간은 역사적인 과정이 있습니다. 그래서 민족뿐만 아니라 국가, 문화, 문명 같은 게 있는 것이거든요. 그게 없으면 인간의 특성이나 존엄성이 드러나질 않지요.

또 다른 한 가지를 지적해보지요. 바로 '세계화'의 문제인데요. 세계화는 '글로벌리제이션'이기 때문에 정확하게 번역하면 '지구화'라고 해야 합니다. 물론 그 이전부터, 근대사회가 도래하면서 세계화의 현상은 보이고 있었습니다. 특히 제1차, 제2차 세계대전을 마치면서 현대사회에 들어서면 더더욱 분명해집니다. 그런데 무려 반세기 동안 지속되던 양극 냉전체제가 1991년에 무너지고 소비에트연방공화국이 붕괴됩니다. 그때까지는 세계는 반으로 분리되면서 교류가 제한되었습니다. 지금 한민족은 아직도 그 체제에 갇혀 하나가 되지 못한 채 분열 상태에 있습니다. 전쟁의 공포와 전제정치, 독재정치의 그늘이 전 지구를 덮었습니다.

그런데 소련이 붕괴하면서 세계는 하나로 이어졌습니다. 이유없이 생겨난 적대감도 사라지고 눈에 보이지 않던 장벽들도 사라졌습니다. 서로가 만나 직접 교류하는 것은 물론이고 문화의 교류, 통신의 교류 등이 자유로워졌습니다. 그리고 전 세계 사람들은 양극 분열체제의 승자인 아메리카(미국)라는 슈퍼파워를 중심으로 한 '일극一極체제'로 되는 줄 알았습니다.

그런 과정 속에서 말 그대로 세계화란 말, 엄격히 말씀드리면 지구화란 말이 전 세계를 풍미하였고, 마치 세계는 명실공히 하나가 된 것으로 착각을 했었던 것이죠. 너도 나도 앞 다퉈서 온갖 희망적인 관측들을 하면서 말입니다. 심지어는 평화가 도래했다고…. 나중에 다시 말하겠지만, 당연히 민족주의가 식어가고 생명을 다했다는 무용성 견해들이 나오기도 했고, 심지어는 민족주의의 해악을 강조하는 주장들과 함께 민족주의 역사학에 대한 비판적 성격규정들까지 있었습니다.

반면에 엘빈 토플러는 1990년에 출판한 저서 『POWER SHIFT(권력이동)』에서 소비에트의 붕괴 이후에 생긴 빈 정치적 공간에 새로운 형태의 민족주의가 발흥한다고 주장했고, 민족이라는 개념을 재구성하는 것은 앞으로 매우 중요한 수십 년 동안에 이 세계가 직면하게 될 가장 중요한 정서적 과제 중의 하나라고 말하였습니다. 또 그는 '현재는 민족주의가 광범위하게 부활을 하고 있다. 동유럽의 대변동을 소련의 뜻에 굴복했던 나라들에서 일어난 민족주의적 봉기라고 해도 무방할 것이다' 라고 주장했습니다.

한편 민족주의의 강화와는 또 다른 관점에서 갈등을 예견하기도 했습니다. Edward.W.said라는 학자가 『ORIENTALISM』에서 문제를 제기했듯이, 강대국을 중심으로 세계화를 추진하는 전략은 지역 간의 갈등, 문명의 문제로 확산될 수 있다고 주장했습니다. 특히 대표적인 학자가 미국의 문명사학자인 샤무엘 헌팅톤입니다. 그는 『문명의 충돌(The Crash of Civilizations)』에서 의미있고 중요한 말을 했습니다. 즉, 이제 소비에트연방이 붕괴되면서 세계질서는 다극화多極化, 다문명화多文明化하였으며 새로운 질서는 문명에 기반을 둘 것이라고 예측했습니다. 그리고 가장 중요한 국가군은 7개 내지 8개에 이르는 주요 문명이라고 했습니다. 그런데 그의 주장이 맞는 것처럼 보이는 사건이 터졌죠. 여러분들이 아직 기억하고 있지만 바로 이슬람 테러세력이 뉴욕과 워싱턴을 공격했던 소위 '9 · 11' 테러 사건입니다. 그의 주장은 사실 여부를 떠나서 현대 사회에서 문화, 문명이 그만큼 중요하다는 사실을 보여준 것입니다.

그렇다면 그런 과정, 그런 분위기 속에서 과연 우리에게 '지역주의' 라든가 아니면 더 자그마한 단위인 '민족' 이라는 개념이나 '민족국가' 란 단위가 필요한 것일까요? 아니 필요하다고 생각할까요? 그보다는 오히려 민족주의야 말로 세계화가 되는 데, 국가와 지역을 벗어나 세계로 발전하는 데 걸림돌이 되지 않을까 막연하게 생각했습니다. 뿐만 아니라 실제로 거기에 많은 사람들이 동조하면서 뒷받침하는 이론들을 제기했던 것입니다.

우리는 이제 세계 선진국 반열에 들어서기 시작했고, 그때 우리는 이미 경제적으로 선진국에 들어섰습니다. 더 발전해야 하는데, 그들과 어깨를 나란히 해야 하는데 민족주의, 민족국가는 불필요할 뿐 아니라 걸림돌이 된다고 생각한 것이죠. 그 세계화 이론이 얼마나 허구에 차있고 철저히 강대국 유럽 중심적인가에 대해서는 조금 있다가 더 상세히 말씀드리도록 하겠습니다.

그리고 또 하나가 있습니다. 바로 '개방성' 과 '다양성' 의 문제인데요. 누구나 어느 시대나 용인하듯이 문화는 다양할수록 좋습니다. 그러기 위해서는 자체 내부에서 문화를 창조하고 배양하는 일도 중요하지만 주변과 끊임없이 교류해야 합니다. 즉 자기를 개방해야만 합니다. 당연히 민족문화는 개방하고 적극적으로 다른 문화를 수용해야 합니다.

사실 우리는 이런 태도를 한 번도 부정한 적이 없는데, 혹시 조선은 그럴 수도 있습니다. 아니 충분히 그럴 만한 체제였죠. 철저하게 이데올로기 지향적이고, 외부 세계와 담을 쌓고 자기만족에 싸여서 백성들을 착취하는 체제였으니까요. 하지만 조선은 우리 역사의 짧은, 지극히 한 부분이고 그나마 왜곡되었고 긍정적이지 못한 나라였거든요. 사실은 그 조선의 실패로 인하여 민족이 망하면서 민족의식이 강하게 된 것이죠.

역사학자로서 사실에 근거해서 말하지만 조선시대 이전에는 고려시대, 남북국시대, 삼국시대, 그 이전 시대에도 우리는 매우 개방적이었고 다양한 문화를 수용하고 누렸습니다. 그런데 '민족', '민족주의', '민족국가론자' 들은, 세계화론자나 아니면 기본적으로 외세의존적인 부류들, 그들에게서 폐쇄적이고 교조적이고 공격적인 생각이나 집단으로 오해를 받아왔습니다. 심지어는 민족주의자들은 정서적으로 문제가 있거나 도덕적으로도 하자가 있는 것처럼 말이지요. 사실은 전혀 그렇지 않은데도….

최근에 들어서 '개방성', '다양성' 이런 것들이 중요한 화제가 되고 있습니다. 또 현실적으로 불가피한 측면이 있지만 한국사회에도 다문화가정이 빠른 속도로 늘고 있습니다.

다문화가정이란 여러 가지 정의가 있지만, 한국에서는 외국인과 결혼하여 만들어진 가정을 뜻합니다. 주로 외국 여자들이 한국으로 이주해 온 것입니다. 베트남, 중국, 필리핀 등이 가장 많습니다. 그들의 2세들이 국민에서 차지하는 비중은 더 높아지고 있습니다. 하지만 이러한 다문화가정이 늘고 있다고 해서 '민족주의'나 '민족정체성'을 찾아가는 데 하나도 문제 될 것이 없습니다.

다양한 문화와 민족정체성, 더구나 다문화가정과 민족정체성의 강화는 서로가 이질적이거나 적대적인 것은 아닙니다. 숱한 증거와 예를 들 수 있습니다. 원래 우리 민족은 최초의 원핵이 형성되기 전까지만 하더라도-나중에 말하겠지만, 그 시기와 상태는 차이가 있지요.- 아시아 대륙의 다양한 여러 지역에서 헤아리기 힘들 정도의 많은 종족들 또는 많은 민족들이 모여들었습니다. 그들이 오랫동안 부대끼며 살아가면서 어느 정도 무르익었을 때 하나의 민족을 형성했거든요. 그러니까 지금 현대 우리 사회에서 다문화가정이 많이 생긴다고 해서, 이것이 민족주의라든가 민족국가라든가 또는 민족의 정체성과 큰 문제가 되는 것은 아닙니다. 하지만 문제는 '속도'이고 '대응방식'입니다.

다문화가정이 생각보다 빠르게 증가하면서 예기치 않았던 여러 문제들도 생기고 있습니다. 그 가운데 하나가 오늘의 주제인 민족주의에 관한 것들입니다. 예를 들면 민족이나 민족주의가 다문화가정을 수용하는 데 방해되는 요소가 아닌가, 또는 반대 입장에서 다문화가정 때문에 민족의 정체성이 흐트러지고 우리가 발전하지 못하는 게 아닌가 하는 생각들입니다. 이렇게 서로가 근거 없는 오해들을 하면서 복잡한 문제들이 야기되고 있습니다. 현명하고 진지하게, 크고 넓게 생각하면서 해결해야지요.

그리고 가장 중요한 것인데요. '민족주의' 또는 '민족국가'라는 것에 대해서 긍정적인 주장을 하는 사람들이나 부정적인 주장을 하는 사람들 모두가 공통적으로 갖고 있는 것이 몇 가지 있습니다. 그 가운데 하나는, 민족주의는 결국 정치성을 강하게 띠고 있다는 겁니다. 정치적인 목적과 민족주의는 떼려야 뗄 수가 없다고 주장합니다. 정치학자들이 주로 그런 입장이죠. 그런 의미에서 많은 문제가 있는데, 과거에는 한 집단을 하나로 강화시키고 특정한 방향으로 몰아가기 위해서 민족주의를 조장했다고 봤습니다. 그런데 이제는 반대로 민족주의를 없애야 한다, 민족주의를 깨야 한다, 이런 주장들이 나옵니다. 소위 말하는 '탈민족주의', '국사해체론', '상상의 공동체' 같은 이론과 발언들이 등장하고 발언권이 높아지고 있습니다.

이런 부정적인 입장에서 논리를 주장하고 전파한 사람들을 크게 나누면 두 개의 부류로 나눌 수가 있습니다. 하나의 부류는 조금 전에 얘기했지만 세계화를 주장하는 사람들입니다. 이 사람들은 인류의 보편성을 추

구하고, 인류가 하나의 공동체가 돼서 평화롭게 공존하며 살기를 원하고
있습니다. 그것은 바람직한 것이고, 인류가 늘 지향해왔듯이 사실은 우리
민족주의가 주장했던 내용도 그와 조금도 다름없다고 봅니다. 나중에 말
하겠지만 그들이 생각하고 사용하는 '민족'과 '민족주의'는 말 그대로
서구 중심이나 특정한 국가를 중심으로 이루어진, 바로 글로벌리제이션
의 한 도구로 이용되는 민족주의인 것입니다.

또 하나가 있는데요. 민족주의의 필요성을 더 적극적으로 주장하는
사람들입니다. 우리가 원하건 원하지 않건 이 동아시아는 어쩔 수 없이
당분간은 민족 간에 경쟁이 불가피하고 자칫하면 충돌의 가능성도 배제
할 수 없습니다. 여러분도 잘 아시겠지만 '동東아시아(East Asia)'라는
말은 매우 복잡하고 그 범위를 설정하기 힘듭니다. 하지만 소위 우리가
이해하는 동아시아에는 지정학적으로 총 3개의 지역 내지는 민족국가가
있습니다.

우리가 있는 한민족의 국가가 하나이죠. 그 다음에 우리 서쪽에는 누
가 있습니까? 다시금 150여년 만에, 멀리는 1842년 아편전쟁에 패배한
이후, 가까이는 1894년에 일어난 청일전쟁 이후 패배국가로 있다가 다시
금 강대국이 된 중국입니다. 그들은 연평균 10%가 넘는 성장률을 지속시
켜 지금은 G2의 반열에 올랐습니다. 세계의 슈퍼파워로 등장하면서 동
아시아에서는 물론이고 세계에서도 누구도 거역할 수 없을 정도로 막강
한 힘을 가진 초강대국입니다. 그리고 오른쪽인 동쪽에는 여전히 강력하
고, 아직도 우리를 식민지로 인식하고, 언제든지 중국과 겨룰 준비를 하
는 일본이라는 나라가 있습니다.

그런데 세계사적 과정을 보면, 지금 지구는 '세계화'와 함께
'regionnalization', 즉 '지역화'를 활발하게 진행합니다. 대표적인 예

는 '유럽연합', 즉 'EU'의 탄생입니다. 오랫동안 유지해 온 '유럽공동체(EC)'를 넘어 1991년의 마스트리히트 조약을 계기로 '유럽연합(EU, European Union)'을 결성하였고, 그 후에 이미 '유로화'를 발행하여 사용권을 점점 넓혀가고 있습니다. 회원국이 25개국이며 인구는 4억 5천만 명에 달하는데, 이제는 미국과 경쟁을 하는 단계까지 왔습니다만 결국은 실패하고 말았지요. 어쩌면 미국이 원하지 않았기 때문인지도 모르지요.

이런 추세 때문에라도 아니면 세계의 다른 지역과 경쟁을 하고 승리하기 위해서라도 세 나라는 불가피하게 동아시아 공동체를 수립해야 합니다. 우리는 1997년에 있었던 IMF사태를 기억하고 있습니다. 동아시아인들은 1970년대 이후에 경제성장을 급속하게 이루었고, 사실 성공한 것입니다. 4마리의 용 또 4마리의 소룡 등이란 말들이 등장하였고 유교 자본주의(정실 자본주의)라는 단어도 회자되었습니다.

철없는 일부 사람들은 아시아적 가치의 성공을 주장하면서 너무 자신에 찬 발언과 행동을 했죠. 결과는 1997년도에 태국발로 불어 닥친 태풍인 IMF사태(국제금융환란)입니다. 동아시아인들은 급속도로 추락하면서 걷잡을 수 없는 혼돈과 공포감을 맛보았습니다. 그리고 동아시아의 정체성을 자각해 가면서 강력한 공동체가 필요함을 절실하게 깨달았습니다. 이제 동아시아는 내부의 자기 민족뿐만 아니라 '타他'를 의식하면서 공동의 대응이란 차원에서도 '동아시아의 정체성'을 생각하지 않으면 안 됩니다.

이런 움직임은 이미 19세기 후반부터 일본, 중국 그리고 조선에서도 많이 나타났습니다. 그러한 주장을 편 사람 가운데 한 분이 '안중근 의사'입니다. 그가 옥중에서 집필하다 끝내 완성시키지 못한 '동양평화론'이 바로 그것이지요.

실제로 인류의 역사와 세계사를 살펴보면 이것은 불가피합니다. 다만 그렇게 되어가는 중간 단계에서 경쟁과 충돌은 불가피한데, 동아시아는 단순한 지역이 아니라 세계 최고 강대국들끼리 충돌이 발생하는 지역이라는 겁니다. 보통 예민하고 첨예한 지역이 아니지요. 세계에서 군사력이 가장 밀집된 지역, 군사비 지출 총액이 가장 많은 지역, 역내 간 교역량이 가장 많은 지역, 달러 보유고가 가장 많은 지역입니다. 더군다나 오랫동안 서로 간에 불신이 쌓일대로 쌓인 지역입니다.

이런 과정 속에서 우리와는 무관하게라도 중국은 중국대로 일본은 일본 나름대로 민족주의적인 요소를 더욱 강화시켜 나가고 있어요. 상상을 뛰어넘을 정도이죠. 정치, 영토, 군사, 외교 심지어는 문화와 역사 분야로 확대해 가는 모습을 보입니다.

그래서 일부에서는 이런 흐름들을 '신민족주의'라고 표현하는 경우도 있습니다. 다양한 분야의 전문가들이 나름대로의 관점과 현상분석을 통해서 이러한 용어를 사용하고 있습니다. 저 또한 마찬가지입니다. 물론 '신민족주의'라는 말은 우리 역사 속에서 보면 과거 1940년대에도 있었습니다. 해방이 되면서 국가를 발전시키는 대안으로서 정치사상은 물론이고 역사학에도 그런 움직임이 있었습니다. '민세 안재홍', '위당 정인보' 같은 분들이 주도했습니다.

그런데 최근에 사용하고 있는 '신민족주의'는 완전 다르죠. 근래에 세계사적으로 그러한 움직임이 있습니다. 세계화가 기승을 부리면서 민족과 국가의 정체성은 약화되기 시작했습니다. 하지만 강대국이 아닌 나라들, 세계화를 주도하는 민족이 아니면 이는 위기를 불러 일으킬 수 있습니다. 그러자 문화의 정체성을 강조하고 복원하는 움직임이 일어났는데 이를 '신민족주의'라고 부릅니다. 오히려 세계화가 진행되면 될수록 민족주의는 강화될 것이라고 주장을 했습니다.

이미 엘빈 토플러가 1990년대 초에 펴낸 그의 책인 『권력이동(power shift)』에서 민족주의의 도래를 예측했고 실제로 그 예측은 들어맞고 있는 중입니다. 미국 〈워싱턴포스트〉지의 데이비드 이그내셔스도 2005년도에 민족주의가 심화되고 있다고 썼습니다.

자 그럼, 우리 주변의 국가들이 가진 능력을 구체적으로 살펴볼까요? 조금 전에 말했지만 우선 중국입니다. 2010년 말을 기준(IMF 및 중국 상무부 통계)으로 GDP 5.88조 달러(세계 2위, 1위 미국 14.62조 달러, 3위 일본 5.39조 달러), 세계 GDP에서의 비중 9.3%(세계 2위, 1위 미국 23.6%, 3위 일본 8.7%), 외환보유고 2.85조 달러(세계 2위)입니다. 이미 중국, 대만, 홍콩, 마카오에 싱가포르 등을 합쳐 '대중국大中國(great china)'을 건설하자는 주장도 나옵니다. 중국은 나아가 동남아시아의 바트(BAHT. 태국 화폐)경제권을 중국의 시장으로 편입시키려는 노력들을 기울입니다. 거기에 전 세계에 5,500만에 달하며, 특히 동남아시아에서 경제력과 정치력이 막강한 화교들의 네트워크가 있습니다.

중국 사회과학원의 수량경제기술경제연구소도 2020년에 가면 중국의 국내총생산은 미국의 11조 8천억 달러를 웃도는 12조 5천억 달러를 기록할 것이고, 1인당 국내총생산은 9,400달러에 이를 것이라고 밝혔습니다. 전부터 일부에서는 예측했었지만, 2008년에 카네기재단에서 낸 보고서에 따르면 2030년에는 GDP가 미국을 추월할 것이라고 했습니다.

그들은 북한에 대한 영향력을 강화시켜 최근에는 북한을 가리켜 '동북4성', '고구려성'이라고 부르는 용어들이 떠돌고 있는 형편입니다. 근래에는 두만강 하구의 나진 선봉지구를 50년 동안 조차(혹은 공동관리)하고, 나진항 부두를 이용할 수 있게 되었고 청진항까지도 개항시켰습니다.

거기에다가 동해 해상에서 유전을 개발한다고 합니다. 그러니까 일부에서는 '조중 연합함대'의 결성이 가능할 수도 있다고 합니다. 중국이 이제는 동해로 진출을 하기 시작하는 것이지요. 냉전시대에는 소비에트연방이 남진하면서 위협했었지만 이제는 대신에 중국이 위협하는 꼴이 된 것이지요.

일본은 제2차 세계대전, 그들 말로 '대동아전쟁大東亞戰爭'에서 패배한 나라입니다. 하지만 70년대에 이르러 이미 미국 다음 가는 경제력을 갖게 되었습니다. 여기에는 6·25가 큰 몫을 한 것이죠. 1979년에 제2차 석유파동이 발생했을 때 세계적으로 경기가 침체했었는데, 일본은 여전히 성장을 계속했고 정치적으로도 힘을 가졌습니다. 1982년 이후로 일본은 더욱 성장을 계속했고 세계 최대의 자본 공여국이 되면서 한국을 비롯하여 동남아시아 지역에 경제적으로 큰 영향을 끼쳤습니다. 다시 동남아시아를 포함한 엔화경제권의 구축을 시도하였는데, 이는 과거 일본이 추진하다 실패한 대동아공영권을 연상시키는 것이지요.

그리고 미국과 협력하여 '아시아 태평양경제'를 활성화시키는 데 주도적인 역할을 담당하였습니다. 과거 대남양권大南洋圈의 일부였던 미크로네시아 지역에도 강력한 영향력을 행사하고 있습니다. 일본은 1988년 '환일본해(동해) 경제권環日本海(東海) 經濟圈'을 주장하면서 남북한과 러시아를 자국의 경제 영역에 끌어들여서 남북한과 일본의 니이가타(新潟), 도야마(富山) 등 도시들, 중국의 동북부, 그리고 러시아(연해주) 도시들과 협력하여 하나의 경제권으로 묶는 구상을 내걸었습니다.

세계가 일본이 미국 다음으로 강한 나라라고 생각하는 것은 당연했습니다. 엘빈 토플러는 1993년에 출간한 『권력이동(POWER SHIFT)』에서는 앞으로의 세계는 미국·일본·EC로 구성되는 3극체제가 될 것이라고 주장하면서 3극을 워싱턴, 베를린, 그리고 토쿄를 꼽았습니다. 물론 한국도 마찬가지의 전망을 내놓았습니다. 1990년도 초에 시도된 '21세기위원회'는 '미래전망 2020년의 한국과 세계'란 보고서에서 일본의 부상을 예견하면서 '세계 정치·군사 질서가 3각 정립의 방향으로 재편된다'고 하였습니다. 이어 해결해야 될 가장 큰 문제들을 세 가지로 요약했습니다. 그 가운데 하나가 '미국이 일본의 부상을 견제하기 위해 중국과의 관계를 세력균형의 지렛대로 활용하려 함으로써 불안한 세력균형질서가 예견된다'고 보고했습니다. 그리고 2000년 이후에는 EC·미국·일본 각 극極을 축으로 하는 3대 지역경제권이 형성될 것으로 전망하였습니다.

하지만 현실은 달랐고 그러한 예측들은 다 틀렸습니다. 1990년대에 들어서면서 일본은 이미 잃어버린 10년에 들어가 있었습니다. 우파들이 등장하고 군비를 확충한다는 발언들이 이어지고 미국에 대한 비판적인 발언 등을 하면서 지극히 오만해졌습니다. 미국은 일본을 견제할 필요가 있었고, 결국 미국의 공세로 경제·금융이 초토화되고 무역마찰은 심각해졌습니다. 결과적으로 엔화는 가치가 절하되었습니다. 그리고 1997년에 일어난 IMF사태로 인하여 우리보다는 덜하지만 막대한 피해를 입으면서 지금껏 추락하고 있습니다. 최근에는 아시아에서 중국과 벌인 경쟁에서 이미 수세적인 위치로 전락하였습니다.

일본은 1970년대 이후에 '해상교통방위구상'이라고 일컬어지는 논의들이 나타나기 시작했습니다. 80년대 들어와 내각 총리대신이 된 나카소네 야스히로는 자주방위론자였는데, 그 시절에는 '3해협 봉쇄', '불침 항공모함' 발언과 '방위비의 GNP 1% 내內라는 조항을 철폐하자'는 등을 주장했습니다. 하지만 '일본의 군사대국화' 등은 결코 좋은 이미지가 아니었습니다. 사실 우익 매파들은 오랫동안 핵무장을 주장해왔으며 일본은 경제력, 기술력 등에서 충분히 핵을 제조하고 보유할 능력을 갖추고 있습니다. 오자와 이치로는 '보통국가론' 그리고 '유엔 평화유지군으로 일본은 무장한 전투병력을 파견해야한다' 고 주장했습니다. 이러한 상황에서 헌법 제9조의 개정 논의가 일고 있습니다. 알다시피 아베 신죠가 내각 총리대신이 되면서 일본의 우경화는 도를 넘어서 군국주의의 전단계라는 모습까지 보이는 지경이지요.

그렇다면 우리는, 여러분이 살고 있는 약소국인 우리 한국은 국제적으로는 일본과 중국이라는 두 마리 고래 사이에 끼인 새우 신세가 되고 있는 것이지요. 때로는 방관자처럼 바라보다가 한마디씩 거들기도 하면서 자기체면을 유지하고, 국민들은 현실을 파악하지도 못한 채 우발적으로 감정적인 발언들을 해보지만 때로는 그마저도 무시당하는 상황이지요.

안으로도 또 얼마나 많은 문제들이 산적해 있나요. 지긋지긋하도록 문제들이 많고 ,작은 문제점들도 다시 들쑤셔가면서 분열을 조장하는 세력들도 곳곳에 있고, 감성적으로는 민족통일을 원한다 하고 어찌보면 지향하는 듯도 하지만 남북 간에 반세기 동안 쌓여온 갈등들이 해소되지 못했고, 거기다가 북한은 경제적으로 터무니없이 취약하지만 체제 자체도 허약해서 언제 붕괴될지 예측불허의 상태에 있습니다.

만약에 북한에 갑작스럽게 유고가 발생한다면 중국이 어떠한 입장을 지니고 어떤 행동을 취할지에 대해서 속셈을 파악하고 미리미리 대비해야 하는 것이 피할수 없는 현실입니다. 과연 오매불망 지향해 온 통일을 잘 이룰 수 있을지, 아니면 또 다른 형태로 재분단될지, 혹은 중국의 신경제권 속에 편입되어 예속되지는 않을지 누구도 부정할 수 없는 이렇게 많은 문제들이 산적해 있습니다. 바야흐로 민족사에서 가장 심각한 위기상황이 닥쳐오고 있습니다.

이런 과정 속에서 어쩔 수 없이 민족문제는 우리뿐만 아니라 동아시아 인들은 누구나 원하지 않더라도 민족에 대해 생각해볼 만한 주제이고 때인 거죠. 우리로서는 그 중에 하나가 일본의 우경화도 있지만 더 심각한 것이 동북공정 등으로 나타나는 중국의 '신중화제국주의'입니다. 동북공정에 대해서는 추후에 말씀드리도록 하죠.

그리고 또 하나 중요한 것이 있습니다. 그동안 1970년대 이후에 우리는 양적으로 또는 물질적으로 커졌습니다. 국가의 힘, 경제력과 규모, 기술력과 물질문명 등이 급속하게 팽창해 왔습니다. 이른바 압축성장을 한 것이죠. 확실히 한국사회는 경제적으로 성장했습니다.

그런 반면에 너무나 많은 문제점들이 드러나고 있습니다. 온 인류가 당면한 문명사적인 문제들은 빼놓고라도 우리만의 문제들만 잠깐 열거만 하려해도 끝이 없을 정도입니다. 타락한 자본주의, 빈부의 격차, 부패와 정실주의, 온갖 형태의 폭력들…. 북은 더 심각하지요. 공산주의마저 버리고 교조적이고 권력지향적인 독재자와 노동당, 군부집단들, 기아와 폭력들로 가득찬 수용소 군도, 짐 캐리가 주연한 〈트루머 쇼〉 같은 영화세트장이죠. 그런 곳이 돼버린 것입니다.

한민족은 인간의 가장 근본적인 문제, 즉 삶의 가치관에 대해서는 상응할 만한 발전을 하지 못했습니다. 온갖 곳에서 발생하는 문제점들은 경제적인 빈부의 차이와 계급간의 갈등 정도가 아니라 사회와 가정 자체가 붕괴하고 있습니다. 살인과 온갖 종류의 폭력들이 학교까지 침투하였습니다. 흡사 거대한 정신병동처럼 변질되고 있습니다. 제 말은 지금 여러분 뿐 아니라 이 땅에 사는 모든 사람들이 다 인정하고 있는 겁니다. 삶의 질은 세계 30위라고 합니다만, 우리는 더 심각하게 느끼고 있습니다.

어떤 면에서는 과거보다 더 행복하지 않은 사회에 살고 있습니다. 실제로 이런 판단을 내리는 사람들이 많이 있거든요. 우리의 삶은? 생활은? 편안하지 않다. 윤택하지 않다. 아름답지 않다. 재미있지 않다. 의미있지 않다. 물신주의가 범람한다. 천박하다. 감정적이고 자기 중심적이다 등등. 결론적으로 우린 행복하지 못하고 불안해하며 살고 있습니다.

그렇게 변질된 요인들 중에서 가장 근본적이고 중요한 것은 삶의 지표이고 존재의의인 가치관의 상실입니다. 그리고 그 핵심인 자의식이 왜곡되었다는 겁니다. 인간은 육체적인 것, 물질적인 충족도 중요하겠지만 정신적인 것도 그 못지않게 중요합니다. 인간과 다른 존재물 간의 가장 근본적인 차이이고 인간을 좋든 나쁘든 현대문명에 이르게 한 요인입니다.

인간은 존재 이유가 몇 가지 있습니다. 예를 들면 생존, 종족보존, 개체보존 등등. 그런데 생존이 어느 정도 해결되면 그 다음 단계에 관심을 기울입니다. 그 이상의 목표와 가치를 추구하는 것입니다. 의미, 미를 추구하고 도덕, 윤리 등을 만들고 실천합니다. 예술을 비롯한 문화가 나타나고 더 나아가 자의식을 소중하게 여깁니다. 자기의 존재를 확신하고 싶어 하지요. 그래서 개인은 물론이고 한 민족이나 국가에서 가장 중요한 문화적 특성이기도 한 것이 자의식입니다.

원래 한민족은 생성할 초기 단계부터 유달리 자의식이 강했습니다. 특별한 의지와 능력을 지닌 사람들이 몰려들어 만든 역사이기 때문이지요. 그러다보니 주변의 강대국들에게 굴복은 커녕 인정조차 안 했습니다. 때문에 강한 나라들과도 아주 긴긴 세월 동안 계속 경쟁하고 갈등을 벌여왔습니다.

그러다가 14세기 말에 이르러 조선이라는 성리학자들의 나라가 건국하면서 진정한 의미의, 즉 집단의 역사와 문화에 바탕을 둔 자의식을 잃어버리기 시작했습니다. 그래도 그들은 자기 개체에 대한 자의식은 강했고 그것이 때론 오기처럼 보여지기도 했습니다. 그런데 일제강점기를 거치고 현대 사회에 들어오면서 역사에 토대를 둔 정체성은 거의 사라지고, 최근에 들어서는 자의식마저도 상실해가는 것 같아 희망을 잃어가고 있습니다.

개체들이 자의식을 상실하니까 그런 과정 속에서 당연히 개체와 개체의 만남인 조그마한 사회에 관해서도 자의식과 자신감을 상실해가고 있습니다. 이 논리를 확장시켜 나가다 보니까 한민족이라든가 또는 한민족국가에 대한 자의식을 상실하는 것은 당연한 것처럼 돼 버린 거죠. 그런 과정 속에서 한국사회는 공동체 의식이 과거와는 비교할 수조차 없을 정도로 아주 허약해지고 있습니다.

현재 한국은 아마 지구상에서 전쟁이 벌어지는 나라들을 빼고는 가장 내부갈등이 심각한 몇 나라 가운데 하나일 겁니다. 더구나 종족분쟁, 종교분쟁도 아닌 생활 속에서 일어나는 갈등 중에서는….

세대 간의 갈등을 보면 소위 말하는 386세대, 저는 이런 용어를 만든 사람들을 싫어합니다. 또 그것이 대단한 것인양 내세우는 사람들도 싫고요. 그들과 그 이전의 세대들 간의 갈등이 엄청났었지요. 그 이전 세대들을 마치 부도덕한 집단, 무능한 집단인 것처럼 몰았지요. 오죽하면 대통령 선거에서 후보자가 노인들을 비하하는 발언을 무심코 했겠습니까?

어쨌든 그렇게 윗세대를 몰아붙인 덕분에 정치적으로나 사회적으로 입신출세한 사람들도 있고요. 저는 그 세대들이 스스로 평가하는 일을 해야 한다고 봅니다. 자기 찬양과 합리화뿐만이 아니라 실패와 오류 등도 말이죠. 그리고 청소년세대, 그것도 자본과 언론이 합작해서 만들어낸 용어와 유형화 수법 때문에 수시로 변하지만 청소년세대와 청년세대, 그리고 기성세대들 간의 온갖 갈등과 불만, 심지어는 증오심까지도 발생하고 있습니다.

　지역갈등? 말로 하기도 싫습니다. 일본인들이 조장했고, 예전에는 일부 정치인들이 악용하더니 이젠 일부 지식인들도 부화뇌동하는 논리를 만들고 주장합니다. 우리는 철저한 공동체 사회였습니다. 일종의 가족 같은 공동체였는데 왜 그런 지역 차별이 심했다고 주장하는 것이지요? 이젠 마치 전체가 지역갈등의 포로가 된 것처럼 만들어가는 것 같습니다.

　의식조사를 한 통계를 보면 믿고 싶지 않을 정도입니다. 정치권력, 경제권력을 놓고 더욱 심해지는 것 같고, 또 사상과 전쟁이라는 특수했던 상황도 작용한 것이지요. 좌우익간의 갈등과 충돌, 흔히 말하는 보수와 진보의 갈등, 노사갈등과 노노갈등, 중산층이 무너져 내리면서 더 심각하게 드러나는 빈부갈등, 거기에 난데없는 복지갈등, 종교갈등, 다문화갈등 등. 이젠 심하게 말하면, 실제로 그렇게 말하는 사람들도 심심찮게 발견하지만, 한국은 남을 못 믿는 세상, 피해를 안 보기 위해 항상 눈치봐야 하는 사회가 돼 버렸다고 말하더군요. 이런 면에서 우리는 어려운 상황을 맞이하고 있습니다. 한마디로 총체적인 민족의 위기인 것이죠.

　그러므로 우리가 '민족문제'를 다시 생각한다면, '우리 민족'을 다시 제대로 본다면 내부에서 일어나는 이런 자의식의 문제, 가치관 회복까지도 동시에 파악해야 된다고 저는 판단합니다.

　그리고 또 한 가지가 있는데요. 이 주장을 펴는 사람들과 논리적인 논쟁을 펼쳐야 하는 일은 앞으로도 불가피합니다. 많은 이들이 공감하고 있지만 민족주의는 정치적 색채를 띠고 있는 것이 사실입니다. 사람들은 보통 위기가 닥치지 않으면 나 스스로라든가 내가 속한 집단의 소중함을 잘 못 느끼게 됩니다. 이것은 식물도 마찬가지고 동물도 기본적으로 마찬가지입니다. 그들은 본능에 충실하고 철저하게 계산적이기 때문에 상대적으로 덜합니다. 하지만 인간은 관념을 쉽게 조작할 수 있고 필요에 따라서 악용하는 능력도 탁월합니다. 그래서 진짜 심각해졌을 때야 움직이는 경향이 강합니다.

물론 우리는 다른 집단보다 유감스럽지만 이런 경향이 강합니다. 위기를 겪어가는 국면 속에서 방어와 단결을 목적으로 스스로에 대한 자의식을 강화시켜가다 보니까 자연스럽게 '민족'이란 존재와 실체에 대하여 의미를 부여하게 됩니다. 때로는 필수불가결한 것이지요. 일종의 방어적 민족주의도 거기에 해당한다고 보면 됩니다.

하지만 이런 것들이 조금이라도 정도를 벗어나면, 조절을 할 능력을 상실하면 말 그대로 공격적이고 폐쇄적이 되면서 남을 좀처럼 혹은 절대로 인정하지 않는 그런 공격적이고 폐쇄적인 민족주의로 변하게 되는 것이죠. 과거 일본은 19세기 중반에 미국을 비롯한 서양세력에게 굴복당하고 불평등조약을 맺었습니다. 하지만 곧 유구국(오끼나와), 대만에 이어 조선까지 식민지화시켰고 중국을 필두로 여러 나라들을 침략하였습니다. 가장 부정적인 의미를 가진 민족주의의 전형을 실천했죠. 명실 공히 제국주의화한 것입니다. 그리고 중국이 최근에 조짐을 보이고 있는 '신중화 제국주의'도 민족주의의 나쁜 면을 극대화시킨 겁니다.

그런 면에서 민족주의는 순기능이 있지만 역기능도 있다는 사실과 폐해를 꾸준하게 제기할 필요는 있습니다. 그래서인지 모르지만 최근에 한국의 학계 일각에서는 민족주의의 부정적 측면을 제기한 논문이나 책이 많이 나옵니다. 물론 이 가운데에는 진정성이 느껴지는 것들도 있습니다. 그런데 그런 사람들의 생각이 글로벌리제이션 같은 것과 맞물려가면서 '탈민족주의' 또는 '국사해체론'을 주장하게 되는 경우가 많습니다. 저는 오히려 그들과는 견해를 달리하고 있다는 사실을 말합니다.

모든 사상과 이론이 그러하듯이 '민족주의' 또한 한계가 있고 반드시 역기능이 있습니다. 그러나 동시에 민족주의는 순기능이란 측면이 강하고 필요합니다. 특히 우리처럼 오랜 역사를 가지고 있고, 오랜 공동체의식을 향유해왔고, 때때로 모두가 위기의식을 느꼈고 실제로 피해를 여러 번 입었던 나라로서는, 실제로 지금 이 순간도 중국이나 일본이란 거대한 다른 민족국가와 경쟁을 벌여야하는 처지에서는 오히려 민족주의가 더 필요합니다. 다만 가능한 한 민족주의의 부정적인 면을 최소화내지는 극소화시켜야겠지요. 민족주의의 긍정적인 측면을 부각시켜서 말 그대로 아름다운 공동체 민족주의, 모든 구성원들이 상생을 하는 그런 민족체의 완성을 이룩해야 합니다.

그런데 이러한 의문이 생깁니다. 정말 이렇게 민족주의의 역기능을 주장한 사람들의 생각이 얼마나 옳을까? 그 이론들을 우리 현실에 적용하는 태도와 방식이 의심할 겨를 없이 옳은 것일까? 과거에도, 실제로 일제강점기에도 이와 유사한 말들과 행위들이 있었는데, 그리고 그들은 유감스럽지만 한결같이 친일파로 변신하여 일제에 협조하거나 방조했습니다.

거기에 대해서 몇 마디 말을 하겠습니다. 유인원과 결별하고 인류가 된 지 벌써 길게는 500만 년 짧게는 350만 년이라는 길고도 긴 세월이 흘렀습니다. 모든 인류는 키가 1m 정도 되는 약 20세의 여인, 처음으로 대충이나마 구부러진 채로 서서 걸은 '루시(LUCY)'의 자손입니다. 또 현재 존재하는 인간의 모습을 띠고 여러분과 저 같은 인간에게 맑은 피와 용적량이 큰 뇌, 우수한 유전인자를 직접 전달해준 지도 대략 15만 년이나 흘렀습니다. 또 '문화', 넓은 의미의 문화이겠지요? 그런 인간만이 지닌 능력을 발휘한 지는 한 4~5만 년이 흘렀습니다. 그들은 우리의 직계 조상인 '호모사피엔스 사피엔스' 입니다. 왜냐하면 소위 예술품이라고 부를 만한 것들이 그때부터 나타나거든요. 최소한 그 무렵부터라고 생각되지만 먼 과거부터 마찬가지였다고 믿습니다.

적어도 현생인류는 어느 누구를 막론하고 모두가 한결같이 지향하는 '보편성'이란 게 있습니다. 일종의 '인류 상식'이랄까요? 거부할 수도 부정할 수도 없는 삶과 죽음의 문제, 행복을 추구하고 행복의 기준은 무엇일까, 인간들이 서로가 관계를 맺는 방식 등 이런 것들은 인간이라면 어느 지역, 어느 종족들을 막론하고 거의 유사합니다.

사실 인류는 누구를 막론하고 한 개체에서, 인류라는 한 씨앗에서 출발한 동일한 존재이기 때문에 동일한 자격과 권력을 갖고 누릴 수가 있습니다. 그렇다면 동일한 존재가치와 의미를 가질 의무도 있는 것입니다. '평등', '박애', '자유', '행복', '사랑' 이런 것은 모두에게 보편적인 것이죠. 개인적인 생각으로는 포유류, 양서류, 조류, 식물들은 물론이고 지적 생명체일 수 있는 외계인에게도 마찬가지라고 생각합니다.

그런데 지금 우리에게 닥친 'Globalization' 즉 '세계화'로 번역된 이 현상은 우리가 생각하고 있는 보편성에서 벗어나려는 것입니다. 빼앗고 빼앗김이 없는 모두가 더불어서 살 수 있는 상생相生하는, 공생共生하는 완벽한 공동체를 의미하는 '세계화', '지구화', '인류화'가 아니라는 것이죠. 물론 그 이전인 근대화 초기에 서구인들이 주장하고 적용한 민족주의 또한 마찬가지였지만.

세계화는 고도로 복잡한 정치적 의미를 가지고 있고, 바늘에 실 가듯 쫓아다니는 경제적 의미까지 더불어 가지고 있다는 겁니다. '세계시장', '세계자본', '세계자원', '세계통화' 더 나아가 '세계교통망' '세계통신망', '세계적 대중문화' 등 모든 면에서 '세계화'란 말을 붙이는 게 유행되고 있습니다.

세계를 지구라는 하나의 단위로 보는 거시적이고 대단위적인 사고, 지구와 인간들을 비롯해서 인간이 만든 모든 것을 연결시킨다는 주장은 얼핏 보면 대단히 매력적이고 발전을 약속하며 사람의 가치를 상승시키는 것처럼 보입니다. 우리는 자칫 잘못하면 현혹당할 수 있습니다. 하지만 그 생각을 끄집어내고 이론을 만들어 낸 사람들의 속내를 살펴봐야 합니다.

이미 서구인들, 특히 미국인들의 사고와 행동범위와 방식은 우리가 흔히 생각하는 민족, 또는 민족국가, 또는 국가의 단위를 뛰어넘었다는 겁니다. 심지어는 여러 국가들이 밀집되어 있는 지역단위까지도.

왜냐하면, 어쩔 수 없이 시장은 전 세계로 일시에 확대가 되고 있습니다. 산업과 기술력이 폭발적으로 발전하게 되고, 교류나 무역이라는 이름 아래 고전적인 지폐, 그것도 '달러'와 '유로', '위엔화' 등 몇몇 기축통화들이 넘나들었지만, 이젠 걷잡을 수 없이 늘어나는 온갖 종류의 통화와 자본들이 교통, 통신이라는 고전적인 매개체뿐만 아니라 인터넷을 통해서 순식간에 자유자재로 국경을 넘어서 넘나듭니다.

그렇다면 이러한 상황 속에서는 약간은 비합리적이고 정서에 충실하고 결속의식이 강한 민족이라는 소집단, 민족국가라는 소규모의 자그만 단위들이 많으면 문제가 발생할 수 있습니다. 세계를 신속하게 운영하거나 일률적이고 일사분란하게 지배하는 데 걸리적거립니다. 한마디로 정치적으로 '1극화' 또는 '다극화' 시키거나 경제적으로 세계시장화시키는 데 불필요하고 방해요소가 될 수 있습니다.

18세기에 이르러 '민족주의'라든가 '자본주의', '민족국가'가 탄생합니다. 그 과정을 보면 경제적인 측면에서 자본주의가 급속하게 발달하면서 단일세제, 단일시장, 단일화폐를 주도할 새로운 계급이 생겨야 하는

데, 그 이전의 소위 중세 봉건시스템으로는 그것을 감당할 수 없었습니다. 그런 과정에서 '국가', '민족'이라든가 '민족국가'가 자본가들과 함께 어깨동무하면서 탄생했거든요. 본질적으로는 지금의 상황과 마찬가지입니다. 말 그대로 이미 세계질서의 주도권을 장악한 사람이나 기축통화 체제를 공고하게 만든 국가들, 큰 수익을 쉽게 획득할 수 있는 거대 자본가, 경쟁에서 이미 유리한 고지를 선점한 선발국가나 다국적기업들에게는 조그만 시장, 자국화폐, 보호무역을 고집하고 공동체의식과 사람들을 소중하게 여기는 민족국가는 용납하기 힘든 것들이죠. 가능하면 민족시장의 경계를 무너뜨리고 자본이동을 자유롭게 하는 과정 속에서 세계화를 시작해야 한다는 겁니다.

그래서 그동안 추진해왔던 'WTO(World Trade Organization) 체제'라든가 아직도 한국사회에서 논쟁을 불러일으키는 몇몇 국가들과의 'FTA(Free Trade Agtrrment)', 즉 자유무역협정 내지는 자유무역체제 같은 것들이 긍정적인 측면과 함께 부정적인 측면을 동시에 갖고 있는 것이죠. 21세기를 세계화의 체제로 만들어 가는 과정 속에서 특정한 목적을 지닌 이익집단이, 민족이라든가 민족국가는 시대에 뒤떨어진 한물 간, 비효율적이고 심지어는 도덕적으로 오염된 것이라고 억지 주장을 하는 것이지요. 여기에 일부 지식인들이나 학자들이 비판없이 부화뇌동하면서 민족주의의 나쁜 점을 부각시킵니다.

『세계화의 덫』[1]이라는 책이 있습니다. 비교적 세계화가 시작되는 초기부터 나온 책입니다. 그 책에서 간파하였듯이 세계화는 분명 물리적인 국경, 영토를 토대로 삼은 국경개념 자체를 극복했습니다. 그 점에서는 자

---

1) Hans P. Martin과 Harald Schuman 강수돌 옮김. 『세계화의 덫』영림카디널, 1997.

국을 중심으로 다른 나라와의 관계를 발전시켜 나가는 '국제화 (Internationalization)'보다 더 진보된 개념입니다. 하지만 오해인 것이지요. 어떤 면에서는 더 공세적이고 강대국 중심의 전략적인 개념이고 또 다른 제국주의이죠.

그런 의미에서 볼 때 서구인들이, 또는 미국인을 중심으로 추진했던 세계화를 그대로 혹은 무조건 수용해야 될 것인가? 저는 의문을 던집니다.

세계화는 대세입니다. FTA 등도 우리가 비켜갈 수는 없습니다. 한미 FTA처럼 특정한 국가를 선택해서 무조건 배타시하고 거부하는 태도는 분명 문제가 많지만 그렇다고 무조건 검증과 비판없이 수용해서도 안 되지요. 말 그대로 본질적으로 인류공동체라는 의미에서의 지구화 또는 세계화는 우리가 추종하고 추구해야 하지만 그렇다고 해서 현실적인 이익을 무조건 혹은 크게 우려하지 않은 채로 강대국이나 부국에게 양보할 수는 없다는 겁니다. 그들이 쳐 놓은 '세계화의 덫'에 자청해서 걸려들 필요는 없습니다.

그런 의미에서 세계화는 명분을 무엇으로 포장하던 간에 사실은 그들의 이익을 위한 것이므로 민족주의나 과거의 서구인들이 주장했고 실천했던 제국주의의 또 다른 형태라고 보고 있습니다. 그래서 용어는 다를지언정 어쩌면 정반대처럼 보일 수도 있지만 그들이 하는 주장의 맥락을, 즉 본질을 파헤쳐 보면 제 용어로 '자집단주의'가 되겠습니다.

즉 민족국가 속에서도 자기집단의 이익을 철저히 추구하는 것이 과거의 전형적인 민족주의였고 또한 제국주의였다면 지금 등장한 '글로벌리제이션', '세계화'라는 것도 궁극적으로 따지면 그 질서에서 자기집단의 이익을 철저히 실천하려는 사람들이 만든 논리라고 본다는 겁니다. 여기에 우리가 부화뇌동할 필요는 없습니다.

그래서 제가 이런 사람들과 논쟁을 벌일 때는 이렇게 얘기합니다. 여러분들의 그 착한 마음씨와 충정, 지성은 이해하지만 우리는 약자의 입장이고 언제든지 과거에 당했던 것처럼 이익을 박탈당할 위험에 처해 있기 때문에 아직은 쉽게 마음을 열거나 또는 시스템을 개방할 수 없다고 말합니다.

만약에 동아시아에서 진정한 의미의 공동체가 이뤄지거나 아니면 우리 인류 모두가 지향하는 것처럼 진짜 인류공동체가 구현된다면 그때는 모든 것을 개방할 수 있고 또 마땅히 그래야만 합니다. 이를테면 미국, 중국, 러시아, 일본도 우리와 똑같이 하나의 지구공동체 일원으로 살아가면 됩니다. 그러나 지금은 중간 단계이고 '중간자中間者'의 입장에 처한 우리로서는 쉽게 양보할 수 없는 거죠. 그런 의미에서 우리는 아직까지도 민족주의가 유효하다고 보는 겁니다.

그리고 제가 민족주의와 연관해서 '디아스포라(Diaspora)'라는 단어를 여러분에게 소개해 드리겠는데요. 최근에 들어서 지식인들 사이에서 유행하고 있습니다.

디아스포라라는 용어는 고대 이집트에서 처음 사용이 됐지만 주로 유대인들에게 해당이 되는 용어입니다. 유대인들은 왕국이 멸망하자 고국을 떠나 박해를 받으면서 세계 곳곳을 떠돌아다니게 되는데 이러한 '집단 유망현상'을 '디아스포라'라고 말합니다.

과거에는 중국의 예를 들면, '중화경제권' 아니면 '대중국'이라든가 '중화연방론'이라는 단어와 개념들이 있습니다. 우리는 '한민족공동체' 같은 용어를 쓰고 있습니다만, 이런 현상들은 전형적인 '디아스포라'라는 이론과 연동되면서 최근에 들어서 자주 사용되고 있습니다. 이유는 물론 많이 있습니다.

이제는 많은 사람들이 해외로 나가게 됩니다. 실제적으로 그 지역에 거주하는 경우도 있고, 또 실제 거주하진 않지만 자기 생활의 기반이나 경제적인 토대를 외국에 두는 경우도 많이 있습니다. 그리고 또 한 가지, 우리의 경우 일부분은 한민족 국가 내부의 구성원으로 자리잡고 있지만 직접 연관을 맺은, 즉 혈족, 이런 민족의 구성원들은 세계 여러 곳에 꼿꼿이 포진해 있습니다. 통계를 보면 세계에서 가장 많은 나라에 거주하는 민족은 우리 한민족이라고 합니다. 그런데 이들은 과거에는 본국과 전혀 무관한 상태에 있다거나 교류자체가 상당히 어려웠습니다. 우린 가난해서 돈 벌러 이민을 가거나 해외로 진출한 것이지요.

이제는 모든 상황이 달라졌습니다. 한국이 잘 살게 됐을 뿐 아니라 교통과 통신이 상상할 수조차 없을 정도로 발달했기 때문에 세계 어느 곳에 서고 언제든지 교류가 가능하고 서로의 생각을 공유할 수가 있습니다. 또한 서로의 이익을 주고받는 시스템이 구축되고 있습니다. 이런 의미에서 볼 때 이제는 현재 자국뿐만 아니라 다른 지역에 있는 동포들과도 긴밀하게 연관 맺을 필요가 있습니다.

그런 의미에서 디아스포라라는 것이 사회용어로 다시 등장하고 있는데요. 중국인들은 화교를 통해서, 일본인들은 일본인들대로, 또한 우리는 '재중동포', '재미동포', '재일동포' 등 이런 바깥에 있는 동포들을 '디아스포라'라는 틀로 적용하면서 자국의 발전을 위하는 연결고리를 사용하고 있습니다. 우리 입장에서는 '한민족공동체'가 되겠습니다.

이제는 민족주의라든가 민족국가 또는 민족의 활동범위를 얘기할 때, 과거처럼 꼭 한반도가 아니라 만주 일대를 넘어서 전 지구로 확산을 시키면서 민족주의를 성숙시키면서 추구할 수가 있다는 겁니다.

민족주의에 대해서는 골치 아프고 이해기 힘들거나 어렵게 생각할 필요가 없습니다. 민족주의는 소박하게 이해해도 됩니다. 민족주의의 요체가 되는 민족, 즉 민족의 구성원이 되는 이 땅에 살았던 모든 사람들이 평범한 이익 또는 평범한 행복을 추구하는 방식이나 이론이라 생각하면 됩니다.

'민족'이나 '민족주의'는 학자들의 주장대로 서구인들의 점유물도 아니고, 또 민족이란 단어를 만든 일본인의 점유물도 아닙니다. 다 아시겠지만 민족은 일본인들이 '동양', '역사', '문학', '철학', '국가' 등과 마찬가지로 nation을 한자용어인 '민民'과 '족族'을 합쳐서 만든 조어입니다. 모두가 사용할 수밖에 없었습니다. 심지어는 다민족이 공존하는 중국조차도 불합리하지만 사용할 수밖에 없었던 시대 공통의 용어입니다.

만약 우리가 민족에 해당하는 적절한 단어나 적합한 용어를 만들지 않는 한은 우리가 생각하는 방식대로 우리 역사와 문화, 가치관 등을 고려하여 민족 내지는 민족주의를 이해하고 또 만들어 가면 큰 문제가 없을 거라고 봅니다. 물론 학문적으로는 서양 및 세계의 일반성을 고려해야만 합니다. 용어와 개념은 실상과 진실을 정확하게 표현하고 규명하지 않으면 안 됩니다. 남의 용어를 적당하게 수용하여 대충 두리뭉실하게 사용하는 것은 지식인이 아닙니다. 저는 '겨레'라는 말을 사용하려고 하지만 지식인 사회는 받아들이지 않으니 할 수 없이 민족이라는 단어를 계속 쓸 수밖에 없습니다.

지금 동아시아 지역에서는 '신민족주의'가 발원하고 있다고 얘기하고 있는데요. 실제적으로 이와 연관된 많은 일들이 벌어지고 있습니다.

여러분 궁금하지 않습니까?

지금 우리가 있는 동아시아에서 어떤 충돌이 일어나고 있고 우리 민족이 어느 정도로 위기에 처해있는지?

먼저 영토갈등이나 분쟁부터 간단하게 알아볼까요?

우선 한·일 간에는 '독도獨島문제'가 있습니다. 최근에 들어서 우리 독도 문제를 놓고 일본의 의원들이 울릉도를 방문한다는 그런 보도를 봤는데요. 일본정부는 어떻게 해서든 영토분쟁지역으로 끌고 가려는 전략을 쓰고 있습니다. 하지만 일방적으로 시비를 거는 문제지역일 뿐이지요. 독도가 정치적으로, 생활영역으로, 역사적으로 우리 영토였음은 이론의 여지가 없습니다. 다만 조선이 일본에게 '외교권'과 '국권'을 상실하면서 일본의 군사기지 역할을 담당한 것은 분명한 사실입니다. 하지만 1950년 이후로는 우리 역사영토로 운영해왔습니다. 지금도 주민과 경찰이 상주하고 있습니다.

그런데 일본은 1996년에 '배타적 경제수역(EEZ)'를 선포하였고, 다시 1997년 1월 1일에는 '어업 직선기선 제도'를 시행하면서 독도를 '분쟁지역화' 시켰습니다. 우리가 잘 모르는 것이 있는데요. 1998년에 김대중 정부는 '신한일어업협정'을 맺었습니다. 이때 우리 정부는 독도를 어업문제에 국한시킨다면서 일본의 전략에 말려들었습니다. 그 당시에 많은 논쟁들이 있었습니다. 학자들 간에도, 운동가들 간에도, 남해안의 어민들은 선박을 동원해서 해상시위도 벌였었죠. 2002년부터 일본은 체계적이고 단계적으로 계속해서 '독도는 일본땅'이라고 주장하고 있습니다.

대부분의 사람들은 한국과 중국 간에는 영토분쟁이 없는 것으로 알고 있습니다. 그렇지 않습니다. 아직은 문제가 예민할 정도의 상태는 아니지만 '간도(間島, 墾島)문제'가 있습니다. 간도 일대는 역사적으로 원조선, 고구려, 발해 등이 건국하고 활동했던 영토였습니다. 1712년에 처음으로 영토문제가 불거졌습니다. 그 무렵에는 실질적으로 조선인들이 많이 살면서 농사를 짓고 있었고 심지어는 관리들이 세금까지 징수하였습니다. 그런데 1909년 4월에 당사국을 제쳐둔 채 청나라와 일본 사이에 간도협약이 맺어진 겁니다. 그때 일본은 만주철도부설권, 탄광채굴권 등을 얻고 대신에 간도를 청나라의 영토로 인정하였습니다. 이것은 무효입니다. 앞으로 우리로서는 거론할 필요가 있다고 생각합니다.

또 하나는 이어도離於島 문제입니다. 제주도 남쪽인 마라도에서 남서쪽으로 152km 떨어진 수중 암초입니다. 제주도 사람들은 늘 이어도를 특별한 곳으로 여기고 노래까지 지어 부르고 있었습니다. 2003년에는 해양연구원이 종합과학기지를 설치하기도 했지요. 그런데 난데없이 중국 외교부가 실질적으로 이어도의 영유권을 주장하는 겁니다. 2012년 3월에는 중국의 국가해양국장이 '이어도가 중국 관할해역에 있고 감시선과 항공기를 통한 정기순찰 범위에 포함돼 있다'고 발언했습니다.

이어도는 동중국해에 있는데 이 바다는 원유 매장량이 최대 1,000억 배럴로 추정합니다. 천연가스도 72억 톤에 이른다고 합니다. 그러니까 물류의 경유지로서 뿐만 아니라 자원의 보고로서 전략적 가치가 높은 곳입니다. 그런데도 제주도에 해군기지를 건설하는 데 반대를 하는 사람들이 있습니다. 물론 거기에는 순수한 마음이나 가치관과 신념으로 참가하는 사람들이 있습니다. 하지만 특정한 세력들이 조직적으로 벌이는 부분도 있고 의식없이 그들을 추종하는 지식인들도 적지 않습니다. 심상정이라는 국회의원은 중국의 반발을 사지 않기 위해서라도 해군기지를 건설해서는 안 된다고 발언한 것이 기억나는군요.

그런데 뭐니 뭐니해도 동아시아에서 최고로 최대로 긴장을 발생시키는 사건은 중국과 일본 간에 심화되는 영토분쟁입니다. 일본명 센카쿠(尖角)열도, 중국명인 다오위다오(釣魚島) 문제이지요. 흔히 상하이 이남부터 시작해서 대만 북부 해역까지를 동중국해라고 부릅니다. 옛날 동지나해이지요. 동중국해에 위치한 5개의 섬과 3개의 바위로 구성된 작은 열도지만 양국은 사활을 걸고 싸우고 있습니다. 단순한 영토의 문제가 아닙니다. 주변 해역에 매장된 천연가스 같은 에너지 자원과 함께 중국이나 일본으로서는 석유 같은 에너지 자원의 수송과 연관돼 있는 생명선이기 때문입니다. 나아가 앞으로 동아시아의 패권과 중국의 태평양 진출을 놓고 벌어지는 쟁탈전의 전초전이므로 양측이 한 치도 양보할 수 없는 겁니다.

중국은 1992년 2월에 '영해법'을 제정하여 조어도釣魚島를 중국령으로 표기했고, 이어 1998년 6월에는 남사군도, 서사군도 및 조어도 해역을 '배타적 경제수역 및 대륙붕법'으로 발표했습니다. 그러니까 실질적인 영토라고 선언한 것이지요.

일본은 사실 1895년 이후에 빼앗은 것이지만 현재 차지하고 있기 때문에 방어적이고 소극적인 입장이었습니다. 그런데 중국이 갈등을 유도하는 전략을 쓰고 일본 내부의 보수 우익들이 행동하는 바람에 양상이 달라지고 있습니다. 2005년 2월에는 국유화 조치를 취해 실효적인 지배를 강화했습니다.

여러분들이 아는 것처럼 이 지역은 본격적인 분쟁지역으로 변모하고 있습니다. 만약 이 지역에서 실제로 군사적인 충돌이 일어난다면 결과는 걷잡을 수 없습니다. 우리는 당장 석유를 수입하는 데 타격을 입는 것은 물론이고 수출입도 막히고 자칫하면 고래 싸움에 새우등 터진다는 격으로 끌려들어갈 가능성도 없지는 않습니다. 현재로서는 이 영토분쟁은 더 폭발적으로 비화될 가능성이 농후합니다.

또 최근에도 보도를 통해서 보셨겠지만 지금 남중국해에서는 중국과 베트남 간에 해양 영토분쟁이 일어나고 있습니다.

'남중국해南中國海'는 남해南海의 영문 명칭인 "South China Sea"를 중국어로 재 번역한 것인데요. 모두 280여 개의 섬과 암초 등으로 이루어졌는데, 해양면적은 약 80여만 평방킬로미터입니다. 남한 영토의 8배가 넘습니다.

서사군도와 남사군도에서 해양 영토분쟁이 발생하고 있습니다. 중국은 1974년에 북베트남의 서사군도를 점령하고 전쟁을 벌였습니다. 남사군도는 중국과 필리핀, 베트남, 말레이시아, 인도네시아, 브루나이, 타이완간의 영토분쟁 지역인데 중국이 1978년 3월에 7개 섬을 무력으로 점령했습니다. 이런 것들은 미리 예측했던 것인데요. 제가 정보를 입수하고 수차례 소개한 바 있지만 중국에서는 '제2차 남해대전南海大戰', 즉 남중국해의 해상권을 놓고 중국과 동남아시아 국가 간에 전쟁을 예상하는 시나리오가 나돌아 다니고 있습니다.

〈동북아지역의 신해역관할권도〉

얼마 전에 우리 정치인들이 러시아와 일본 간의 분쟁이 일어나고 있는 쿠릴열도를 방문했습니다. 저도 사할린에 갔다 왔는데요. 이 지역 또한 우리가 모르는 상당히 다양한 문제들이 있습니다. 사할린 남부 지역과 홋카이도 사이에 '남쿠릴열도'라고 있습니다. 일본에서는 북방 4개 도서라고 부르고 있고요. 서로가 한 치도 양보할 수 없는 그런 영토분쟁지역입니다.

우리가 운양호 사건을 당하고 있던 1875년에 벌써 일본은 소위 사할린·쿠릴 교환조약(성페티스버그 조약)을 맺었습니다. 그래서 사할린은 러시아 영토로 쿠릴열도 전체는 일본영토로 만들었습니다. 하지만 그 후 러일전쟁과 제2차 세계대전을 거치면서 변화가 계속되다가 결국은 지금 상태에 이르렀죠.

사실은 한국과 러시아 간에도 영토문제가 있습니다. 두만강 하구의 녹둔도鹿屯島는 원래 우리 영토였습니다. 『고려사』를 비롯해서 조선 후기까지도 기록이 남아 있고, 핫산을 비롯하여 연해주 남부지역은 실제로 우리가 개척한 곳입니다.

1860년에 '중·러 북경조약' (중·러 북경속증조약北京續增條約)이 맺어질 때 연해주에 묻어서 러시아로 소속된 것이죠. 그런데 1984년에 러시아와 북한이 영토문제를 조정하는 과정에서 녹둔도 문제를 협의했다고 합니다. 앞으로 통일될 경우에는 거론할 필요가 있습니다.

그런데 우리가 주목해야 할 영토분쟁이 또 하나 있습니다. 저는 학생들에게 이렇게 이야기합니다. 앞으로 10여 년 정도 후면 동아시아에서 영토분쟁이 가장 심각할 지역은 북만주 일대와 연해주라고 말합니다. 즉 중국과 러시아 사이에 극심한 갈등이 벌어진다는 겁니다.

청나라는 말기에 이르러 아주 허약했습니다. 그래서 1850년대부터

1860년대까지 러시아는 중국에게 여러 차례의 불평등조약을 강요했습니다. 그 결과 150만 평방킬로미터의 토지를 강제로 빼앗은 것입니다. 특히 1860년에는 '중 · 러 북경조약' (중 · 러 북경속증조약)을 체결하여 연해주의 40만 평방킬로미터의 토지가 러시아에 귀속됐고 결국 러시아는 부동항인 블라디보스토크를 획득하면서 태평양함대를 창설했습니다. '블라디보스토크'는 동쪽을 정복하다는 의미를 지닌 단어입니다. 러시아의 국가발전 정책이 반영된 단어이지요.

저는 이렇게 생각합니다. 연해주는 중국인에게는 단순하게 빼앗긴 땅이 아니라 '수복의 땅'이라고. 결국 넓고 긴 국경 지대에서 두 강대국 간에는 충돌이 일어나겠지요. 중국은 국경선을 재조정하고 싶어하고, 반면에 푸틴 정부는 연해주 및 동해에 대해서 영향력을 계속 강화시키고 있습니다. 결과는 뻔합니다.

여러분 어떻습니까? 대단히 심각하지요? 동아시아 지역에서는 우리가 원하건 원하지 않건 갈등과 충돌이 생길 수밖에 없고, 상황에 따라서는 일종의 크고 작은 군사적 충돌도 발생할 수 있다는 겁니다. 모두에게 어려운 상황이죠.

이러한 갈등은 신민족주의가 걷잡을 수 없을 정도로 성장하는 동아시아 지역에서 확장되고 있습니다. 중국은 정말 민족주의를 지향하고 있고 민족국가를 지향하고 있습니다. 나중에 더 상세하게 강의할 예정입니다. '통일적 다민족국가론', '중화민족론', '신중화제국주의', '대당제국의 부활', '해양대국의 건설' 등 다양하고 섬뜩한 용어들이 난무하고 있습니다.

일본도 결코 거기에 뒤지지 않습니다. 특히 최근에는 소위 위안부 문제를 비롯한 여러 문제들을 놓고 우파들은 과거와는 다른 양상으로 일본

사회를 이끌어 가고 있습니다. 오히려 적반하장격으로 공격적입니다. 이제는 보통국가론을 넘어 군사국가화를 숨기지 않고 추진합니다.

그런 상황 속에서 우리는 세계 전체로 보면 경제력이 10위에서 15위 사이를 오가고, 정치력과 군사력도 결코 만만찮지만 최강대국들 사이에 끼어 상대적으로 약소국의 처지에 있습니다. 당연히 약소국으로서 생존의 문제, 남북통일의 문제 등 때문에 민족주의에 관심을 기울일 수밖에 없습니다. 이러한 상황 속에서 삼국 간에는 갈등이 발생하고, 여러분 잘 아시겠지만 실질적으로 충돌이 발생하고 있습니다.

다시 한 번 말하지만 동아시아는 세계질서에서 가장 중요한 지역입니다. 앞으로는 러시아의 남진과 동진 및 태평양 진입이 확실하고, 미국은 태평양시대라는 명분을 내걸고 재진입하고자 합니다. 물론 '태평양시대'라는 용어는 정확하게 표현하면 '동아시아'를 말하는 것이고 국가로는 '한·중·일'을 말하는 것입니다. 그러니까 이러한 상태에서 애국주의', 민족주의가 발흥하는 것은 어쩌면 당연한 일이지요.

이런 현실을 극복하려면 전략과 전술을 세워야 합니다. 그럴듯한 논리가 필요하거든요. 그런데 일본과 중국은 자신들을 중심으로 민족주의라든가 민족국가를 확장시키기 위한 논리를 만들어 냈습니다.

여러분 잘 아시겠지만 중국이 거의 10여 년 동안 시도한 동북공정은 바로 그걸 의미하는데요. 사실 동북공정은 그 모델이 일본에 있습니다. 최근에도 그런 얘기를 들었는데요. 동북공정을 놓고 일부의 학자들, 특히 정치학자들은 '중국 내부에서는 그다지 큰 문제가 아니기 때문에 일과성에 불과하다' 이렇게 얘기하는 학자들도 있습니다. 그런데 실제적으로는 그렇지 않습니다.

동북공정의 목적과 진행과정 그리고 현재까지 드러난 결과들을 놓고 보면 과거의 일본 제국주의들이 조선을 비롯해서 만주지역, 중국, 심지어는 동남아시와 남태평양 일대에서 자행했던 논리적 해석 작업과 거의 똑같다는 것이죠. 그런 의미에서 동북공정은 단순한 역사왜곡이거나 일과성의 정치행사가 아니라는 것입니다. 매우 중요한 국가정책이지요.

여러분들은 일본이 어떤 식으로 우리 역사를 왜곡했고, 우리를 어떻게 교묘한 수단을 사용해서 식민지화시켰고, 또는 '대동아공영권'을 주장하고 전쟁을 일으켰는가, 이 과정을 꼭 알 필요가 있어요.

1592년에 임진왜란이 발발했습니다. '7년 전쟁'이라고 부르기도 하고, 북한에서는 '임진조국전쟁'이라고 부릅니다. 일부에서는 우리가 이긴 전쟁이라고 주장하기도 합니다. 그런데 실제론 우리가 대응도, 뒤처리도 못했기 때문에 당시 일본에 의해서 우리가 처참하게 패배한 것이죠. 당연히 일어날 상황인데도 준비도 하지 않았고, 큰소리만 치면서 백성들을 착취한 임금과 관리들은 즉시 도망쳤으며 백성들은 수십 만이 무참하게 살육당했습니다. 그런데 어떻게 이긴 전쟁입니까? 그런 국가와 임금, 관리들을 변호해선 안 됩니다. 다만 우리가, 백성들이 나서서 의병활동을 벌이고 소수 관리들이 동조하면서 그리고 국제정세와 국내상황이 변하면서 일본은 도망친 것이지요. 다만 항복하지 않고 그들을 물리쳤다는 데 의미를 찾을 수가 있을 뿐입니다. 애정은 인정하지만 역사는 교훈을 찾아야만 합니다. 진실을 찾고 반성을 해야지 자기기만을 하면 안 됩니다. 그런 의미에서 백성들이 다 적극적으로 일본군에 저항하거나 나라를 위해서 일을 했다고 강변하거나 그런 주장을 해서도 안 됩니다. 당연히 백성들도 책임이 있다고 판단합니다. 스스로도 반성해야 합니다.

얼마 지나지 않아 불과 30년 만에 또 한번, 이번에는 북으로부터 공격을 받았습니다. 정묘호란, 병자호란이 일어나자 똑같은 일들이 벌어집니다. 굴욕적인 패배를 하였고 백성들은 수십 만이 포로로 끌려갔습니다. 그래도 반성을 안 한 것이 양반이고 알량한 지식인인 성리학자들입니다. 임진왜란과 병자호란이라는 대실패를 하고도 조선의 지식인들은 정신차리지 못했습니다. 정말 불가사의한 존재들이죠.

만약에 소중화주의에 빠지고 명분론과 사대성에 적당하게만 빠졌어도 대신에 우리가 추구하는 민족주의라든가 민족국가의 의미를 부여하였으면, 조선을 부강시키고 일본과 청나라를 대상으로 다양한 정책을 구사했다면 그 이후의 불행은 오지 않았을 겁니다. 그런데 그들은 어느 것 하나 제대로 대응을 못했다는 겁니다. '권력쟁탈전', '모화사상', '실체없는 원론의 모호성', '백성들의 생존을 무시한 지식과 철학들', '근거 없는 큰소리', '무저항과 신속한 굴복', 이런 게 조선입니다.

반면에 일본은 어땠습니까? 결코 패전하지 않은, 다만 실패한 일본은 이후에도 정체를 막부체제로 바꾸어가면서 국가발전전략을 더 정교하게 합니다. 방문한 오란다(네덜란드) 상인들을 활용해서 유럽과 무역을 벌이고, 난학(蘭學, 네덜란드를 통해서 받아들인 유럽학문)을 적극적으로 수용합니다. 그들은 현명하게도 서구 제국주의국가들과 교류를 통해서 그들의 발달된 테크놀로지, 즉 기술력과 함께 많은 문명의 산물들을 받아들입니다.

일본은 이미 17세기 전반에 자력으로 함선을 건조합니다. 그 배로 태평양을 횡단해서 멕시코에서 부왕의 영접을 받고 돌아옵니다. 그런데 더욱 놀라운 일이 있었습니다. 그 배는 필리핀 해역에서 네덜란드 함선의 공격을 받고 파손됩니다. 그러자 에스파니아가 그 배를 삽니다. 여러분 이것이 무엇을 의미하는지 아시지요? 동인도 회사를 갖고 동방무역을 독점하려던 네덜란드로서는 일본이 자력으로 세계 무역망에 뛰어드는 것을 용납할 수가 없었던 것이지요. 일본도 그 사실을 알았기 때문에 네덜란드의 경쟁국가인 에스파니아의 도움을 받아 배를 건조했고, 그 배는 결국 에스파니아가 회수한 것이지요. 이렇게 치열하게 국가 간의 경쟁이 벌어지고 있었습니다. 그때 우리 조선을 생각해보세요. 여러분들의 조상들이 어떤 생각을 갖고 있었으며 어떤 행동들을 하고 있었는지 찬찬히 떠올려 보세요.

일본은 서구에서 나타나고 있는 바로 근대국가 또는 절대국가의 모습에서 아이디어를 얻으면서, 일본 자체도 과거와는 다른 형태의 보다 중앙으로 권력이 집중된 그리고 일본정신을 강화시키는 국가발전전략을 취하게 됩니다. 이래서 나온 것이 '국체國體철학'이라는 겁니다. 즉 일본은 특별한 나라라는 사실, 일본은 하늘로부터 신성한 권리를 받고 태어났다는 것, 일본은 부강해야 되기 때문에 다른 지역을 침략해도 좋다는 것, 이런 자기중심적인, 비도덕적인 논리들이 나타나기 시작합니다.

여러분 잘 아시겠지만, 19세기 중반기를 넘어가면서 일본은 1868년에 명치유신을 성공시키면서 우리가 생각하는 가장 부정적으로 여기는, 즉 공격적이고 침략적인 의미의 민족주의 내지는 민족국가를 지향했습니다. 그것은 결국은 일본제국주의라는 보기 힘든 괴물을 탄생시켰고 모두가 불행한 결과로 끝이 나고 말았습니다. 아시아가 불행했고 일본국민들도 불행했죠. 그들도 300만 명이 죽었으니까요. 보세요. 이런 논리화 작업이라는 것이 얼마나 중요합니까?

그리고 여러분들이 오랫동안 보았고 잘 알겠지만, 일본이 조선을 본격적으로 침략하기 전에 만들어 놓은 것들이, 우리 역사를 자기들의 편의대로 해석한 겁니다. 정말 유감스럽지만 우리 역사를 근대적인 방법으로 연구하고 해석한 사람들은 우리가 아니라 일본인이라는 겁니다. 일본인들은 서구적인 또는 근대적인 역사연구방법을 도입해서 '과학'이라는, '실증'이라는 미명하에 우리 역사를 차곡차곡 해석했는데, 그것은 가능한 한 우리에게 나쁜 방향으로 해석했다는 데 문제가 있습니다.

이런 일련의 작업들을 해가면서 나온 몇 가지 이론이 뭐냐면 이를테면 '정한론征韓論', 당시 조선인 한국을 정벌하겠다는 정한론이고, 또 '조선병탄론' 즉 조선을 병탄하겠다는 것, 또는 대동국大東國 운동 등입니다. 일본과 조선을 합쳐서 큰 동국을 만들겠다는 것이죠. 이런 이론들이 나오게 되고, 일부에서는 본질적으론 같습니다만 '탈아론脫亞論'이라고 해서 아시아를 탈피해서 일본은 서구를 지향해야겠다는 이론도 나옵니다. 물론 '아시아 연대론' 등도 나오고 있지만 본질적으론 동아시아를 일본의 패권 아래 놓겠다는 그런 책략과 조금도 다른 것이 아니죠. 일본은 이런 이론들을 만들고 실현시키다보니 본격적으로 조선을 식민지화시키고자 합니다. 거기서 만들어낸 역사관이 바로 '식민사관'이 되겠습니다. 이것은 공간적으론 '반도사관'이 되는 것이죠.

조선을 식민지화시킨 다음에 1930년대에 들어오면서 일본은 조선반도만으로 만족할 수 없기 때문에 만주도 일본의 역사의 영역으로 편입시키려 합니다. 당연히 만주를 침략하려는 명분을 만들어내는데 그것이 소위 '만선사관'이라는 겁니다. 만주와 조선은 하나의 역사체라는 논리입니다. 일본은 우선 먼저 '일한일역론日韓一域論' 즉 일본열도와 한국지역, 즉 일본과 한국은 하나의 역사의 영역이었다는 '일한일역론'을 만들어냈고, 다음 단계로 '만선滿鮮사관' 즉 '만주와 조선은 하나의 역사체이다'라는 이론을 만든 겁니다.

그러니까 처음에 일본과 조선은 하나의 영역이었고 조선은 일본의 식민지화됐고 그리고 만주와 조선은 하나가 되니까 당연히 만주도 일본의 역사영역 속으로 쓰여져야만 된다는 논리입니다.

이때 일본학자들이 주목하고 연구한 주된 분야가 바로 만주의 역사가 되는데 그 연구 범위를 보면 가관입니다. 훗날 '대동아공영권'으로 확장되는데, 그 지역을 보면 만주 일대, 사할린, 캄챠카 반도, 오호츠크해, 바이칼, 실크로드, 남으로는 대만, 필리핀까지 광범위합니다. 그 기본은 어린 소년인 이토오 히로부미(伊藤博文) 등을 교육시켜 일본의 근대화를 성공시키는 데 큰 역할을 한 청년 지사인 요시다 쇼인(吉田松陰)의 『유수록幽囚錄』입니다. 그때 우린, 우리 지식인들은, 성리학자들은 무얼하고 있었나요?

만선사관을 만들어 내면서 그들이 주목한 것은 발해의 역사입니다. 왜 그러냐면 발해에 관한 역사는 우리 역사책에 남아 있지 않습니다. 『삼국사기』에도 『삼국유사』에도 간신히 몇 줄만 있을 뿐이죠. 역사가 일본의 역사책에 주로 기록되어 있다 보니까 발해가 마치 일본에게 저자세를 취한 것처럼 표현이 된 것입니다. 그 시대 상황 속에서 일본 학계는 당연히 발해사 연구에 집중할 수밖에 없었습니다. 우리 학계는 근래까지도 발해에 관한 연구가 거의 없었고 일본이 한 연구를 추종하느라 바빴죠. 만선사관은 일본이 대륙으로 진출하는 데 필요한 하나의 논리적 근거로 만든 역사관입니다.

그 뒤를 이어서 일본이 다시 만든 것이 무엇이냐면, 일본열도와 한반도 즉 조선반도와 만주뿐만 아니라 중국까지도 함께 하나로 만들어야겠다는 것입니다. 그래서 '일만지日滿支 블록'을 설정합니다. 즉 일본과 만주와 지나(중국)를 하나의 경제블록으로 만들겠다는 것이죠. 요즘 말로 표현하면 동아시아 경제공동체, 다른 말로 표현하면 한중일 FTA 협정 또는 지대가 되는 것이지요. 일본은 침략을 목적으로 군대와 정치, 거기에 학문을 동원하여 이런 식으로 만들어 간 겁니다.

그런데 여기서 한 가지 우리가 주목해야 할 사실이 있습니다. 나이 든 사람들은 '일만지日滿支' 하면 무엇인지 압니다. 그런데 젊은 사람들은 고개를 갸웃거립니다. 잘 모를 겁니다. '지支'라는 단어가 중국을 나타내는 사실을 모릅니다. 중국中國이란 단어의 의미는 그 자체가 이미 패권주의적 성격, 제국주의적 성격을 띠고 있습니다. 중국이란 단어는 궁극적으로 '가운데 나라', '중심국가'라는 뜻입니다. '중화中華'는 가운데서 가장 빛나는 곳이란 의미입니다. 그러니까 현재 한족의 중국을 가운데 놓고 남쪽에는 만蠻이 있고, 북쪽에는 적狄이 있고, 서쪽에는 융戎이 있고, 동쪽에는 이夷가 있다는 주장이죠. 이러한 오만이 바로 '중화사상'입니다.

20세기 초 일본의 입장에서는 동아시아에서 신질서를 구축하는 데 주역이 되고 동아시아의 패권을 장악해야 합니다. 그런데 일본이 '중국'이란 용어를 그대로 사용한다면 어떻게 되겠습니까? 중국은 영원히 가운데 중심국가일 수밖에 없는 것이죠. 그래서 일본 사람들은 중국이란 용어를 용도폐기시킨 겁니다. 중국이란 용어를 쓰지 말자. 그런데 서양인들은 과거부터 중국을 '차이나(China)'라고 부르고 있습니다. 옛날 진시황이 세운 '친秦나라'에서 나온 겁니다. 처음에는 인도가 음역하였고 서양에는 '차이나'로 알려졌는데 일본인들은 거기에 착안해서 중국을 한자인 지나支那라고 표현을 한 겁니다. 일만지 블록이라고 그러지만 실질적으론 요즘 용어로 따지면 일본과 만주와 중국의 경제 블럭이라고 이해하면 되겠습니다.

제가 이런 말씀을 드린 이유 중 하나는, 일본은 비록 중용의 도를 넘어서서 잘못된 방향으로 흘러갔지만 적어도 일본인들에겐 이런 자존심이 있었다는 겁니다. '중국'이라는, 수천 년 간 내려온 중심국가라는 중화의식을 깨끗이 버리고 지나라고 당당하게 쓸 수 있었던 그들의 자의식만큼은 본받아야 합니다.

일제강점기에 일본이 얼마나 철저하게 우리를 교육시켰는가를 보여주는 자료들이 많습니다. 사람들은 흔히 역사하면 굉장히 관념적으로, 추상적으로 생각하기 쉽습니다. 그리고 가능하면 자기 쪽에 긍정적인 측면만을 부각시키는 도구 정도로 생각하죠. 그렇지는 않습니다. 저는 '역사학은 곧 집단의 생존문제'라고 봅니다. 역사를 어떻게, 어떤 방식으로 해석하느냐에 따라서 그 이후에 그 집단의 생존 여부, 그 집단의 운명이 결정되는 경우가 너무나 너무나 빈번하기 때문입니다.

여러분 이 표를 보십시오. 일본의 조선 2대 총독인 사이토오 마코토(齊藤實)가 내린 교육시책입니다. 거기 보면 이런 내용도 있습니다.

"민족혼이나 민족문화를 상실하게 하고, 조상과 선인들의 무위와 악행을 들추고 과장해서 조선의 후손들에게 가르쳐라."

1922년 조선 총독 사이토 마코토(齊藤實)가 내린 교육시책

- 조선 사람들이 자신의 일, 역사, 전통을 알지 못하게 하라.
- 민족혼, 민족문화를 상실하게 하고, 조상과 선인先人들의 무위, 무능, 악행을 들추고 과장하여 후손에게 가르쳐라.
- 부조들을 경시하고 열시하는 감정을 일으키게 하여, 하나의 기풍으로 만들어라.
- 자국의 모든 인물과 사적에 대하여 부정적인 지식을 얻게 될 것이며 반드시 실망과 허무감에 빠지게 될 것이다.

이것이 그 시대의 교육정책에 나와 있다는 겁니다. 우리는 이런 식으로 교육을 받아왔고 이런 지침에 따라서 해석한 역사를 배워 왔습니다. 그렇다면 어떻게 스스로 자기민족을 긍정적으로 애정을 갖고 생각하겠습니까? 그렇지 않다는 것이죠. 그 다음에 역사학 연구 분야입니다. '자국의 모든 인물과 사적에 대하여 부정적인 지식을 얻게 될 것이며 반드시 실망과 허무감에 빠지게 될 것이다' 이 얼마나 무서운 음모입니까? 조선인들을 어떻게 교육시킬 것인가에 관해서 분명히 총독이 직접 이렇게 얘기했습니다. 이 틀 안에서 일본인 학자들, 심지어는 조선인 학자들이 우리 역사를 해석한 것입니다. 그 시대 우리 학자들의 처지를 전혀 이해하지 못하는 것은 아닙니다. 하지만 그들은 지식인입니다. 책무가 있습니다. 수동적 방조는 어느 정도 인간적으로 이해할 수 있지만 능동적으로 참여한 것은 용납할 수 없습니다.

바로 그 순간에 삭풍이 몰아치는 만주나 연해주, 양자강 하구인 상하이, 심지어는 태평양 건너 먼 미국에서도 독립전쟁에 참여하면서 자신을 희생하고 있었습니다. 이 분들을 생각해야죠. 더구나 그 알량한 역사학자들은 해방된 이후에도 기득권 세력이 되었고 우리 역사학계를 주도했습니다. 그러면서도 반성과 자기 비판은 커녕 오히려 독립적이고 민족적인 역사학자들의 학설은 전혀 소개하지 않았습니다. 거기다가 가증스러운 것은 그들의 학설과 심지어는 존재조차 지워 버리려고 했다는 것입니다. 본인들은 궁색하게 변명했습니다. 하지만 말장난이지요. 치졸한 인격체들이지요. 그렇게 만들어진 학풍이 지금도 계속 이어지고, 학자들의 인식도 크게 변하지는 않았다는 것입니다. 본인들이 인정하든 안 하든 이런 부분에 관해서 이제라도 밝혀내고 엄격하게 비판하지 않으면 우리 정체성을 찾기도 힘들고 좋은 의미의 민족주의를 제대로 구현할 수가 없습니다.

일부 사람들은 이렇게 얘기를 해요. 소위 '국사해체론'을 주장하는 사람들인데요. 그 당시 단재 신채호 선생, 백암 박은식 선생, 그 다음에 위당 정인보 선생, 민세 안재홍 선생, 문일평 선생, 이런 분들이 주장한 민족주의와 민족주의 사학은 기본적으로 일본제국주의 식민사학자들과 동일한 논리를 갖고 있다고 구변을 펼치고 있습니다. 왜냐하면 그들은 비록 조국의 해방과 독립을 쟁취하기 위해서 연구하고 행동했지만 궁극적으로는 공격적이며 자국 중심적이며 심지어는 폭력과 부당한 방법을 동원했기 때문에 잘못됐다는 것이죠.

그러면서 이런 얘기까지 합니다. 국사를 폐기시키자는 겁니다. 국사, 국학, 국문학 등 이렇게 나라 국國자가 들어가는 것들은 전부다 일본인들이 만든 용어이기 때문에 일본의 군국주의와 연결되고 그러니까 이런 용어를 부정하거나 사용하지 말자는 것이 그들의 주장입니다. 어떻게 보면 타당성이 있는 것처럼 보이고 실제로 많은 분들이 동감하고 있는 추세입니다.

하지만 이것은 지적유희죠. 현실인식도 실천력도 없는 지식인들의, 마치 성리학자들의 공리공담이거나 자기회피와 기만이지요. 그 용어가 일본인들이 만들었기 때문에 문제가 있거나 사용할 수 없다면, 그것이 가진 한계가 있다면 그걸 주장하는 사람들은 다른 각도에서 역사라든가 학문의 영역을 개발해야 합니다. 또 다른 각도에서 새로운 용어를 만들어야 된다는 겁니다. 그렇다면 그들을 지식인으로 대우하고 효용성 여부는 차치하고 적어도 진정성만은 인정할 수 있죠. 그런 노력은 기울이지도 않고 이런 용어와 함께 만든 주체가 일본이란 이유만으로 거기에 저항해서 쌓은 우리의 모든 운동들을 똑같이 격하시키는 일들을 국사해체론자들이

하고 있습니다. 역사에서 용어는 늘 내용과 의미가 변합니다. 전적으로 새로운 단어를 만들어내지 않는 한 용어 자체는 동일할 수밖에 없습니다. 그런 인식도 없이 더더욱 당시대가 아닌 현재에서 역사학은 '객관'이라는 편한 미명을 갖고 책임감 없이 발언하는 것이지요.

이런 문건들은 제가 과장해서 소개하는 것이 아니라 그대로 전달하는 것 뿐입니다. 마지막 구절에는 이런 얘기가 나옵니다. '이것이 제국 일본이 조선인을 반일본인으로 만드는 요결인 것이다' 이렇습니다. 이런 지침들이 좀 더 구체적으로 역사를 해석하는 데 나타납니다. 예를 들면 '조선반도사 편사지침'이라는 게 있습니다.

거길 보면 놀랄 만한 몇 가지 내용이 있습니다. 그 중 하나를 예로 들면 이렇습니다. '민족국가를 이룩하기까지의 민족과 기원과 그 발달에 관한 조선 고유의 사화, 사설 등은 일체 무시하고 오로지 기록에 있는 사료에만 의존한다' 이것이 조선사편수회 사업개요에 나오는 말입니다. 어떻습니까? 여러분들 어디서 들어 본 말 같지 않습니까? 또 역사를 편년체로 서술하라고도 되어 있죠. 특히 3번째 장의 '조선 고유의 사화, 사설' 등이 의미하는 바는 분명합니다. 우리가 흔히 얘기하는 건국신화를 비롯한 다양한 신화와 설화들을 얘기하는 겁니다. 그 밖에도 민속신앙이라든가 설화, 유적과 유물도 포함한 것입니다. 최근에는 고고학이 다양한 방식으로 발달했기 때문에 많은 것을 찾아내고, 과학적인 엄밀성을 부여합니다. 새로운 사실들을 많이 밝혀내거든요. 하지만 그 시대에는 그런 것이 불가능했습니다. 그런 의미에서 이들이 거론하는 사화, 사설 등에는 건국신화라든가 설화, 민속양식, 그뿐만 아니라 유적과 유물도 다 포함이 된다는 겁니다.

오로지 기록에만 있는 사료에 의존한다. 그러한 편사지침을 충실하게 따르려는 태도가 근대 우리 역사학의 시작인 실증사학입니다. '실증사학', '고증사학'은 긍정적인 측면이 많이 있습니다. 더구나 전근대사회인 조선을 제대로 극복하지 못한 상태이기 때문에…. 그러나 부정적 측면 또한 많이 있습니다. 무엇보다 우리 역사학에서 가장 중요한 사실은 조선사편수사업개요에서 나오듯이 특정한 목적과 불순한 의도가 담겼다는 겁니다.

이렇게 교육을 시키고 이런 태도와 방식으로 역사를 연구하니까 총독이 내린 지침에서 보듯이 스스로도 우리가 누구인가에 관해서 알지 못했습니다. 언제 나라가 시작되었고 조상은 누구이며 얼마나 긍정적이고 자랑스런 삶을 살아왔는가에 대해서도 잘 모릅니다. 만주 벌판이 우리 조상들이 살아간 터라는 사실도 모르고 북방종족이나 한족과 싸우면서 위대한 승리를 거두었다는 사실도 모릅니다. 지금은 일본에게 침략을 당하고 나라를 뺏겼지만, 고대에는 반대로 우리가 일본열도에 진출해서 문화도 전파하고 나라를 세우기도 했다는 사실을 모릅니다. 또 일본인들이 주입

조선반도사 편사지침

■ 조선반도사는 편년체로 한다.

■ 전편을 상고삼한上古三韓, 삼국, 통일 후의 신라, 고려, 조선, 조선근세사의 6년으로 한다.

■ 민족국가를 이룩하기까지의 민족과 기원과 그 발달에 관한 조선 고유의 사화史話, 사설史說 등은 일체 무시하고 오로지 기록에 있는 사료에만 의존한다.

(조선사편수회사업개요)

시킨 대로 반도민족이 아니라 만주에서도 활동했지만 해양활동이 뛰어났다는 사실도 모르고 연구도 안 했습니다. 당연히 늘 우리조상을, 역사를 비판적으로 부정적으로 보게 만들었습니다.

이런 지침과 의도들을 충실하게 수행했던 것이 우리나라 근대역사학의 초기모습이라는 것을 인정할 수밖에 없습니다. 미필적고의, 곡학아세한 학자들도 많이 있었습니다. 바로 그 순간에 만주에서는 신채호 선생을 비롯한 많은 분들이 독립전쟁을 벌이면서 우리 역사를 실증적으로, 인류학, 언어학 등 다양한 학문방법론을 활용하면서, 또 현장의 유물과 유적을 보면서 과학적으로 연구했습니다. 그들이야 말로 과학적이고 고증에 충실한 학자들이지요. 그들이 쓴 역사책이 실제로 많이 있었다는 겁니다. 그런 사실도 여러분들은 반드시 아셔야 합니다.

국사해체론을 비롯해서 국수주의 등의 용어를 사용하면서 많은 사람들이 그런 얘기를 하고 있습니다. 그런 것은 민족주의자들이 처했던 당시의 절박했던 시대적 상황을 잘 모를 뿐만 아니라 역사가 무엇인지에 관한 기본 이해가 부족한 사람들이 책상 앞에 앉아서 지적인 유희를 하면서 그렇게 얘기하는 것이죠.

이제 중국의 동북공정으로 넘어가겠습니다. 제가 민족문제를 다루는 첫 강의에서 이렇게 장황하게 말씀드리는 이유가 있습니다. 만약에 '현재도 과거와 마찬가지로 우리는 민족국가였다' '한민족은 특별한 의미를 가진 집단이다' 이렇게 민족주의의 긍정적인 측면만 강조하려면 굳이 1강이나 2강에서 이런 지루한 이론을 거론할 필요가 없습니다. 그런데 지금은 그러한 주장이나 이론 자체가 흔들리고 있습니다. 그래서 그들의 주장이나 이론을 정확하게 이해하고 그들이 잘못됐다는 것을 말하기 위해서 1강과 2강에서 다소 복잡하지만 이론을 말씀드리는 겁니다.

중국은 2002년 3월부터 소위 '동북공정'을 추진했습니다. 과거에는 중국이 동북공정같은 사업을 추진할 수가 없었습니다. 왜? 능력도, 필요성도, 여력도 없었습니다. 중국은, 전 근대에는 '춘추필법'이라든가 '중화사관'을 통해서 중국은 물론이고 동아시아 역사를 한족 중심으로 해석해왔거든요. 그런데 청나라가 중국 지역을 장악하고 그 청나라가 멸망하면서 중국은 반식민지 상태로 전락을 했다는 겁니다. 사실은 이미 1842년에 패배한 아편전쟁 때부터 그런 상태가 된 것입니다. 그 이후에 중국은 일본이 패망하면서 승전국이 되었지만 공산국가가 되었습니다. 중국의 공산화는 두 가지를 의미합니다. 하나는 경제적으로 낙후한 나라가 된 것입니다. 또 하나는 공산주의 체제이므로 전통, 문화, 역사에 대해서 긍정적인 평가를 할 만한 여유도 없고 해서도 안 되었습니다.

세계가 다 아는 일이지만 중국은 1990년도까지만 하더라도 못사는 나라였습니다. 이러한 몇 가지 이유와 상황 때문에 중국이 국가발전 전략을 뒷받침하기 위한 정교한 역사정치이론과 역사해석을 시도하거나 만들어낼 여력이 없었습니다. 그런데 이제 상황은 많이 달라졌습니다. 이제 중국은 컸습니다. 과거의 중국, 중화제국의 영광을 많이 회복했고 영토를 완벽하게 장악했습니다. 그리고 1979년도 이후에 사회주의 시장경제체제를 성공시키면서 경제적으로 급상승했습니다. G2의 위상을 가졌습니다.

그렇다면 이제 중국은 과거처럼 다시 중화제국을 부활시킬 자신감이 생겼다고 봐야지요. 지금은 '중화제국', '중화민족의 부흥' 등 여러 구호들이 등장하고 몇 가지 사업들을 만들어내는데, 그 중에 하나가 바로 역사왜곡 작업이고 그 가운데 하나가 동북공정인 겁니다.

중국은 1983년에 중국사회과학원 산하에 '중국변강사지연구중심中國邊疆史地硏究中心'을 설립하였습니다. 그리고 이상하게도 1993년 집안에서 한국, 북한, 중국, 일본학자들이 함께 모이는 고구려 관련 학술회의를 열었습니다. 이 회의에서 중국학자들이 고구려의 역사를 중국의 역사로 여기는 발언을 하면서 인식의 차이가 극명하게 드러났습니다. 우리는 그 이유들을 잘 알지 못했습니다.

1998년 9월에 '중국변강사지연구중심'은 '현대 중국 변경 조사연구'라는 지침 가운데 '조선반도(한반도) 형세의 변화가 동북지역 안정에 가하는 충격'이라는 제목의 보고서를 제출하였습니다. 고구려 또는 우리 역사가 이 단계에서 본격적인 정치문제로 비화하는 순간이지요. 그리고 본격적으로 왜곡작업이 시작됩니다. 후에 밝혀진 내용이지만 그 무렵에 부주석이었던 후진타오가 직접 관여했다고 합니다.

그리고 모든 준비를 끝낸 후에 2002년 2월 중국사회과학원 변강사지연구중심과 동북의 3성인 길림성, 요녕성, 흑룡강성이 1,500만 위안(한국 돈으로 약 22억5,000만원)의 예산을 들여 '동북 변경의 역사와 현상연구 공정'이라는 약칭 '동북공정東北工程'을 발족했습니다. 국민들에게는 2003년도 11월에야 동북공정이라는 이름으로 광범위하게 알려진 것뿐입니다. 사실은 늦게 알려진 것이지요. 그리고 5년이 지난 2007년 1월 31일로 작업을 성공적(?)으로 완료했습니다. 이 정도로만 말하고 한 마디만 덧붙이겠습니다.

처음 접했을 때 우리나라 사람들은 '동북공정', 그것은 마치 중국이 가리키는 동북지역 즉 만주를 대상으로 한 역사왜곡 작업으로 알았습니다. 정치가들도 그렇게 얘기했습니다. 그런데 정작 당사자인 중국의 입장에서는 그게 아니거든요.

중국정부는 비단 만주뿐만이 아니라 국가의 핵심인 베이징이나 상하이를 중심으로 주변의 모든 지역을 대상으로 삼으면서 역사와 문화를 왜곡시키는 사업을 동시다발적으로 추진했습니다. 당연히 이것은 중국의 국가발전 전략과 직결됐을 뿐 아니라 추후에 좀 더 심각하게 발생할 수 있는 '종족 간의 모순' 또는 '인종 모순'이 될 수도 있다는 겁니다. 중국을 둘러싼 14개 나라의 종족들은 일부가 중국의 내부에도 거주하고 있습니다. 사실은 중국정부로서는 심각한 문제이지요. 그런 의미에서 중국은 동서남북을 대상으로, 과거 그들의 표현에 따르면 남만南蠻, 북적北狄, 서융西戎, 동이東夷를 대상으로 한 역사왜곡 작업을 펼치게 되었고, 다만 그 중에 하나가 동북공정이라는 것이죠.

그러니까 이젠 중국이 동북공정을 통해서 역사왜곡 작업을 한다고 했을 경우에는 단순하게 '아, 우리 역사를 왜곡하는구나' 혹은 '고구려 역사를 뺏어가는구나' 이렇게 해석하면 안 됩니다. 중국의 국가발전 전략, 다시 말씀드려서 중국이 동아시아에서 '신중화제국주의新中華帝國主義'를 추진하게 한 방책의 전단계로서 역사왜곡 작업을 펼쳤고, 만주와 한민족을 대상으로 삼은 동북공정은 그 중에 하나로구나, 여기서 고구려, 발해 역사문제가 파생됐구나, 이렇게 이해해야 합니다.

또 한 번 말하지만 동북공정은 우리가 주목한 고대사 혹은 역사문제만이 아니라 현실의 문제이며 정치적인 목적, 경제적인 목적, 러시아를 겨냥한 것도 있었다는 것이지요. 따라서 여러 면에서 자격을 갖추지 못한 역사학자들이 전면에 나서서 해결한 문제는 아니었다고 봅니다.

이렇게 동아시아에서는 일본과 중국 사이에서 역사전쟁을 비롯한 영토분쟁, 실제적인 경제분쟁 등등이 일어나고 있습니다. 이러한 절박한 상황 속에서 가장 기본적인 권리인 '우리가 누구인가', '우리가 무엇인가', '우리는 어떤 식으로 만들어져 왔는가', 그리고 '앞으로 어떤 식으로 우리의 삶을 끌어가야겠는가'를 알아야 합니다. 그렇다면 민족주의를 추구하고, 논리와 실천방법론 등에 대해서 관심을 갖고 논쟁하는 일이 왜 문제가 되겠습니까?

우리가 중국과 일본이라는 거대국가와 경쟁체제에 있지 않다면 굳이 이렇게까지 관심을 기울일 필요는 없습니다. 그런데 알다시피 강대국들, 세계에서 가장 강대국인 중국과 일본, 더구나 경쟁과 충돌을 일으키는 두 국가 사이에 끼어서 생존이 위협받을 수 있습니다.

우리 민족이 남북으로 분단됐기 때문에 북쪽 정권과 중국이 맺는 관계는 얼마나 많은 문제가 야기됩니까? 그건 단순한 북쪽의 문제가 아니라 우리 남쪽의 문제이기도 하고, 현재 나이 든 세대들의 문제가 아니라 지금 젊은 세대의 미래문제이기도 합니다. 오히려 젊은 세대들은 '민족문제와 통일, 동북공정 등 이런 것들은 우리와 무관한 것이지'라고 생각하기 쉽습니다. 하지만 역사학자 입장에서 볼 때는 이것은 젊은 세대의 문제라는 것이 명약관화합니다. 그런 의미에서 우리 모두 '민족'이라든가 '민족주의'에 관해서 좀 더 구체적으로 살펴봐야 하고 좀 더 진지하게 접근해야겠다 생각합니다.

자, 그러면 중국이 얼마나 역사를 왜곡시키고 있는가, 그 실상을 몇 가지 사례를 통해서 보여 드리겠습니다.

심양시에 있는 요녕성 박물관에 가면 4층 전시실에서 요하문명론을 전시하고 있습니다. 여러 가지 전시물들이 있는데요. 이것을 보십시오. 이 지도를 보면 알겠지만, 이 남쪽의 내륙은 보통 만이蠻夷입니다. 남만족이라고 그래요. 서융은 서쪽 지역이 되는데, 서남공정에 해당하는 티벳이 있습니다. 과거에는 토번국吐藩國이라고 불렀는데 8세기 무렵에는 매우 강력해서 당나라를 위협할 정도였습니다.

여기가 서북지역입니다. 신장위구르자치구로 되어있습니다. 최근에도 테러 사태가 발생했는데요. 여기는 서북공정을 추진하는 지역입니다. 사실 중국정부가 서남공정과 서북공정에 투입하는 액수는 동북공정에 투입한 액수보다 훨씬 더 많고, 연구 인력도 많고 공정기간도 깁니다. 그러니까 중국 국가의 입장에서는 비단 동북공정은 만주지역이나 고구려만의 문제가 아니라, 발해나 백두산만의 문제가 아니라 중국의 전체와 연관된 국가발전과 전략입니다.

또 한 가지는 몽골 문제입니다. 제가 손으로 가리키는 지역은 '내몽고'라고 쓰여져 있는데요. 그 서북쪽은 중국인들이 '외몽고'라고 부르고 있지만 '몽골공화국'이고, 우리가 말하는 '몽골'입니다. 원나라의 본향이죠. 여기서도 역사왜곡이 많이 일어나고 있습니다. 내몽고는 물론이고

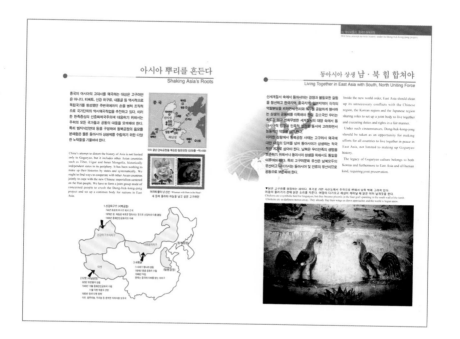

몽골국도 역사왜곡의 대상으로 삼고 있습니다. 한마디로 징기스칸은 중국인이라는 것입니다. 그 외에도 중국의 근원을 찾는다는 '탐원探原공정' 이 있는데 이건 조금 있다가 보도록 하죠. 다음 그림을 한번 보도록 할까요.

압록강 하구에 가면 박작성泊炸城이라는 성이 있는데요. 문제가 돼서 한국에서도 소개된 적이 따로 있습니다. 박작성은 압록강 하구인 단동丹東시의 외곽에 있는데 고구려의 유명한 성입니다. 648년에 치열한 전투가 벌어져서 소손부가 지휘하는 고구려군이 패배하고 일시적으로 함락당한 성입니다. 주변에 서안평, 대행성, 오골성 등이 있습니다. 그 이후에 발해인들이 당나라로 갈 때 이 박작성 앞에서 바닷배로 갈아탔습니다.

역사적으로 굉장히 중요한 유적지인데 중국에서는 박작성을 발굴한

전국시기요하유역연국장성급군현분포도

다음에 완전히 흙으로 덮어버렸습니다. 그리고 그 위에다 명나라 장성을 복원했습니다. 그런 다음에 명나라가 쌓은 만리장성의 동쪽 끝이 여기다, 이렇게 대대적으로 선전하고 있습니다. 하지만 이 장성은 최근에 쌓은 것입니다.

제가 1995년에 처음 답사했을 때도 거기엔 아무것도 없었습니다. 작고 초라한 그것도 근래에 만든 성벽 건물이 덩그러니 있었을 뿐입니다. 그런데 이렇게 다 새로 거창하게 쌓았죠. 정문이 아닌 뒤편으로 돌아가 냇가에 가면 박작성의 성벽과 우물이 있었던 터 바로 옆에 전시관이라는 이름을 붙인 조악하기 그지없는 건물을 지어놨습니다. 그 전시실에 들어가면 유치한 모조품들과 사진들이 걸려 있는데 한 쪽에는 이런 지도가 걸려 있습니다. 이런 내용을 가진 지도가 요녕성 박물관 뿐만 아니라 중국의 대부분의 박물관에 걸려 있습니다. 더욱 놀라운 사실은 심지어 어린 학생들이 배우는 우리나라 역사부도에도 이런 식으로 그려져 있습니다. 한심한 일이지요.

이 지도를 들여다보면 진나라 때, 즉 진시황이 세웠다는 진나라의 만리장성이 현재 평안도 일대까지 구축돼 있는 것으로 되어 있습니다. 잘 보세요. 이렇게 하나로 이어진 장성, 즉 월(wall, 장벽)의 개념으로 된 그림이 여기 청천강 유역까지 이어져 있는 겁니다. 이것은 역사적 사실과는 전혀 무관합니다. 그런데도 불구하고 이 전시관에서는 '진나라 장성 방어도'라는 그림을 그려서 중국인들을 교육을 시키고 관광을 오는 한국사람들에게도 교육을 시키고 있습니다.

요녕성 박물관에 가면 또 다른 그림이 있는데 거기도 내용이 거의 동일하게 돼 있습니다. 더 놀라운 사실은 요녕성 박물관에는 중국이 주장하는 '요하문명론'을 설명하기 위해 많은 것들을 전시했습니다. 그 그림 중에 하나는, 70쪽의 지도를 보면 알겠지만 중국의 전국시대(기원전 5세기 말부터 기원전 3세기 전반) 요동군의 위치를 여기까지 표현했다는 겁니다. 마치 전국시대에 중국이 현재 청천강 유역까지 지배한 것으로 돼 있습니다. 이것 또한 전혀 근거가 없는 겁니다. 여기에는 고고학적 근거도 역사적인 근거도 없지요.

이 지도는 얼핏 보면 특별한 것 같지만 자세히 보면 문제가 심각한 지도입니다. 중국에서는 동북공정을 추진하면서 고구려의 역사를 왜곡한 것 뿐 아니라 그 이전에 있었던 원조선의 역사도 왜곡하고 있습니다. 위만, 기자는 물론이고 그 이전의 조선역사도 중국식으로 해석하기 시작했습니다. 발해 역사도 점점 더 심각하게 왜곡하는데, 그 이전에는 발해는 중국의 소수지방정권이지만 나름대로 독립국가라는 의미를 부여했습니다. 하지만 요녕성 박물관에 새로 전시한 이 지도(72쪽 지도)를 보면 그

요녕성 박물관에 걸린 당나라 시대 만주의 역사지도

야말로 아무 것도 없습니다.

여기에 '말갈靺鞨'이란 용어도 있지만 '발해도독부渤海都督府'라고만 쓰여져 있어요. 그것도 자그마한 글씨로 말이죠. 의도적으로 만주족, 현재 중화민족으로 편입된 만주족의 조상인 말갈이 발해의 주체임을 슬며시 주장한 것입니다. 그러니까 발해란 국가는 요녕성 박물관의 지도 속에서는 사라진 겁니다. 그런데 발해가 독립국가였다는 사실은 중국의 『구당서』, 『신당서』를 비롯한 여러 사서들에 기록되어 있습니다.

통일신라와 달리 발해는 영토도 넓었습니다. 『신당서』라는 책에는, 발해가 한창 발전했을 때에는 '방方오천 리'라고 해서 엄청난 영토와 함께 승병이 10만이었다는 구체적인 기록을 남기고 있습니다. 서쪽으로는 요하선까지, 동북으로는 현재 하바로프스크 지역까지, 동으로는 사할린을 마주보는 타타르해협 연안까지가 영토였습니다.

발해는 자의식이 강해서 신라는 갖지 못했던 연호를 역대 임금들이 갖고 있었습니다. 몇 개만 예를 들면 '인안仁安', '대흥大興', '건흥建興' 등입니다. 또 '해동성국'이라고 평가 받았습니다. 사실 저는 발해의 첫 국호가 '고려국'이라고 생각합니다. 당시의 상황과 몇몇 기록들을 검토하면 그렇다는 겁니다. 그런데 '동북공정'이 끝난 다음에 만들어진 중국의 지도 속에는 '발해'라는 나라 자체가 사라지고 '발해도독부'라는 자그마한 글자로만 쓰여 있는 것이죠. 이것이 역사의 심각한 왜곡이 된다는 겁니다.

우리 한국인들은 잠시 흥분한 것으로 끝내버리기 일쑤지만 중국 학생들은, 특히 젊은 사람들은 바로 이런 지도나 역사책을 보면서 '아, 여기는 본래부터 중국의 역사였구나. 발해는 중국의 소수민족이 세운 지방정권이구나. 그런데 한국 사람들은 왜 우리 만주를 자기네 땅이라고 자꾸 우길까?' 라는 불쾌한 감정을 갖게 됩니다. 또 이런 오해부터 시작했지만, 추후에 만약 더 문제가 발생했을 경우에는 자기 영토를 지킨다는 애국심을 발휘하면서 적극적으로 대응한다는 것이죠.

여기 만주는 현재 중화인민공화국의 영토가 맞습니다. 그런데 우리가 주장하는 내용은 만주가 현재 우리 영토라는 것이 아니라 우리의 역사적 영토라는 겁니다. 그런데도 중국당국은 그러한 역사마저 부정하고 있습니다.

하북성에 가면 북부지방에 '탁록涿鹿현' 이 있고 거기에는 '삼조당三祖堂' 이라는 건물이 있습니다. 이곳도 우리 역사를 찾는 데 여간 중요한 게 아닙니다. 다음, 다음 시간에는 우리 민족이 어떻게 구성됐는가 등의 과정을 강의하지요. 물론 제가 말하는 우리민족의 구성원은 한반도에 살고 있었던 이들만으로 보지 않습니다. 고구려는 발전기에 해당했던 5세기에서 6세기에 현재 우리와 함께 말갈뿐 아니라 만주 일대에 살고 있던 모든

삼조당 건물 내부의 모습

종족들을 고구려족의 체제 내지는 질서 속에 포함시켰다는 그런 이론을 전개시킬 겁니다.

이러한 이론과 주장이 절대 무리가 아니라는 것을 다음 강의시간에 논리적이고 학문적으로 설명하겠습니다. 단, 제가 꼭 말씀드리는 것은 중국이 이런 역사왜곡 작업을 일찍부터 해왔다는 겁니다. 중국이 얘기하는 중국, 중화라는 것은 55개 소수민족과 한 개의 한족으로 구성됐을 만치 다양한 민족이 포함되어 있습니다. 그래서 '통일적 다민족국가론'이 나오고 '중화민족론'을 주장하고 전파시키는 것입니다. 그리고 동북공정과 아울러서 나온 이론들이지만 '다지역기원문명설', '다원일체론' 등이 있습니다. 즉 중국문명은 한 곳에서 기원한 것이 아니고 여러 지역, 즉 요서지역, 산동반도, 양자강 중류, 양자강 하류 등 여러 지역에서 발생했다는 것입니다. 여러분들은 중국문명하면 으레껏 황하문명으로 생각하지만 최근의 중국 상황은 그렇지 않습니다. 중국은 황하문명뿐만 아니라 여러 지역에서 기원한 문명들이 모여서 하나의 중화문명을 이뤘다고 보는 것이 '다지역기원문명설'입니다.

그러니까 현재 중국의 정치영토 내에 있는 모든 종족과 모든 민족들은 결국은 중화민족이 됐다고 주장합니다. 이것이 중국이 얘기하는 '중화민족' 또는 최근에 사용하는 '중국민족'입니다. 따라서 우리가 얘기하는 한민족의 '민족'과 중국인들이 사용하는 중국민족의 '민족'은 내용, 형식, 구성방식, 규모 등이 다 다르다는 겁니다. 이런 차이를 알지 못하는 상태에서 한민족의 기원과 성격, 단일민족설, 탈민족주의, 민족국가 등에 대해서 왈가불가하고 논쟁을 벌이는 것은 과학적인 태도가 아니죠.

현재 중국은 황하문명에 강력한 영향을 끼쳤고, 실제로 뛰어나고 우수한 문화가 요서지방에서 시작된 홍산紅山문화라고 보고 있습니다. 이것은 총체적으로 '요하문명론'이라고 얘기되어지는데 요하문명론에 대해서는 다음 시간에 자세하게 말씀드리겠습니다. 간단하게 말하면 다음과 같습니다.

보시는 이 지역은 요서지방의 우하량과 내몽골의 적봉 지역입니다. 이 지역에서 출발했다고 보는데, 한 줄기는 이 지역에서 남쪽이나 서남쪽으로 내려오고, 북방에 있었던 유목문화가 동남쪽으로 내려와서 이 곳에서 만나는데, 여기가 황하문명의 발생지라고 보는 것입니다. 그러다보니 심각한 문제에 봉착하게 됩니다. 이 문명을 대표했던 사람, 즉 문명의 주체가 누구 또는 어떤 종족인가? 이런 문제들입니다. 황하문명을 대표하는

홍산문화와 Y벨트(『환단고기』, 안경전 역주, 2012, 266쪽)

종족도 있고, 또한 양자강의 중류인 사천성 지역을 중심으로 했던 삼성퇴三星堆문명을 대표하는 종족도 있습니다. 이들은 각각 오늘날의 민족 공동체에 걸맞는 성격을 띠고 있었습니다. 그러니 당연하게 자기 생활과 역사에 걸맞는 창조신화, 건국신화부터 시작해서 위대한 인물들을 영웅으로 등장시키는 겁니다.

그런데 한족이라는 입장에서 볼 때는 한족과 직결된 '황제 헌원黃帝軒轅'을 빼놓고는 전부 다 이민족입니다. 그러니 전통적인 중국 문화에서는 받아들일 수가 없었습니다. 그런데 이제는 세상이 변했습니다. 중국의 한족은 역사의 주체 자리를 놓고 싸운 경쟁에서 수없이 패배했고, 이민족들은 현재 중국을 건설하는 데 엄청난 역할을 담당했죠. 또한 근대에 들어와 민족주의가 확대되고 민족의 영역도 보다 더 넓게 확장이 되고 민족의 구성요건 또한 완화가 되면서 순수성은 희석되었지만 거대한 중화민족을 형성하게 되었습니다. 그러니 중국의 지도부로서는 각 지역들을 중심으로 역사왜곡 작업을 벌여야 했고, 궁극적으로는 중국 역사상에서 또는 중국의 신화상에서 가장 대표적인 몇 인물들을 모아서 통일시키고 계통화시키는 겁니다. 즉 역사적, 문화적 정체성을 새로 만들어가는 겁니다.

이 사업을 벌이는 초기에는 소위 '염황炎黃자손론'을 주장했습니다. 처음에는 오직 황제 헌원만이 한족의 조상이고 영웅이었거든요. 그런데 어느 틈엔가 염제 신농씨도 자기들의 조상이라고 끌어들였습니다. '염황자손론', 이런 작업들이 얼마나 대단한가하면 국내학자들에 의해서만 발원된 것이 아니라 국외에 있는 화교들에 의해 적극적으로 받아들여지고, 그들을 위해서 염황자손론을 확장시켰습니다.

중국 내부에서 염황자손론을 위한 큰 대회를 열면서 국외에 살고 있는 화교들을 모아서 '우리는 하나의 자손이다'라고 교육시킨 겁니다. 잘 아시겠지만 최근에 일부를 빼놓고 해외에 나가있는 대부분의 화교들은 공산체제에 반대했던 사람들입니다. 그래서 정치적으로 갈등이 적지 않았는데 중국정부는 이것을 무마시키면서 우리는 하나의 조상이라는, 즉 염황자손론을 주장했습니다.

여러분 잘 아시겠지만 최근에 들어서 하나가 덧붙었습니다. 황제 헌원을 중심으로 오른쪽에는 염제 신농씨가 있고 다시 최근에 치우도 자기 조상으로 끌어들였습니다. 치우는 묘족의 조상이라는 주장도 있지만 동이족을 표상하는 영웅이거든요. 이 사람은 특별한 인물입니다. 황제 헌원과는 늘 군사적 충돌을 했고 승리를 거뒀지만 마지막인 탁록 전투에서 패배하였습니다. 언제부터인가 중국은 동이 자체를 멸시했고 동시에 치우는 중국과 무관할 뿐 아니라 오히려 적대적인 존재라고 했었습니다. 그런데 난데없이 최근에 중국에 불어닥치는 신민족주의는 치우까지도 조상으로 수용을 한 겁니다. 그래서 이 삼조당에는 황제 헌원과 염제 신농, 동이를 대표하는 치우까지도 모셔져 있습니다. 이것이 중국의 원류를 탐구한다는 '탐원探源공정'에 해당이 됩니다.

중국은 이런 유기적이고 범공간적인 방식과 거시적인 관점으로 역사를 해석하고 있습니다. 그리고 중화민족의 범위를 점점 확장시키고 있습니다. 그리고 중화민족이 얼마나 중요한가를 집요하게 반복적으로 강조하고 있습니다.

그런데 왜 우리는 이러죠? 저는 첫 번째로, 학문적으로도 이해가 안 됩니다. 역사는 해석의 자유가 있고 학문은 여러 가지 이론이 있을 수가 있습니다. 지금 중국인들이 이렇게 해석하는 것은 과거부터 중국인들이 늘 해석했던 방식입니다. 다만 지금은 정교해지고 확장됐을 뿐입니다. 그리고 북방의 유목종족들도 역사를 그렇게 중국식으로 해석을 합니다. 흉노,

돌궐, 거란, 몽골, 티무르제국에 이르기까지. 물론 로마제국도 대영제국도 역사를 그렇게 해석합니다. 그런데 우리만 역사를 그렇게 해석해오지 않았다는 거죠.

우리 역사학자들은 자국사를 긍정적으로 해석하는 데 인색한 경향이 있는데, 어떻게 해서든지 우리의 위상과 역할, 규모 등을 좀 더 축소시킬까 골머리를 쓰는 것 같은 모습입니다. 그리고 비과학적이고 역사를 해석하는데 필요한 지식들과 경륜이 부족합니다. 말은 실증과 과학을 찾는다고 내세우는데 실질적으로 그런 것 같지 않아요.

이제는 세계가 변했습니다. 교통과 통신이 발달했고 공간도 확장이 되면서 우리 인식도 확장이 됐고 활동범위도 넓어졌습니다. 일단 우리 사고를 확장을 시켜야만 돼요. 그리고 민족의 범주도 우리를, 원핵을 중심으로 확장시킬 필요가 있습니다. 그런 의미에서 본다면 역사왜곡이 아니라 사실을 그대로 수용하는 것입니다. 이러한 작업들이 반도사관이라든가, 식민사관이라든가 또는 농경문화의 질서에 길들여졌던 사람들에게는 낯설고 수용할 수 없는 것이지요. 그러나 이제는 이런 것을 제대로 볼 필요가 있습니다.

일부 사람들이 '민족주의 해체론'을 들고 나오는데 그들은 이런 주장들이 문제가 있다고 봅니다. 첫 번째는 민족의 개념을 잘 이해하지 못하고 있습니다. 민족民族이란 단어 자체는 서구의 'Nation' 또는 'Nationalism'에서 나온 거거든요. Nation은 '국가' 또는 '민족'이고 Nationalism은 거기에 '주의'를 붙인 것이 됩니다. 그래서 '민족주의' 또는 '국가주의'인데, 서구의 어원을 보면 nation은 'naisi-'라고 해서 일반적으로 '탄생하다'에서 나온 겁니다. 굉장히 소박한 것인데, 문제는 그것이 근대에 들어와 서구사회에서 자본주의의 발달과 맥을 같이 하면서 '국가주의', '인종주의', '제국주의' 등으로 변질되어 온 것입니다.

그런데 우리는 서양과 다른 역사발전의 길을 거쳤기 때문에 그런 논리를 일방적으로 적용할 수가 없습니다. 다만 우리는 민족과 국가라는 단어를 쓸 수밖에 없는데, 일본인들이 서구의 'nation'이라든가 또는 'nationalism'을 번역할 때 '민족'이란 단어와 '국가'란 단어를 만들었고 우리는 그대로 채용했다는 겁니다.

일본인은 원래 동양 역사에 있었던 '민民'이란 단어와 '족族'이란 단어를 합쳐서 '민족民族'이란 단어를 만들었습니다. '국가國家'라는 것도 마찬가지입니다. 원래 사용하고 있었던 '국國'이라는 것과 '가家'라는 단어를 합쳐서 '국가國家'라고 한 것입니다. 그러다보니까 자연스럽게 일본과 중국, 우리, 심지어는 한자문화권인 베트남에서도 민족이란 용어와 단어를 분석이나 검증없이 사용할 수밖에 없었다는 겁니다. 그러나 엄격하게 말하면 서구인이 사용했던 'nation'이라든가, 'nation-state', 'nationalism' 등과는 다른 것이죠. 그런 의미에서 우리는 이러한 사실들을 명확하게 짚고 넘어가면서 민족문제를 다뤄야 합니다.

오늘은 첫 강의이기 때문에 다소 난해하고 지루할지 모르겠지만 '왜 민족 또는 민족주의가 필요한가?' 그리고 '21세기, 특히 동아시아 질서 속에서 우리는 왜 민족주의의 필요성을 주장할 수밖에 없는가?' 이런 문제점에 대해서 살펴봤습니다.

다음 시간에는 좀 더 구체적으로 동아시아와 서구의 모든 예를 들어가면서 민족이 형성되는 요소에 대해서 말씀드리겠습니다. 여러분들이 그동안에 '민족' 또는 '민족주의'라고 했을 때 배워 왔던 도식적인 내용이 아닙니다. 그보다 좀 다양하고 폭넓고 새로운 이론으로서 민족을 정의할 것이라는 말씀을 드리겠습니다. 이것으로 제 강의를 마치겠습니다.

사회자 : 오늘 첫 강의의 주제는 '민족이란 무엇인가' 였습니다. 민족에 대해 왜 이런 논쟁이 생겼는지, '민족' 의 의미를 달리 해석하고 있는 사례, 그로 인한 오해와 왜곡을 윤명철 교수님께서 상세히 설명해주셨습니다. 가까이 중국과 일본만 보더라도 우리가 민족에 대한 주제를 가볍게 생각하거나 또는 무관심할 수 없다는 생각이 듭니다.

다음 시간은 더 본격적인 내용으로 들어가겠습니다. 감사합니다.

2강

우리의 민족은
어떻게
형성되었는가

다시
보는
우리민족

2강

우리의 민족은 어떻게 형성되었는가

사회자 : 안녕하세요. STB상생방송 역사특강입니다.

오늘은 〈다시 보는 우리 민족〉 두 번째 강의 시간입니다. 지난 2007년 8월, 유엔 인종차별철폐위원회는 "한국이 단일민족을 강조하는 것은 한국 땅에 사는 다양한 인종들 간의 이해와 관용, 우호 증진에 장애가 될 수 있다" 며 "현대 한국 사회의 다인종적 성격을 인정하고, 교육·문화·정보 등의 분야에서 적절한 조치를 취하라" 라는 권고안을 채택했습니다.

인종, 민족차별, 순혈주의에서 벗어나 이해와 관용이 필요하다는 것은 누구나 쉽게 공감할 수 있습니다. 그런데 이런 다문화주의의 상징처럼 사용되는 말·똘레랑스 즉 '관용' 이 실제로는 민족주의를 떠나서는 존재할 수 없다고 합니다. 왜냐하면 서로에 대한 이해와 관용이 있기 위해서는 나 자신의 정체성이 더욱 분명해야 한다는 것이죠.

오늘 강의는 이런 우리 민족의 정체성에 대해 깊이 생각해 볼 수 있는 시간이 될 것 같습니다. 동국대 윤명철 교수님을 모시고 '우리 민족은 어떻게 생성되었나? 라는 주제로 강의를 청해 듣겠습니다.

　교수님, 과거의 역사학계나 국사학계를 민족주의의 마지막 보루라고 했던 것과는 달리 근래에는 학계에서도 탈민족주의를 주장하는 분들이 있습니다. 어떻게 보고 계시나요?

　그렇습니다. 근래 국사학계 일부에서 또는 역사학계 일부에서 '탈민족주의'라든가 '국사해체론'을 주장하고 있습니다. 사회자가 조금 전에 말하셨습니다. 우리나라 민족주의의 보루는 역사학계이다. 저는 그 주장에 관해서 전적으로는 동의하지 않습니다. 우리나라 역사학계에서도 이른바 강단주류라고 부르는 학자들은 우리가 생각하거나 바람직하게 여기는 긍정적인 민족주의에는 못 미치는 연구활동을 해왔고, 특히 일제강점기는 크게 못 미치거나 일부는 부정적인 역할을 했다고 판단합니다. 그나마 최근에 들어서는 일부 서양사학자들과 사회학자들을 중심으로 우리 역사에 대해서 다소 놀랄만한 발언들을 하고 있습니다.

　이런 주장과 논리는 기본적으로 몇 가지 문제가 있습니다. 첫 번째는 우리 역사상의 기본적인 사실을 모르거나 적어도 확인하지 않았다는 겁니다. 그동안에 이루어진 역사학계의 활동을 살펴보면 반성할 점이 너무나 많이 있습니다. 그럼에도 불구하고 과거의 역사관과 역사활동, 행적들을 검증하거나 평가하지도 않은 상태에서 최소한의 사실을 확인도 안 하고, 비록 일부 학자들이라고 하지만 '국사해체론', '탈민족주의'를 발언하고 있습니다. 역사학의 기본은 사실을 정확하게 규명하고 그 사실을 토대로 해석을 하는 것입니다. 저는 한민족학회의 회장을 맡고 있을 때 〈한국 역사학의 반성과 대안〉이라는 주제로 대규모 학술회의를 개최하였습니다. 회고와 전망이라는 주제는 가당찮다고 생각한 것이지요.

두 번째는 '국사해체론' 이라든가 '탈민족주의론' 이 가지고 있는 함정을 우리가 모르고 있다는 겁니다. 예를 들면, 세계사적 과정에서 보더라도 서양에서 최근에 주장하는 탈민족주의는 기본적으로 자집단주의와 동일하다고 보고 있습니다. 궁극적으로는 이미 세계질서를 장악한 특정 국가나 특정 지역을 중심으로 한 이론이기 때문에 받아들이기 어렵습니다.

또 동아시아의 구도와 현실을 놓고 보더라도 중국과 일본과 우리는 하나의 공동체, 정치공동체건 경제공동체건 심지어는 문화공동체라도 좋지만, 그렇게 되기 전까지는 경쟁이 불가피한 측면이 있는데, 상대적으로 약하고 불리한 게임에 임하는 우리가 스스로 민족 내지 민족주의를 포기해야 한다는 것은 무장해제밖에 안 된다는 겁니다.

물론 개별과 특수성에 몰입하지 않고 인류의 보편성을 지향하면서 갈등없이 명분과 이상을 추구하는 일은 바람직합니다. 그러나 복잡한 현실에 대한 고민이 없이 그리고 사실들에 대한 확인조차 없이 이러한 남의 이론을 모방하고 남발한다는 것은 문제가 있다고 봅니다. 지식인은 그 후에 나타난 결과에 대한 책임까지도 염두에 둬야 합니다. 그런 의미에서 그 주장에 대해서는 비판적 견해를 가지고 있습니다.

사회자 : 그럼 〈다시 보는 우리 민족〉 두 번째 강의를 청해 듣겠습니다.

지난 시간에도 말씀드렸습니다만 '다시 보는 우리 민족' 이라는 전체주제에서 나타나듯이 이제는 우리 민족에 관해서 여러 가지 면에서 다시볼 때가 됐습니다. 세계사적으로 또는 세상 자체가 동시대에 살아가는 우리조차 놀랄 정도로 빠르게 변했습니다. 교류와 만남의 장이 넓어지고 빈번해졌고 많은 부분에서 공동의 생존구조를 만들어가고 있습니다. 당연히 더 큰 역사활동의 단위가 필요하고 실제로 만들어져 가고 있습니다.

우리 민족이 당면한 현실도 변했습니다. 경제력이 상승하여 GDP가 세계 12위 선을 넘나들고 있습니다. 수출입 국가로 성장을 계속해서, 또한 해외에 나가서 거주하는 한국인들은 무려 700여만 명 정도입니다. 거기에 조선족 200만 명, 재일교포 60만 명, 중앙아시아의 고려인들을 43만 명을 합하면, 즉 한민족 디아스포라가 무려 1,000만 명에 달합니다. 이제는 한민족을 다시 보고, 특히 세계 역사나 문명사에서 '한민족 역할론'을 적극적으로 모색해야 할 때입니다.

그러므로 이제는 과거처럼 주장해서는 안 될 정도로 '우리 민족', '민족주의' 또는 '우리 역사'에 대해서 새롭게 생각해야 합니다. 더구나 민족주의에 대하여 부정적 시각이나 비판적 시각을 가진 사람들이 점점 많아지기 때문에 더더욱 노력해야 합니다. 스스로가 자기점검을 하면서 다시보기를 할 필요가 있습니다.

조금 전에 사회자 질문에 잠깐 답변을 드렸었는데요. 최근에 들어서 민족주의 해체론이 많이 나오고 있습니다. 분명히 민족주의가 가지는 부정적 측면은 있습니다. 왜냐하면 서양에서 19세기에는 '민족'과 '민족국가' 또는 '국민국가'라고 해석되지만 또 '민족주의'라는 것이 등장을 했고, 점차 비서양권을 침략하는 과정에서 '인종주의', '식민주의'로 변질하고, 결국은 제국주의로 변질해서 세계사에 절망적이고 어두운 그림자를 드리운 것은 사실입니다. 그 여파로서 우리 민족이 일본의 식민지가 된 것도 사실입니다. 나아가서는 세계대전이 일어나서 인류 사상 최초의 세계화된 전쟁이 일어났습니다. 그것도 연달아서 2번이나 말이죠. 대부분의 인류가 그 전쟁의 소용돌이에 휩쓸려 크고 작은 희생을 당하였죠. 그러나 한편으로 민족주의 또는 민족이 가진 긍정적인 측면은 많이 있습니다. 특히 근대화가 되면서 우리가 겪은 불행한 상황들을 고려하면 더욱 그렇습니다.

대체적으로 민족주의의 문제가 되는 것 중에 하나는 지금껏 약간씩 개념과 형태를 달리하면서 지속되어온 서구의 민족과 민족개념을 그대로 좇아가면서 수용하는 것입니다. 그것은 강대국들이 만들고 지향했던 것이라서 분명히 부정적 측면이 많습니다. 늘 강대국들의 이익을 위한 것이지요. 그런데 우리가 지향하는 민족과 민족주의는 그것과는 다릅니다.

첫 번째, 우리는 민족과 민족주의의 개념, 실천 방식 등을 만들어냈던 서양사와는 발전과정이 아주 많이 다릅니다. 예를 들면 전쟁이 있습니다. 근대 이전에 서양에서 벌어진 전쟁과 동아시아에서 벌어진 전쟁은 기본적으로 차이가 있습니다. 서양에서는 왕실, 귀족, 지역 봉건영주들이 서로의 이익을 위해 이합집산하면서 벌이는 싸움이 주를 이뤘습니다. 물론 그리이스인과 페르시아의 싸움, 로마제국과 바바리안과의 싸움, 소위 십자군전쟁, 몽골과 유럽의 싸움 등 국제적인 인종전쟁도 있었습니다. 하지만 대부분은, 특히 중세시대 이후 절대왕정을 거쳐 근대국가에 이르기 직전까지는 그런 내부의 전쟁이었습니다.

반면에 동아시아 지역은 그렇지 않습니다. 일본은 봉건체제를 고수했기 때문에 서양의 중세와 비슷한 양상을 띠어 집안끼리의 싸움이었지만 다른 지역은 그렇지 않았습니다. 예를 들면 중국의 핵심지역을 장악했던 한족과 그 주변 세력들 간에는 운명을 건 참혹한 전쟁이 있었고요. 중국의 북방인 초원에 거주하는 유목민족들은 시도 때도 안 가리고 만리장성을 넘어 농경민인 중국인들을 약탈하고 살육했습니다. 또 한쪽에는 만주와 우리 한반도와 일본열도를 포함하는 또 하나의 질서 내지는 체제가 있었습니다. 그런데 동아시아의 전체적인 구도 속에서 벌어진 국제전쟁을 봐도 그렇고 또는 조그만 지역에서 국지전이 벌어질 때도 동일하였습니다.

　이 전쟁들은 지배계급 일부만의 전쟁이 아니라 사실 집단의 운명이 걸린, 그건 구성원인 주민들을 포함한 것이지요. 그런 전쟁이었습니다. 지면 패자는 즉시 죽거나 포로가 됐고 대부분은 나라가 멸망했습니다. 운좋게도 살아남은 이들은 수백킬로미터 이상을 탈출해서 새로운 땅으로 이주를 했습니다. 이러한 예는 유라시아 초원의 전 지대에서 벌어진 일들입니다. 결국은 내부에서 벌어진 소위 '계급 전쟁'이나 '신분 전쟁', '권력 쟁탈전'이 아닌 거대한 '민족전쟁'이라고 볼 수밖에 없습니다. 특히 우리 역사에서 벌어진 전쟁들을 저는 민족전쟁이라고 부르고 있습니다. 동아시아 속에서나 우리 민족사 속에서는 민족문제가 계급문제가 되고 계급문제가 민족문제가 되기 때문에 모든 전쟁은 결국은 민족전쟁이 될 수밖에 없습니다.

　민족전쟁임을 알려주는 재미있는 사례가 있는데요. 가끔 이런 예를 듭니다. 중국에는 독특한 성들이 있습니다. 말로 다 표현할 수조차 없이 거대하고 지극히 화려합니다. 일본에 가면 토요토미 히데요시가 쌓은 오사카성이라든가 나고야성, 히메지성을 비롯해서 중국성보다 작지만 그래도 거대하고 웅장하고 온갖 기교를 다 부려서 지은 화려한 성들이 있습니다. 외견상 보는 이들을 압도합니다.

　거기에 반해서 우리 조상들이 쌓았고 지금 우리가 바라보는 성들은 백제성, 신라성도 그렇지만, 그 웅장하고 강대국이면서 뛰어났던 문화를 가졌던 고구려마저도 산성을 보면 전혀 다릅니다. "어쩜 이렇게 중국성이나 일본성, 유럽의 성들과 다를까?"라는 생각이 절로 떠오릅니다. 상상을 초월할 정도의 거대한 성벽과 화려하고 웅장한 건물, 기교를 부린 장식품들이 별로 없습니다. 형태가 분명하게 드러나지 않고 외모도 별스럽거나 찬란하지 않습니다. 한마디로 눈에 띠지 않습니다. 구경거리가 없거나 부족한 것이지요. 그런데 가뜩이나 우리 문화에 대해서 열등감을 갖고 있었던 터라 주눅이 들며 답답해 하는 사람들이 있습니다. 유적을 답사하다 보면 저에게도 종종 그런 말을 하는 사람들이 있습니다. 왜 우리는 유럽이나 중국, 하다못해 일본 같이 크고 웅장한 성들을 쌓지 못했냐고.

이것은 우리가 가지고 있는 테크닉, 기술력이 부족하거나 경제력이 부족해서가 아닙니다. 고구려는 주변의 나라들이 칭찬을 아끼지 않듯이 성을 쌓는 기술이 매우 뛰어납니다. 문화가 찬란하기 그지없지요. 경제력이나 기술력은 뛰어났습니다. 그런데 문제는 전쟁의 성격이 달랐고 자연환경이 다르기 때문입니다.

우리에게 전쟁이란 다른 민족과 벌이는 민족전쟁이기 때문에 지배계급만을 위한 성은 불필요합니다. 우리는, 특히 고구려는 백성들 모두와 함께 더불어 생존하는 공동의 생존구조를 가졌습니다. 그렇다면 거기에 걸맞는 성의 형태와 성격과 기능을 가질 수밖에 없습니다. 당연히 생활의 공간이고, 넓고, 백성들 전체가 피신해 와서 전투를 벌일 수 있는 구조여야 합니다. 심지어는 장기농성전을 펼 때에 농사까지 지을 수 있어야 합니다. 전쟁의 참여자들이 민족 전체라는 것입니다. 우리 문화는 비단 성뿐 아니라 모든 면에서 다 이러한 기준과 생각을 갖고 만들어진 것입니다. 그런 의미에서 서양사에서 얘기하는 민족문화와 우리 역사에서 만들어진 민족문화는 다르죠. 그걸 좀 이해해줬으면 좋겠습니다.

또 한 가지는 우리 역사는 기록이나 인식을 막론하고 기본적으로 오해가 깊고 왜곡된 내용이 많습니다. 지난 시간에 일본의 식민사관에 대해서 말씀드렸는데요, 실은 중화사관이 더 끈질기고 교묘합니다. 만약에 우리가 정상적인 역사발전을 진행시켜왔고 우리의 자의식과 정체성에 관해서 제대로 연구되고 규명돼 있었다면 굳이 이런 것을 새삼스럽게 강조할 필요가 없습니다.

그런데 조선조 이후 최소한도 500년, 아니면 근대 이후 100년 이상 우리의 자아는 빈번하고 심각하게 침해당하고 깊은 상처를 받았거든요. '우리 민족이 이렇게 역사의 첫걸음을 내디뎠다', '어떤 역사활동을 해왔다', '이러이러한 긍정적인 역할을 했다', '조상 중에는 이렇게 뛰어난 인물이 있었다' 등 이런 것 자체를 알지 못했다는 겁니다. 뿐만 아니라 우리 조상들이 바보이며 못났다는 내용의 역사교육을 받아 왔습니다.

그러니까 이런 점에서 보더라도 우리에게 민족주의라는 것은 서양이나 일본, 심지어는 중국과도 다른 것입니다. 다른 사람보단 낫거나 종족적으로 우월하다고 주장하지 않고 조직적으로 남을 공격하거나 힘을 행사하는 게 아닙니다. 가장 기본적인, 인간이 가지고 있는 가장 기본적인 권리인 자의식 내지는 정체성을 확립하는 도구로서 필요한 것이죠.

그런데 탈민족주의라든가 또는 국사해체론을 주장하는 사람들은 기본적으로 알아야 할 사실들을 잘 모를 뿐만 아니라 많은 것이 왜곡되었다는 사실과 내용을 모르고 있습니다. 그들과 논쟁을 펼 때는 때때로 놀라운 경험을 하곤 합니다. "우리 역사상에서 이러이러한 사실이 있는 것을 아는가?" 이렇게 질문했을 경우에 대부분 답변을 하지 못합니다. 특별한 내용이 아닌데도요. 그러니까 저 역사학자의 입장에서 볼 때는 '기본적이고 필수적인 역사의 사실들을 대부분의 국민들이 알게 할 정도까지는 민족주의가 절대 필요하구나' 하는 생각을 합니다. 더구나 최근에는 중국이 동북공정을, 일본은 역사왜곡을 정치적이고 조직적으로 펼치는 '역사전쟁'의 시대인데도 불구하고 기본을, 그것도 비록 일부라 하지만 사회적으로 발언을 하고 싶어 하는 역사학자들이 모르고 있습니다.

그 다음에는 우리 민족이 어떤 민족인가, 어떻게 구성되어 있는가, 어떤 삶을 살아왔는가, 앞으로 어떻게 진행되겠는가, 이런 부분에 가서는 가능한 한 더 많은 기회를 가지고 여러분과 호흡하고 싶습니다. 저는 민족주의를 탈피하고 민족해체론을 주장할 것이 아니라 오히려 반대로 우리 식의 민족주의를 확립해가면서 더 보강시켜야 한다고 생각합니다. 그런 의미에서 '다시 보는 우리 민족' 이러한 주제는 상당히 시의적절하고 개인적으로도 보람차고 의미있다고 생각을 합니다.

'민족이란 무엇인가', '민족국가', '민족주의' 이런 주제들에 관심을 갖고 정확하게 이해하려면 그 기본 요소가 되는 민족 자체에 대하여 알아야 합니다. 그래서 '민족이란 무엇인가' 라는 주제가 필요한 것이지요.

오늘은 먼저 이론을 일부 말씀드리겠습니다. 왜 이론을 먼저 말하는가 하면, 많은 사람들이 민족주의를 긍정적으로 보는 사람들, 부정적으로 보는 사람들은 말할 것도 없지만, 대부분은 민족을 구성하는 요소를 서양식으로 이해하고 있다는 겁니다. 조금 전에 얘기했지만 우린 우리 나름대로 삶의 방식이 있거든요. 우리에게 또는 우리가 선택한 자연환경, 사회환경 속에서 이렇게 살아가야 하는 또는 살아갈 수밖에 없는 사람들이 있습니다.

또 한 가지는, 대부분은 동일한 능력과 경험을 공유한 사람들이 동일한 자연환경과 상황 속에 놓여져 있었습니다. 하지만 그 가운데에서도 특정한 지역을 선호한 사람들이 또 따로 있습니다. 예를 들면, 어떤 사건이 발생해서 이동 또는 이주해야 할 일이 생겼다고 합시다. 그런데 자기가 떠나 갈 방향을 정할 때 서쪽으로 간 사람과 동쪽으로 간 사람, 북쪽으로 간 사람, 남쪽으로 간 사람은 각각 다르거든요. 왜냐하면 모든 조건은 다르고, 특히 자연환경은 분명하게 달라질 수 있거든요. 그리고 가치관이나 지향성, 심지어는 취향에 따라서 이동방향을 다르게 선택합니다.

그런데 우리는 동아시아에서도 가장 동쪽, 즉 극동으로 방향을 잡은 것이 분명합니다. 왜냐하면 가장 동쪽이니까요. 이 동쪽이 가진 다양한 의미는 도대체 무엇일까요? 기후, 지형, 물, 토지, 식생대, 그뿐만이 아니라 가치관, 심지어는 공기라든가 기氣의 흐름까지도 염두에 두고 선택하기 때문이지요. 동쪽은 해가 떠오르는 근원입니다. 마지막 4강에서 보완하겠지만 동쪽은 해이고 우리는 해로 상징되는 특별한 세상, 이상향을 염두에 두고 온 사람들의 후손이죠. 실로 다양한 요소들이 모여 민족이라는 실체를 만들어 왔고 만들어 가고 있습니다.

그러면 민족을 구성하는 첫 번째 요소는 무엇인가?

역할 비중 또는 방식에 따라서 우선순위도 있고 이 우선순위를 놓고 학자들마다 견해가 다른 것도 사실입니다. 기본적으로 언어가 중요하다고 봅니다. 그 다음에 혈연, 혈통이 중요합니다. 사람들은 민족이 정서적이고 충동적이며 이기적인 것은 이 혈연의 동질성 때문이라고 말하기도 합니다. 실제로 민족주의가 인종주의로 변질 확장된 예는 허다하거든요. 서양 식민주의자들, 아돌프 히틀러의 제3제국에 이르기까지 혈연을 교묘하게 악용했습니다. 우리말로 표현하면 핏줄에 해당합니다.

북한에서는 1990년대에 들어와 '주체사관'을 강조하면서 공산주의 국가임에도 불구하고 '핏줄'이란 용어를 써가면서 민족을 형성하는 데에는 가장 기본이 핏줄이라고 주장합니다. 주체라는 단어 자체가 다분히 핏줄을 연상시키는 것은 분명하지요. 그 때문에 북한의 폐쇄성을 비판하는 부류에서는 탈민족주의를 추구하거나 혈연에 기초한 민족주의를 부정하려는 현상을 보입니다. 어쨌든 옳고 그름을 떠나서 혈연은 민족 생성에 그만큼 중요하다는 반증들입니다.

또 한 가지는 지역 또는 지연으로 평가하는데, 제 용어로 표현하면 공간이 되겠습니다. 이렇게 세 가지 요소는 공통적이 되고, 그 다음에 지역이나 학자에 따라서 약간의 차이는 있습니다만 대체적으로 경제생활의 공동을 상당히 중요하게 여기고 있습니다.

왜 그러냐 하면 민족의 생성과 민족국가의 성립은 근대사회의 시작과 같고 다른 한편으로는 자본주의의 시작과 동일합니다. 이를테면 상품의 유통, 자원의 확보, 시장이 결국 하나의 연결된 공동체로 만들어가기 때문에 경제생활의 공동이라는 점을 상당히 중요하게 여깁니다. 특히 경제적 측면에 비중을 두면서 민족이론을 확립한 대표적인 사람이 '블라디미르 레닌'에 이은 '요세프 스탈린'입니다.

우리는 민족주의 하면 서구 자본주의, 제국주의의 산물로만 알고 있는데, 스탈린을 비롯해서 공산주의에서도 민족문제라는 것은 계급문제를 부각시키고 계급투쟁의 주체로서 노동자를 이끌어내기 위해 중요하고 예민한 문제였습니다. 또한 국가의 존립과 연관해서 매우 중요했습니다. 동유럽국가들도 여러 민족들이 모여 한 국가를 이루었지만 사회주의 종주국인 소비에트연방은 그 이상이었습니다.

그들의 통계에 따르면 약 180개 이상에 달하는 수다한 종족들 또는 민족들이 모여서 하나의 정치체 내지 국가를 이루었습니다. 그러니 광대무변하고 척박한 자연환경 탓에 사람들이 모여 사는 도시가 적은 소련에서 친연성이 적은 그들을 통치하거나 동조세력을 만들려면, 또 이질적인, 적대적이었던 다른 민족들을 하나의 목표를 실천해야 하는 공동체로 만들려면 민족의 개념과 역할을 어떤 식으로든지 해석하고 규정하지 않으면 안되었죠. 그래서 좌파 쪽에서도 꾸준하게 민족이론이 만들어졌습니다.

이와 유사한 상황은 공산 중국도 마찬가지였습니다. 단결해서 사회주의 혁명을 완수해야 할 중국의 인민들은 다수의 민족으로 구성되었습니다. 그들은 과거에 적대적인 관계도 많았습니다. 모택동으로서는 민족문제에 관해서는 예민한 관심을 보일 수밖에 없었습니다. 그가 1960년대에 중국 내부의 소수민족들을 정리할 때에는 약 250여개의 민족이 있었다고 합니다. 하지만 정리사업이 끝나고 나서 중국정부는 한족과 55개의 소수민족이 중국을 구성하고 있다고 선언하였습니다. 그런데 모택동은 공산주의자이지만 철저하게 외세를 배격하는 민족주의자였고 내부로는 한족주의자였습니다. 그는 '신민주주의론' 등을 통해서 중화문명의 우수성을 꾸준하게 설파했습니다.

그 다음에 실제적으로 중요한 것은 다소 추상적일 수 있지만 '경험'과 '인식'에 관한 문제인데, 인류의 고단하고 긴 역사를 들여다보면 어떤 집단이든지 간에 그들 나름대로 고유하고 특별하기까지 한 공동의 경험이 있음을 발견할 수 있습니다. 경험을 함께 겪는 과정을 통해서 그것이 감동적인 승리이건 절망과 비통의 패배이건, 충격적인 슬픔이건 환희나 기쁨이건 간에, 인간들은 그 경험을 통해서 유사한 충격을 받게 되고 위기가 닥치면 서로의 생명을 담보로 놓고 위기를 극복할 방책들을 찾습니다.

이런 크고 작은 사연과 경험들이 쌓이고 또 쌓이다 보면 어느새 모두다 하나의 공통된 생각을 가집니다. 공통의 적, 공통의 슬픔, 공통의 판단력, 공통의 지혜, 공통의 상식, 공통의 가치관, 공통의 문화 등을 갖게 되는 것이죠. 그래서 이러한 역사적인 경험과 인식들이 모이면 민족이 이뤄진다고 봅니다. 집단의 경험은 집단 무의식으로 전승되고 이 무의식은 쉽게 드러나거나 분석이 되지 않기 때문에 결과를 보면 충동적이고 감정적인 행위로 보여지기 십상입니다.

그래서 전근대의 '민족'은 nationalism이 아니라 ethnic이라고 구분하기도 합니다. 물론 우리의 근대도 여기에 더 해당됩니다. 하지만 우리 말로 사용할 때에는 '민족'이라는 한자 외에 대안이 없습니다. 저는 '겨레'라는 말을 사용하자고 제안하지만, 안타까운 일이지만 수용이 안 되기 때문입니다.

이상이 일반적으로 민족을 규정하는 요소들인데, 물론 학자나 학파마다 구성요소와 내용에 약간씩 차이가 있지만 기본적으로 이렇게 4+1 정도의 5가지 요소를 기본으로 삼고 약간씩 차이를 보이면서 민족생성을 얘기하고 있습니다.

그렇다면 이런 주장과 사용한 용어들이 정말 타당할까요? 이것은 생각해봐야죠. 왜 그러냐 하면 지금까지 여러분들에게 말씀드린 민족구성의 요소들은 오늘날 21세기에 만든 것이 아니라 세상이 질적으로 변하기 전, 문명의 패러다임이 전면적으로 변하기 전에 만들어진 것이라는 겁니다. 19세기 후반부터 20세기 초 중반까지 만들어진 이론들이 지금까지도 통용되고, 그런 상태에서 서양의 모든 역사를 이해하는 것은 물론이고 심지어는 역사발전 과정이 다르고 경험도 다른 우리에게까지 적용되고 있다는 겁니다. 서양에서 주장하는 말 그대로 '혈연'이라든가 '지연'이라든가 '언어'라든가 '역사적 경험'이라든가, 아니면 '경제생활의 공통'이라는 틀을 갖고 우리를 규정하면 우리민족 또는 우리 민족체, 우리민족주의에 해당이 안 되고, 될 수도 없습니다.

당연한 것 아닌가요?

그럼에도 불구하고 우리 보통 사람들은 '민족이 무엇인가'라는 것에 대해서 나름대로 소박하게 생각하고 있습니다. 그런 것들은 관련학자들과 지식인들이 만든 언어랑 무관하게 우리들 삶 속에서 자연스럽게 체득해 가는 거거든요.

일제강점기 때 독립전쟁을 벌이다가 옥중에서 순국한 단재 신채호 선생이나 만주벌판에서 총을 쏘던 독립군들은 '민족'이란 단어를 절박하게 사용했습니다. '조선민족', '한민족' 다 마찬가지입니다. 그 단어는 글자는 같아도 내용과 질은 다릅니다. 서구인들이 사용하던 단어와 전혀 다르고, 최근에 우리 학자들이 빌어다 사용하는 '상상의 공동체' 이론을 만든 베네틱트 엔더슨을 비롯해서 서양의 탈민족주의자(post-nationalism)들이 주장하는 '민족', 우리나라 일부 사학자들이 주장하는 '민족'과는 다른 것이죠. 그건 그들의 문제입니다. 실질적으로 일제 강점기 직전부터 우리가 생각했던 민족, 지금 우리가 생각하고 사용하는 민족이라는 개념과 단어는 생활과 실존의 체험, 생사의 고뇌 속에서 우러나는 것입니다. 때문에 그런 역사과정과 현실 속에서 보고, 그 다음에 민족주의의 부정적 측면 아니면 그들 표현대로 악폐 등 이런 요소들을 논하는 것이 옳지, 거기에 대한 치열한 논쟁이나 진지한 학습 탐구없이 지금부터 100년 전이나 50년 이전의 이론을 그대로 현대까지 적용하거나 남의 것을 모방하면 무리가 있는 것이죠.

저는 그래서 민족이나 민족의 구성 요소를 얘기하면서 어떤 식으로 민족을 구성하는 것이 옳을까, 특히 우리 민족을 규명하는 데는 어떤 것이 옳을까를 생각해 왔습니다. 그래서 '다시 보는 우리 민족'이라는 대주제를 놓고 21세기 현재까지 변화해 온 인류의 문명과 많은 자연과학적, 사회과학적, 인문과학적 연구결과들, 특히 저는 생리학, 생태학 그리고 동물행동학 등을 취합해서 가설을 세워 가고 있습니다.

먼저 결론을 말씀드리면 혼돈이 생기기 때문에 미리 약간만 말씀드립니다. 제가 생각하는 '민족'은 이렇습니다. 현재 동아시아에는 한국과 중국과 일본이라는 민족국가가 있잖습니까? 그렇다면 그 세 나라를 구성하고 있는 주민들을 저는 민족이라고 일단 보겠습니다. 사실은 영어의 nation을 민족이라는 한자말로 처음 만든 것은 일본입니다. 민民 더하기 족族을 민족民族이라고 한 것이죠. 그래서 일본, 중국 그리고 우리도 그 단어를 쓸 수밖에 없었습니다. '국가', '철학', '미술' 다 마찬가지이죠.

중국은 단일 민족이나 종족국가가 아니잖습니까? 만족이 지배하는 청나라를 쓰러뜨리고 서구 열강의 압력에서 벗어나려면 민족주의가 필요했습니다. 그래서 중화민족의 결성을 원했던 쑨원(손문)이지만, 그 역시 고민을 하다가 '국족國族'이라는 말까지 만들어 사용합니다. 중국 역사와 문화를 설명하기에는 분명히 적합한 용어이기는 하지만 대세는 어쩔 수 없었지요. 민족은 이미 시대언어, 그것도 가장 중요하고 상징성 있고 실효성 높은 '시대언어'의 자리를 차지한 것이지요.

현재의 우리를 '한민족'이라고 부른다면, 물론 한민족이란 명칭 말고 다른 명칭으로 불러도 됩니다. 그런데 '한민족'이라는 명칭으로 불렀을 경우에 지금 우리를 있게 한 근거로서는 가장 가까운 것이죠. 이미 '한(khan, kan, han)'이라는 특별한 사연을 간직한 관형어가 있고 1,000년 이상의 역사성을 지니고 있으니 말입니다. 학문적으로 얘기하면 '친연성이 깊은 사람들'이라든가 또는 지금의 상태를 이루는 데 핵심적인 역할을 한 사람들의 후손이기 때문이지요. 고구려인일 수도 있고 백제인일 수도 있고 신라인일 수도 있고, 아니면 임진왜란 때 일본군의 공격을 받았을 때 의병으로 참전해서 싸웠던 백성들일 수도 있습니다. 어쨌든 우리 역사 속에서 존재해 오면서 현재 우리를 존재하게끔 만든, 우리를 살아있게 만든, 그리고 우리 역사를 있게 한 역할을 한 사람들을 '한민족'이라고 규정하는 겁니다.

앞에서 말했듯이 어차피 '민족'이란 단어가 서구의 개념과 일본의 용어를 빌려온 것이라면 현재 우리를 기준으로 삼아 소급해 올라가서 과거 어떤 시대의 우리를 있게 한 그 원핵에 해당하는 것을 한민족이라고 설정하고, 그때에 만들어진 정치체를 '한민족 국가'라고 설정하는 겁니다. 그러니까 당연히 우리로서 최초의 민족국가는 '원原조선'이 되는 겁니다.

물론 제가 말씀드리는 조선은 이성계가 세운 조선이 아니고, 그를 내세운 성리학자들이 세운 조선이 아닙니다. 바로 우리민족 최초의 시원국가인 단군왕검이 다스린 조선이 되겠습니다. 물론 이때의 조선은 현재 우리가 생각하는 근대적 의미의 국민국가, 민족국가가 아닙니다. 또 로마제국 시대의 제국도 아닙니다. 하지만 고유한 양식에 맞게끔, 특히 중국지역 및 북방유목 세력들과 경쟁체제를 갖추면서 나름대로 고유하고 독특하게 만든 정치체이기 때문에 저는 우리민족의 시원국가 또는 최초의 민족국가라고 보고 있는 겁니다. 현재 한민족의 시원이라는 의미이지요.

여기서 한 가지 재미있는 말씀을 드릴게요. 우리 역사학자들은 왜 그런지 까닭은 알 수 없지만 우리 역사상을 이해할 때 굉장히 인색합니다. 그렇다고 학문적으로 엄격한 것이 아니예요. 그럼에도 불구하고 너무 깎아내리려고 해요. 일종의 강박증이나 원죄의식을 감추려는 몸짓 같기도 합니다. 그래서 제가 대학시절까지만 하더라도 몇 가지 오류를 배웠답니다.

저는 중학교 때까지는 우리 역사에 구석기시대는 없었다고 배웠어요. 우리는 문화가 처음부터 남들에게 뒤쳐졌고 없었다는 것이죠. 이미 두만강 유역에서 구석기시대 유적이 발견되었고, 북한은 정설로 인정했는데도 왜 끝까지 오류를 고집했는지 알 수가 없습니다. 그런데 세월이 지나서 지금 보니까, 우리나라는 구석기시대가 얼마나 오래됐습니까? 특히 구석기, 전기 구석기 문화 같은 경우는 이미 30만 년 전의 것인 전곡리 유적이 있습니다. 사실 이것도 발굴자인 손보기 교수의 설을 오랫동안 인정하지 않았습니다. 일종의 사기라는 음해까지 있었습니다. 하지만 이젠 세계에서 전곡리 유적을 의심하는 학자는 없습니다. 물론 그러한 억지부정을 한 것에 대해 반성하는 한국학자도 별로 없습니다만.

지금까지 남한강변의 곳곳과 동굴에서 구석기시대의 유적이 많이 발견되었습니다. 청원 두루봉 동굴에서는 약 4만 년 전의 아이 뼈를 발견했습니다. '흥수아이'라는 학명이 붙여진 이 구석기시대의 아이는 시신 위에 슬픔과 안타까움을 표현하는 꽃까지 놓여져 있었다고 합니다.

또 하나는 청동기문화가 발달하지 않았기 때문에 '금석병용기시대'가 있었다고 배웠습니다. 코메디이지요. 그런데 대학에 들어오니까 청동기시대의 존재를 인정하면서 기원전 5세기부터 시작됐다고 가르쳤습니다. 하지만 세월이 흘러 이제 청동기시대 시작은 기원전 10세기나 12세기에 시작됐다고 학교에서 가르칩니다. 또 청동기문화의 기원은 시베리아의 카라스크 문화의 영향을 받았다고 가르쳤죠.

이제 일부지만 젊은 학자들은 한반도 내에서 청동기시대가 시작된 시기를 기원전 15세기까지 올려 보고 있고요. 그리고 독자성을 강조하고 있습니다. 어디에도 없는 비파형동검, 정교하고 복잡한 선무늬와 기하학무늬들이 잘게 파여진 다뉴세문경, 무려 한반도 안에만 3만기가 넘어서 세계 제일이라는 평가를 받는 고인돌들, 모두 우리 문화의 고유성을 뒷받침하는 것들입니다.

그런데 만약에 역사 활동을 한 범위를 더 확장시켜서 압록강을 넘어가 서쪽으로 서쪽으로 요동지방과 요서지방까지 간다면 청동기시대의 시작을 기원전 22세기 이전까지도 올려 볼 수가 있다는 겁니다. 요서지방, 요하의 서쪽인 금주, 조양, 적봉 지역 등입니다. 낯설어서 먼 지역 같지만 실제적으로 가깝고 우리 역사의 초기 활동무대였습니다. 다만 압록강과 두만강 이남이라는 반도만 인정하는 반도사관에 젖은 사람들에게는 먼 지역일지 모르겠지만 농경문화를 가꾸고 황해북부 바다 언저리에서 생활하는 사람들에게는 앞마당이었거든요.

그러니까 이러한 지리적인 인식으로 본다면, 물론 지리에 바탕을 둔 사실이지만 청동기시대의 기원을 한참 더 올릴 수가 있습니다. 이 주장은 우리 학계의 연구 성과가 아니라 중국인들의 연구 성과이기 때문에 한국 학자들도 선뜻 부정할 수는 없습니다. 저도 여러 차례 답사하였지만 그 규모나 유물의 종류, 양, 질적인 우수함은 상상을 초월할 정도입니다. 그 시기를 기원전 22세기 이전까지도 올려 봅니다.

그리고 기원전 22세기를 전후로 해서 그 이전 시기는 신석기문화에 해당하는 이른바 홍산문화 시기인데, 이미 '고국古國'이라고 해서 옛 古자를 쓰는 조그마한 국가가 있었다고 보고 있습니다. 또 기원전 22세기부터는 '하가점하층문화시대'라고 부르는 청동기시대가 시작되었습니다. 정교하고 치밀한 방어체계를 갖춘 산성들이 모여서 시스템을 이루고 다량의 주거지들이 밀집된 유적지들이 현재 수백 군데 발견되었습니다. 이 시대를 '방국方國'이라고 해서 국가 단계에 조금 더 미치는 '도시국가'가 있었다고 봅니다. 저는 '산정도시국가' 즉 hill top town으로 봅니다.

그 유적들과 중국학자들의 주장 그리고 그동안 한국 역사학계가 주장한 내용들을 자세하게 비교해보면 어처구니가 없지요. 그동안 얼마나 터무니없는 사실들을 주장하고 가르쳤는지 알 수 있습니다. 그래서 확실히 모르지만 유적과 유물, 하가점하층과 상층문화를 고려할 때 우리나라 최초의 정치체인 원조선은 최소한 기원전 15세기 이전에 건국했다고 봅니다. 그런 의미에서 저는 원조선을 소박한 의미의 민족국가로, 그 주민들을 한민족이라고 설정하는 겁니다.

역사는 동일한 유물과 사료라고 할지라도 보는 관점에 따라서 달라집니다. 그동안 우리 역사학계는 우리 역사를 긍정적이거나 사실대로 보는 데 인색했습니다. 그들이 범한 오류는 수없이 많습니다. 지금 '국사해체론' 자들도 이런 기본적인 사실을 잘 모르고 있습니다.

원조선이 멸망하고 질서와 체제가 해체된 이후에도 우리 역사의 활동무대는 굉장히 넓었고 활동도 그야말로 역동적이었거든요. 언젠가 '국사해체론', '탈민족주의' 이론가로 알려져 있는 임지현 교수랑 TV토론을 할 때 몇 가지 질문을 한 적이 있어요. 왜냐하면 그들이 우리 역사에 대해서 얼마큼 알고 있는지 정말 궁금했거든요. 우리 국사를 해체해야 한다는 주장을 한다면 우리 국사에 대해서 많이 알고 있어야 하기 때문이지요. 그래서 몇 가지 질문을 했는데 답변을 못하더군요.

저는 한국사 전공자이고 동아시아 전공자이기 때문에 유럽 역사, 특히 임지현씨의 전문분야인 동유럽사는 모릅니다. 그래서 저는 유럽역사에 대해서 발언을 안 하고 또 할 수도 없습니다. 그런데 그는 동유럽사를 전공하면서도 아주 자신만만하게 우리 역사의 흐름과 여러 분야 그것도 고대사에 대해서 발언을 하는 것이죠. 그것도 하나 하나의 구체적인 사실들이 아니라 전체의 이론 틀 속에서 성격을 규정짓고 이어서 국사해체론이라든가 탈민족주의를 주장합니다. 이러한 태도는 학자로서 잘못됐다고 봅니다.

더군다나 그들이 주장하는 논리적 근거는 바로 '탈근대' 라고 해서 역사연구방법론 자체가 거시적이고 거대한 담론이 아니라 미시적이고 일상적인 것을 연구의 주된 대상으로 삼고 있습니다. 저는, 마르크스 주의자들도 유사하지만 그럴듯한 큰 틀을 빌어와 적당하게 적용시키는 태도는 별로 좋지 않게 생각합니다.

　이러한 주장을 하는 사람들은 우리 민족사 내지는 우리 역사에서 최소한 중요하고 핵심적이면서도 조그만 부분을 알거나 숙지한 상태에서 옳고 그름을, 그것도 완곡한 표현과 신중한 태도로 이론을 전개하는 것이 옳은 태도입니다. 그런 것 없이 자기들의 학문적 근거인 미시적인 연구태도 조차 버린 채 거시적으로 그리고 자기들의 연구성과가 아니라 특별한 지역의 연구성과를 근거로 역사를 규명하면서 뭔가를, 그것도 집단 전체의 성격과 연관된 사항을 단정적으로 제시한다는 태도는 무리가 있다고 봅니다.

　그렇다면 숙제가 주어집니다. 우리는 어떤 식으로 민족을 규정해야 될까? 구성요소와 생성과정은 어떻게 된 것일까? 저는 비단 우리 민족사 입장에서만 민족의 구성요소를 말씀드리는 것이 아닙니다. 일본도 마찬가지고, 중국지역도 마찬가지고 북방유목민족들도 마찬가지입니다. 북시베리아의 이누이트(에스키모)들, 중앙아시아의 초원 유목민, 실크로드의 오아시스 농민들, 남태평양에서 몇 백 킬로미터를 아우트리가로 횡단하는 원주민들, 나아가 전 세계는 서양 외에도 생물학적으로 많은 종류의 사람들이 각각 상황에 걸맞는 고유한 양식을 가지고 살아왔거든요. 그것은 문화입니다. 350만 년 전의 오스트랄로피테쿠스일 수도 있고 아니면 60만 년 전의 호모에렉투스일 수도 있고, 만약에 호모사피엔스 사피엔스라고 하면 최소한 10만 년 내지 5만 년 전이거든요. 각각 그들이 존재하는 삶의 양식을 인정을 해줘야 해요. 공평해야 합니다.

　그러기 위해서 저는 민족구성을 논할 때 몇 가지를 구분했는데, 첫 번째는 생물학적 접근을 하자는 것입니다.

　일반적으로 그동안 혈이라든가, 혈연이라든가, 또는 핏줄이라는 용어를 썼고, 실은 지금도 그렇게 사용하고 있습니다. 하지만 저는 그것 대신에 체질, 체형이라든가 외모라든가 기타 등등을 다 포함해서 생물학적 요소라고 일단 규정을 내리겠습니다. 과거에는 어떤 한 개체, 생명체, 특히 역사적 존재라고 했을 경우에는 타자와 구분할 때 핏줄을 우선으로 여겼고, 그것만 알았습니다. 즉 신체의 크기, 피부색깔, 눈 모양과 눈동자의 색깔, 코의 형태와 높이, 입술 등 외부로 드러나는 것만 알았지요. 그런데 지금은 인종인류학뿐만 아니라 해부학, 생리학, 심리학까지 발달하면서 핏줄 외에도 다른 많은 요소들이 작용한다는 걸 알잖아요. 이제 서양인들은 보이지 않는 인체 내부의 성격을 알아가고 있습니다.

물론 우리 조상들은 꼭 가시적인 것만 보거나 판단의 기준으로 삼지 않았습니다. 한의학에서는 보이지 않는 '혈穴'의 존재까지 알고 그걸 통해서 병을 진단하고 처방도 내렸죠. '풍수사상'은 자연환경 또한 내부의 원리까지 염두에 두고 파악하는 방식으로 이해하고 활용하였습니다.

20세기 중반에 들어오면서 각종 과학이 발달하면서 인간이 가지고 있는 신체적, 즉 생물학적 구조와 특성이 얼마나 다양하고 그것이 소위 역사라고 불리워지는 인간의 총체적인 활동에 얼마나 강렬하게 영향을 끼치는가를 잘 알 수 있게 되었습니다. 그런 의미에서 저는 첫 번째, 생물학적 요소가 중요하다고 봅니다.

어느 누구 할 것 없이 하나의 조상에서 출발했습니다. 하지만 모든 크고 작은 집단들은 생물학적으로 다른 점이 드러납니다. 예를 들어보지요. 일반적인 분류에 따르면 인간은 처음에 몇몇이 모여 사는 무리, 즉 band가 됩니다. 그 다음에 씨족(clan), 부족(tribe)을 거쳐 나중에는 종족(species)이 됩니다. 적어도 민족이라는 비교적 대단위와 연결되는 생물학적인 특성은 종족과 연결되었습니다.

종족들이 모여서 점차 커져서 민족이란 단위로 생성됐다고 볼 때 황인종, 백인종, 흑인종처럼 -인종은 물론 다릅니다- 종족마다 생물학적인 특성은 어느 정도 다릅니다. 지금 우리는 모두 하나의 민족이지만 정확히 구분해 보면 달라요. 이를테면 북방계의 특징이 더 나타난 사람이 있고 남방계 특징이 우월하게 나타난 사람도 있고 아니면 내륙 중부지방의 특성이 나타난 사람도 있어요. 이걸 더 확장을 시키게 되면 우리가 얘기하는 한반도와 남만주 일대, 아니면 그 위에 북만주 일대, 아니면 몽골초원까지도 확장됩니다. 특히 한족은 중앙 몽골로이드고, 우린 북방 몽골로이드에 해당하기 때문에 인종적으로 다른 면이 있습니다. 인종적으로 다르다는 것은 신체구조부터 시작해가지고 내부에 있는 기관들의 크기, 부피, 특성들도 다르고 그 다음에 작동기제도 다르고, 뇌에서 생각하는 것도 다르다는 겁니다.

인간은 의외로 자연환경의 영향을 아주 강하게 받아요. 백인종들은 피부와 얼굴이 하얗잖아요. 햇빛이 원인이지요. 흑인종들은 피부와 얼굴이 까맣고 대부분은 키가 크고 팔다리가 깁니다. 또 입술이 두껍고 코가 뭉툭하고 구멍이 큽니다. 더운 열대지방에 살기 때문입니다. 가능한한 땀을 많이 배출하는 표면적을 넓혀야 하기 때문입니다. 반면에 추운 지방에 사는 이누이트(에스키모)인들은 정반대의 체형과 내부기관을 갖고 있습니다. 우리가 말하는 동만주 북쪽지역에서 살던 고아시아인들이 북상해서 그 일파가 이누이트의 한 부분을 형성했습니다.

그들은 북상해서 추운 한대지방으로 다가가면서 점차 점차 키가 작아지고 뚱뚱해집니다. 왜 그럴까요? 여러 이유가 있지만 추위에 적응하려면 우선 밖으로 드러나는 표면적이 적어야 합니다. 또 한 가지는 먹는 음식이라는 것이 날고기, 육肉고기 밖에 없습니다. 곰이라든가 바다사자

같은 고지방류의 고기를 먹다보니까 거기에 적응하는 신체구조와 신체기관을 갖게 되고, 많은 지방질을 분해하고 축적할 수 있는 능력도 갖게 된 겁니다. 이렇게 신체구조가 다르고 기관이 다르고 효소가 다르니 소화하는 음식이 달라지고, 그러니 음식문화가 달라지고, 그릇의 형태, 취사방식, 신앙까지 연차적으로 문화가 달라지는 겁니다. 그래서 자연환경과 이에 적응한 인간이 선택한, 또는 진화한 생물학적 요소가 민족을 생성하는 근본 요인이라는 것입니다. 물론 이 요소를 지나치게 강조하면 문제가 커질 수 있습니다. 과거 서구의 제국주의자들이 주장했던 '우열승패', '적자생존', '진화론' 등으로 무장한 부정적 의미의 민족주의와 살짝 닿을 수 있다는 겁니다. 즉 인종주의가 되는 것이죠. 서양인들이 한때 매력을 느꼈고 여전히 미련을 못 버리는 '인종주의' 즉 '레이시즘(Racism')이거든요.

그런데 여기에 이론적 근거를 제공한 것은 여러분들이 잘 아시지만 '찰스 다윈'의 진화론입니다.

"서양인들은 기본적으로 유색인종보다 우월하다. 때문에 문명화된 더 진화된 백인들은 유색인종들을 개화시키고 개발시키고 끌어 줄 의무가 있다. 이것은 우리 백인들의 부담(burden)이다."

놀라운 일이지만 이 말은 최초의 노벨문학상 수상자인 영국의 시인인 키플링이 한 말입니다. 이런 '부담'이란 미사여구를 쓰면서까지 비서양권을 착취하고 약탈하고 식민지화시켰습니다. 사실은 가장, 아주 나쁜 대표적인 사례가 히틀러입니다. 지금까지도 서구중심주의가 지구 곳곳에서 거의 모든 분야에 걸쳐서 음흉한 기운을 내뿜고 있습니다.

한때는 이러한 생물학적 요인을 강조하는 흐름은 비판을 받았습니다. 일종의 반성과 과거에 대한 반동이었죠. 그 때문에 인간의 의지와 관념

등을 더 비중있는 요소로 다루었습니다. 하지만 자연과학, 생리학, 특히 유전공학이 발달하면서 유감스럽지만 사실이 그렇다는 건 인정할 수밖에 없게 되었습니다. 생물학적인 요소들, 이런 사실과 한계를 정확하게 알면서 간다면 불행을 미연에 방지할 수 있을 겁니다. 우리 인간이 원하든 원하지 않든 간에 생물학적 요인은 중요할 수밖에 없습니다.

저는 여기서 또 하나의 논리를 찾아냈는데, 바로 이겁니다. 결국 현재 모든 인류는 동일한 개체에서 출발했는데도 불구하고 보는 것처럼 생물학적으로 다른 모습을 띱니다. 도대체 무엇을 의미합니까? 변화의 가능성, 결론은 분명합니다. 인간의 생물학적인 조건이 자연환경과 작동하면서 적응했다는 증거 아니겠어요? 그러니까 '진화(evolution)'라는 현상은 결과를 놓고 볼 땐 생물학적 요인이 압도적이지만 인간이라는 주체자의 입장에선 오히려 정말 지난한 선택과 처절한 적응, 즉 역사의 발전과정임을 증명합니다.

우리는 이런 역사발전을 해왔고 지금도 하고 있습니다. 하지만 말 그대로 생물학적 진화라는 것은 우리가 상상할 수도 없는 엄청난 악조건의 자연환경 속에서 무수히 오랜 세월에 걸쳐서 극복한 과정입니다. 그러므로 생물학적 환경과 조건, 결과만 가지고 '이미 결정된 것이다', '숙명이다', '자연의 힘이다', '신의 의지이다' 이렇게 치부할 것이 아니라 오히려 생물학적 요소와 결과인 진화 자체야말로 인간의 자유의지와 노력의 결과인 가치있는 진화과정이었구나, 이렇게 생각해야 합니다. 이런 논리를 적용하고 보강시킨다면 민족구성의 근본요소로서 생물학적 조건에 대해서 좀 더 유연하게 받아들일 수 있지 않을까 생각합니다.

몇 가지 예를 들 수 있습니다. 생물학적인 조건에 따라서 정말 많은 차이가 생깁니다. 서양인과 우리 황인종은 사물을 바라볼 때 보는 '순서'와 보는 '부위'가 달라요. 즉 '시좌구조視座構造'가 다르다고 합니다. 실험을 통해서 얼마든지 입증이 가능합니다. 공간과 거리개념에도 차이가 있습니다. 특히 '사회적 공간'은 인종마다, 심지어는 종족 간에도 차이가 있습니다. 농경민의 공간 인식과 유목민의 공간 인식은 엄청나게 다릅니다.

보통 일상적으로 돌아다니는 공간범주도 그렇지만 한 개인과 개인이 서로 마주치거나 만날 때의 간격도 다릅니다. 아랍인들은 만나면 가까이 다가서야 합니다. 그렇지 않으면 문제가 발생합니다. 심지어는 얼굴을 부비기도 합니다. 하지만 어떤 종족, 백인들은 일반적으로 서로 가까이 다가가면 안 돼요. 얼핏 보면 관습 등 사회적, 문화적 요소라고 판단하기 쉽지만 실은 생물학적 요소 때문이 분명합니다.

예를 들면, 신체 내부에서 나오는 분비물, 독특한 냄새 등등 이런 다양한 요소들이 작동하기 때문에 어쩔 수 없이 인종적 차이, 종족적 차이, 민족적 차이는 있습니다. 다만 이 차이를 질적 차이, 우열의 차이로 보느냐, 아니면 다름으로 보느냐, 여기에 문제가 있는 것이지, 그 요소를 부정하고 문제를 덮어둔다고 해서 해결이 되는 걸까요?

우리는 다른 집단의 모든 것을 이해할 때 우선 그 집단의 문화를 이해할 필요가 있습니다. 이것은 '문화'란 말로 편하고 보기 좋게 포장했지만 실제적으로 대부분은 생물학적 특성과 연관됐다는 사실을 이해하라는 겁니다. 그러니까 백인들이 아랍인들을 만날 때는 몇 가지 주의할 점이 있는데, 그것은 문화의 차이가 아니라 생물학 차이에도 근거하는 겁니다. 생물학적인 차이가 몇 단계의 과정을 거치면서 결국 문화의 차이로 확장된 것이지요.

이런 사실들을 정확히 이해한 상태에서 우리가 남과 다름을 인정하면서 공존이나 상생하는 방식 등, 이런 논리를 찾아내는 것이 중요하고 필요합니다. 그래서 저는 민족의 구성요소를 거론할 때 첫 번째로 '혈연'이란 용어와 개념 대신에 포괄적으로 '생물학적 요소'라고 표현합니다. 이제는 생물학적 인간관을 사실로 인정하면서 발달된 학문의 결과를 놓고 좀 더 솔직하고 구체적으로 접근하면 좋지 않을까 생각합니다.

조금 전 사회자는 한국사회에 재등장하는 '단일민족론', '순혈론'을 거론했는데, 저는 단일민족론과 순혈론은 다르다고 말합니다. 비교의 관계가 아닙니다. 또한 '단일민족'과 '단일혈종', '단일종족'은 개념 자체가 다릅니다. 나중에 말씀드리겠지만 우린 상대적으로 지구상에서 유례가 없는 단일민족입니다. 그렇다고 순혈을 고집하지 않습니다.

저는 전형적인 한국인 얼굴이 아니에요. 그렇지 않습니까? 서양인에 가까운 얼굴, 긴 얼굴에 하관이 빠릅니다. 수염이 많아서 다 기르면 완전히 투르크계통의 사람이에요. 언젠지 모르지만 알타이 문명권의 어느 지역에서 동쪽으로 온 사람의 피가 전승돼 왔던지 아니면 유전인자 속에 오랫동안 열성인자로 숨어 있다가 저한테 와서 튀어나왔는지 모르겠어요.

저뿐만 아니라 우리 민족에는 종족적으로, 심지어는 인종적으로 다양한 사람들이 섞여 있습니다. 전형적인 동남아시아 계통의 사람들, 아랍계열들에 이르기까지 말 그대로 순혈민족이 아니라는 겁니다. 지구상에는 순혈민족은 어디에고 없었습니다. 인종주의자들, 레이시즘을 주장하는 사람들, 그리고 히틀러 같은 미치광이들이 억지로 만든 궤변일 뿐입니다.

다시 한 번 말하지만 지구상에 순혈민족은 없습니다. 심지어는 시오니즘을 부르짖는 그 유명한 유태인들도 순혈은 아니거든요. 그러니까 일부 사람들이, 지식인들이 한민족을 놓고 순혈인가, 아닌가 하는 논쟁을 붙여보려고 합니다만, 이건 논리상도 맞지 않고 사실을 확인하려는 것도 아닙니다. 무식한 지식인들의 말장난입니다. 우리 역사의 민족의 진한 공동성을 깨뜨리려는 책략도 있어 보이고요.

우리 전체 역사과정을 보면, 조선시대는 비록 다릅니다만, 적어도 고구려를 비롯한 삼국시대는 다양한 피가 섞인 집단입니다. 당연합니다. 다만 독특한 지문화적 조건에 맞춰 공질성이 강한 문화와 생물학적 특성을 갖게 되었고, 한편으로는 집단의 공질성과 자의식, 즉 정체성을 강화시키면서 우리가 말하는 '한민족'이라는 큰 틀을 생성해왔죠.

지금 한민족은 세계를 지향하고 특히 한국사 자체 내에도 다문화가정이 많아지고 있습니다. 하지만 그렇다고 해서 민족주의를 부정시하거나 훼손할 필요도 없습니다. 진정한 세계화란 말 그대로 정치적인, 경제적 의미뿐만 아니라 우리 모든 사람들이 지향하는 보편적 의미의 이상사회를 이루는 것이 바람직하지 않습니까? 정상적인 민족주의, 즉 자기집단의 정체성에 충실한 민족주의는 진정한 의미의 세계화를 지향하는 데 방해가 안 되고 오히려 도움이 된다는 것을 말씀드립니다.

두 번째는 공간의 문제입니다. 조금 전에 비슷한 얘기를 했습니다만 과거에는 민족 생성요소가운데 하나로 보통 '지역'을 거론했습니다. 또는 지연이라고 해서 땅과의 관계를 중요시했습니다. 이렇게 지역을 중시하기 때문에 나온 이론이 뭡니까? 근대학문 중에서 지리학에서 나온 지정학 이론, 민속학, 인류학 등이 있습니다. 이런 학문들은 지역, 공간의 다름 때문에 발생할 수밖에 없는 생물학적, 문화적, 역사적인 차이점을 연구하는 것입니다.

다만 근대학문의 초기 단계이기 때문에 연구한 사람들의 주체가 백인들이었다는 점, 연구한 방식 자체가 특정한 목적의식이 강하고 백인우월주의와 백인문명을 기준으로 삼았다는 점, 그 연구결과를 가지고 제국주의에 악용했다는 점, 이런 것들이 문제가 된다는 것입니다. 저는 지역이나 지연, 환경, 이런 요소들을 다 합쳐가지고 '공간'이라는 용어로 대체합니다.

공간. 지금 공간이란 말은 누구나 이해하고 있잖아요. 시간은 time, 공간은 space. 젊은 사람들은 인터넷 공간이란 말을 많이 씁니다. 주체가 활동하는, 시간을 제외한 장(field, place, land)이나 터를 공간이라고 이해합니다.

공간은 너무나 익숙한 거예요. 그러니까 이제는 지역이나 지연이 아니라 공간이라는 보다 포괄적이고 본질적인 개념 속에서 민족과 역사를 보아야 합니다. 실제 모든 생명체들은 지地, 수水, 화火, 풍風이 아니라 공간 속에서 생성이 된 겁니다. 우리가 잘못 알았던 것이죠.

특히 우리나라 사람들은 토지를 중요하게 생각했습니다. 조선조 500년 역사만을 보면서 마치 우리에게는 땅이 절대적인 것처럼 생각합니다. 그 땅도 어떤 땅이냐면 볍씨를 뿌리고 뭔가 곡식을 키울 수 있는 토지개념으로 이해합니다. 농작물이 자라는 곳, 고정된 공간, 사람을 붙들어 매는 공간으로 이해합니다. 그러니까 민족의 생성요소, 활동한 범위들, 신체의 특성을 얘기할 때도 자꾸 면面 개념으로 하는 겁니다. 그러나 그렇지가 않아요. 고구려만 보더라도 그들은 조선처럼 면의 지배를 하지 않았어요.

한반도와 일부 남만주 지역은 분명히 토지의 비중이 높고 면의 생활과 지배가 가능한 공간입니다. 따라서 지역과 지연이 중요할 수가 있습니다. 그런데 일단 남만주를 벗어나 북만주로 올라가고 요동을 넘어 요서로 가게 되고 동만주와 연해주 일대로 가면 토지는 적거나 아예 없습니다. 또 토지가 그다지 중요하지도 않습니다. 그러니까 초원이나 건조 지대는 면의 지배가 아니라 선線의 지배, line의 지배입니다. 또 아마존 같은 강이나 아프리카처럼 밀림 속에서, 또 바다에서는 점點을, 즉 dot나 point 등을 지배하는 겁니다.

그래서 고구려만 하더라도 면의 지배, 선의 지배, 점의 지배를 같이 복합적으로 혼용했는데, 이러한 자연환경과 공간에서 무슨 지역과 지연이 중요하겠습니까? 그건 다른 것이죠.

일반적으로 사람의 성격, 가치관, 주거양식, 교통, 통신의 수단은 자연환경 공간에 따라 달라집니다. 우리의 고대문화와 정체성, 주민의 구성문제, 민족문화 등을 규명하고자 할 때는 이러한 공간개념을 분명하게 이해해야만 합니다. 19세기말~20세기에 사용한 '땅'이라든가 '지역'이라든가 '지연'이라든가 이런 수준을 뛰어넘어서 이제는 공간개념으로 확장시킬 필요가 있어요. 아시다시피 21세기는 사이버의 발달로 더더욱 달라졌습니다. 그리고 예전에는 사람과 사람의 만남과 헤어짐, 즉 교류관계가 중요했기 때문에 연결수단인 '매체'가 중요했는데, 공간개념 속에서는 모든 것이 달라지게 돼요. 앞으로 과거의 우리 역사상을 규명할 때도 포괄적인 공간개념에 따라서 더 넓게 볼 필요가 있습니다. 그래야 다양성도 확장할 수가 있다는 겁니다.

우리 한민족이 처음 탄생하고, 이런 표현이 적당한지는 모르지만 한민족이 발전한 역사공간을 잠깐 살펴보지요. 여러분들이 갖고 있는 통념이 틀렸다는 것을 확인할 수 있을 겁니다. 자연환경이 이렇게 다양할 수가 없습니다. 지금 여러분들이 살고 있는 곳은 한반도 중부지역인데, 여기와는 다른 자연환경이 우리 민족의 발생과정과 발전의 터전이었다는 겁니다.

만주는 넓이가 170만 평방킬로미터입니다. 그 가운데인 북만주 일대까지도 우리 역사의 활동무대였는데 북만주는 여기랑 자연환경이 전혀 달라요. 거기는 서쪽으로 대흥안령, 소흥안령산맥이 있는데 지금은 나무들이 별로 없어 흡사 초원지대 같지만 원래는 밀림지대였습니다. 겨울에는 추워서 영하 30도는 보통으로 내려갑니다. 북만주를 넘어 서쪽으로 가면 몽골초원과 고원이 연결되고, 북쪽으로 올라가면 바이칼 호수가 있는 타이가로 이어지는 초원지대가 펼쳐집니다. 그리고 요서지방을 넘으면 화북지방이 나타나고 바다는 양쪽에 있습니다. 동만주는 예나 이제나 복잡한 밀림지대이기 때문에 짐승들이 많아 모피의 산지이기도 하고 수량이 풍부한 강들이 흘러 어업이 아주 발달하였습니다.

그러니까 원래 하나의 역사터, 역사의 공간 속에서도 이렇게 다양한 자연환경이 같이 혼재돼 있는 곳이 우리 민족의 출발지이고 역사의 터전입니다. 그런데 어떻게 반도사관과 식민사관, 조선조의 연장으로서의 그런 보잘것없는 역사를 가지고 우리 민족을 논할 수가 있겠어요. 그렇지 않죠?

그러니까 제가 일부 역사학자들과 지식인들에게 요구하는 것은 우리 역사를 정확히 알면서 성격을 재단하거나 국사를 해체하라는 주장을 하라는 겁니다. 사실에 대한 기본적인 이해도 없이 발언하면 학자로서는 문제가 있습니다. 우리 민족문화와 개성을 이해할 때 공간은 실로 중요합니다.

세 번째 요소는 '매체(medium)' 또는 '기호(sign, code)'입니다. 그동안 일반적인 견해는 여기에 해당하는 요소를 '언어(language)'라고 봤어요. 우리는 언어 그러면 한민족은 동일한 언어를 사용하고 있으며, 그렇게 알고 있습니다. 너무나 당연한 것으로 알고 있습니다. 하지만 다른 지역에서는 꼭 그렇지는 않아요. 일본도 여러 개의 종족과 언어집단이 있었습니다. 우리는 기본적으로 하나의 언어지만, 혹시 약간의 차이가 있을 수 있습니다. 다음 시간에는 도표로 만든 것을 보여드립니다. 동아시아 지역의 종족들과 우리가 얼마나 동일한 언어를 사용하고 있는가를 보여 드립니다. 그 외 중국지역은 엄청나게 다양한 언어들이 사용되고 있죠. 유럽도 마찬가지고, 심지어 스위스는 공용어만 4개를 사용하고 있습니다. 그런데도 다 민족국가라고 얘기하잖아요. 영국도 마찬가지죠.

우리는 하나의 언어를 사용하는 민족임이 분명한데 서양사 속에서는 한 민족국가 내부에도 다양한 언어를 사용하는 경우가 너무나 많습니다. 때문에 민족을 구분할 때 언어를 중요하다고 보는데 언어만 가지고 민족을 논하기에는 너무 부족합니다. 사실은 인간이 언어를 사용한지 그렇게 오래 되지 않습니다. 그래서 언어 대신 매체를 중요시 여기는 겁니다. 언어가 중요한 것으로 여기고 실제 그러했던 것처럼 한 개인과 개인, 즉 구성원들 간에 원활한 교류를 위한 수단으로서 뛰어난 기능을 가진 매체이기 때문입니다. 그런 의미에서 볼 때, 매체란 큰 범주 속에서 보면 언어가 발생하기 이전에 있었던 몸짓도 일종의 매체인 언어가 되는 것이죠. 언어나 글자를 발명하기 이전에는 집단의 구성원들이 몸짓을 가지고 서로 의사를 교환했습니다.

인류학 보고서에 따르면 인류역사의 초창기부터 '몸짓', '소리' 등의 원시 신호와 몇 마디 말을 가지고도 집단이 생활을 영위할 수 있었다고 합니다. 우리가 생각하는 것처럼 정교한 언어가 있지 않아도 몸짓만 가지고도 충분히 교류와 소통이 가능한 것입니다. 몸짓, 소리, 신호(sign)가 있고, 그 다음 단계로서 비로소 언어가 나타나게 됩니다.

제가 이렇게 '아하' 한 것은 소리를 지른 것에 불과하고 언어는 말이나 신호가 기호화되면서 약정을 통해서 의사소통이 활발하게 이뤄지는 것을 말합니다. 이러한 기준을 적용했을 경우에 인류가 언어를 사용한 것은 그리 먼 과거가 아닙니다.

그 다음에 사용된 매체는 '글자(letter)'입니다. 종류가 다양합니다만 인류가 소박한 형태나마 부호를 넘어 글자를 사용한 것은 7천 년 전 메소포타미아문명부터라고 합니다. 하지만 인류 대다수가 보편적으로 글자를 사용한 것은 불과 1세기밖에 안 됐어요. 특히 우리나라는 지식인들이 대부분 한자를 사용했기 때문에 한글을 대부분이 사용한 것은 딱 반세기밖에 안 됐습니다.

사실 발전한 글자가 없어도 사람들 간에는 충분히 소통이 가능하고, 교류가 활발하고, 공동체 의식을 가질 수가 있어요. 잘 아시잖아요? 자꾸 현대인들의 관점을 갖고 소급해 적용하면서 우리 역사와 문화의 수준을 자꾸 좁아들게 만들 필요는 없어요. 진정한 학문이라면 어느 공간, 주체에게도 동일한 기준을 객관적으로 적용해야 합니다.

기호가 중요했기 때문에, 민족의 구성요소라고 그랬을 때는 과거처럼 언어만이 아니라 모든 기호를 포괄하면서 종합적으로 고려해서 나름대로 공식성 있고 매체를 충분히 활용하는 하나의 '단위'가 있었다면, 매체를 민족의 구성요소로 보는 태도와 방식이 더 정확하고 과학적인 거죠. 인간은 원래부터 기본적으로는 추상적이고 창조능력도 있으며 대체능력이 있습니다. 그러다보니까 당연히 이렇게 주장하는 겁니다. 다만 민족이 생성된 경우는 내부집단을 보다 강고하게 결속시키고 외부집단과 차별성이 강하기 때문에 집단의 자의식을 분명하게 할 수 있는 가장 쉽고 효율적인 매체가 언어입니다. 때문에 민족의 구성요소로서 언어를 중요하게 여기는 겁니다.

그러나 매체는 꼭 '언어'만이 아니라는 것을 아셔야 해요. 일상의 이야기, 설화, 세상이 창조되거나 나라가 세워지는 내용을 담은 신화, 민담 같은 것을 공유하면 하나의 민족이 될 조건이 성숙된 겁니다. 한번 생각해 보세요. 예를 들면, 언어는 우리와 다르지만 공동의 신화와 설화들을 가지고 있고 일종의 생활공동체를 이루었던 종족은 만주족입니다.

그 이전에는 여진족이라고 불렀고 고구려시대와 발해시대에는 말갈이라고 불렀고, 그 이전에는 물길, 읍루, 숙신이라고 불렀습니다. 언어상으로 퉁구스 계통인데 우리와는 혈연적, 즉 종족적으로는 약간 차이가 있습니다. 그럼에도 불구하고 그들은 설화, 신화, 민담, 그 외 민속들이 우리와 상당히 유사해요. 그리고 생활공동체로서의 역할을 많이 했죠. 반면에 거란이나 선비는 우리와 혈연이나 언어상으로 가깝지요. 그런 의미에서 볼 때 좀 포괄적으로 동만주 일대에 있었던 그들도 우리의 민족체 안에 좀 집어넣으면 안 될까 하는 생각을 합니다. 그게 이상한가요?

물론 '소중화주의'에 집착하는 조선조의 성리학자들처럼 사고가 교조적이거나 민족의 구성요건을 까다롭게 보는 사람들은 이상하다고 보겠죠. 그렇다면 그런 논리와 잣대를 중국에도 적용해야 합니다. 아시겠지만 그런 논리를 중국 역사에 적용하면 중국은 아무것도 남는 게 없어요. 그렇잖아요?

실제로 통일공동체도 아니고 더더욱 하나의 민족도 아닙니다. 또한 중국이 설정해 놓은 국경선이나 영토도 허구가 됩니다. 북방 초원지역, 만주일대의 자연환경을 고려하고 사람들이 거주하고 살아가는 방식을 고려하면 포괄적으로 국가나 민족 등을 설정할 수밖에 없습니다. 그래서 중국인들은 자기환경에 걸맞는 이론을 만들고 적용하는 것입니다.

반면에 우리 지식인들은 비판없이 그 이론과 결과물을 수용해서 자국의 역사를 왜곡시키고 있습니다. 우리 학자들은 중국에게는 이런 잣대를 적용하고 북방유목종족들은 저런 잣대를 적용하고, 그러면서 정작 우리에게는 이도 저도 아닌 자기들만의 특정한 잣대를 적용합니다. 그러면 우리 남는 게 뭐가 있습니까? 그런 상태에서 민족주의나 단일민족론 등을 '순혈주의'다 '국수주의'다 해서 부정적으로만 몰아붙이면 그건 적반하장이죠. 학자라면 언제든지 논리적이고 객관적으로 접근해야 합니다. 과학적 사실을 가지고 접근해야지요.

여러분들이 느끼셨겠지만, 우리 역사학계에서 민족을 구성하는 요소를 조금 전에 얘기했던 생물학적 입장, 공간적 입장, 매체적 입장 등 포괄적이고 구체적인 관점에서 이해한 것을 보신 적이 없을 거예요. 하지만 앞으로는 제가 설정한 것과 같은 이런 식의 연구가 진행되기를 저는 바라고 있습니다.

이런 접근방식이 얼마나 중요하냐 하면, 공간을 예로 들겠습니다, 얼마나 중요한가. 혹시 원토란 말을 들어보셨습니까? 원토原土. 어렵게 생각하지 마세요. 원토는 원래의 토土, 원래 땅, 원래의 영토, 원래의 영역 이렇게 생각하면 됩니다. 여러분들도 현재 살고 있는 집이 아닌 원래 집 있잖아요? 현재 거주하는 지역이 아닌 원래 고향이 있잖아요? 모든 사물에게도 그런 식으로 원래의 공간이 있는 겁니다.

처음 태어나거나 중요한 삶을 경험한 곳, 특별한 의미를 부여한 곳, 이동을 하는 모든 생명체들, 특히 인식과 관념의 존재인 인간에겐 공간이 또 다른 의미를 지니고 있습니다. 그래서 종교학자인 '멀치아 엘리아데(M. Eliade)'의 이론입니다만, '성聖과 속俗', '원형原型과 반복反復'이라는 것이 있습니다. 모든 종교 단체들은 자기들이 있는 곳, 하늘과 땅을 연결하는 신령스러운 장소, place가 우주의 중심이라고 얘기하거든요. 가장 의미가 있고 가치가 깊은 곳은 정체성의 핵심, 뿌리이죠. 그리고 그 땅을 빼앗겼거나 불가피하게 천재지변 등으로 인하여 떠날 경우에는 끝까지 기억합니다. 인간은 경제적 이익 때문에도 그렇겠지만 원토를 빼앗기는 일은 결코 용납할 수 없는 겁니다.

인간은 사실 비합리적이고 계산적이지 못하고 지극히 추상적일 때도 많습니다. 이것은 나쁘고 불리한 점이지만 사실은 인간을 만물의 영장으로 만든 주요한 요인이고 강점이죠. 그러니까 인간은 '자의식' 하나 때문에라도 잊어버리거나 빼앗긴 원토를 수복하고자 하는 욕망이 있거든요. 고구려인들의 예를 들면 그들은 초기부터 계속해서 확장했습니다. 요하를 건너 요서로 진격했고 한강 이남까지 남쪽으로 공격해 내려왔습니다.

저는 이것을 단순한 전쟁이라고 보지 않습니다. 무턱대고 영토를 확장하거나 아니면 자원의 확보 등 현실적인 목표만 있는 것은 아닙니다. 역사와 민족의 관점에서 보면 일종의 '원토 수복' 이에요. 제 관점에서 보면 말이죠. 원래 원조선이 가지고 있던 영토를 다시 수복하는 것을 원토회복이라고 하는데, 이건 공간적 의미에서 중요하거든요.

그러니까 민족, 민족국가가 형성되는 과정을 놓고 볼 때 공간이 가지는 의미는 상상할 수 없을 정도로 커요. 공간에 대한 이러한 과학적이고 구체적인 접근이 아니라 단순하게 '지역', '지연' 등의 용어만을 차용하여 접근하면 학문도 아니고 과학적이 아닌 거죠. 그 외에도 공간이 중요하다는 많은 예를 들 수가 있습니다.

그 외에도 몇 가지 예가 있는데요. 또 하나 언급하고 싶은 것은 '시간' 입니다.

'시간은 존재하는가?', '시간을 흘러가고 있는가?', '시간은 절대적인가 상대적인가?', '공간이 먼저인가 시간이 먼저인가?' 이러한 의문들을 제기하자면 한이 없습니다. 최근에는 천체물리학에서도 '시간(Time)' 에

몹시 관심을 갖고 있습니다. 시간은 인간이 사건 속에서 느끼는 것이 아니라 독자적으로 존재할지 모르지만 그렇다 해도 그 실체를 파악하거나 확인할 수 없습니다. 또 시간의 범위도 최신의 과학도구를 사용하기 전까지는 알 길이 없습니다. 결국 우리에게 시간이란 공간과 만나면서 작동을 하기 때문에 공간의 범주 속에서 혹은 더불어서 파악할 수밖에 없습니다. 공간과 시간은 어차피 하나로 뭉뚱그려져서 작동하는 것이지요.

그런데 역사학은 과거를 대상으로 하고 있으므로 어떤 학문보다도 시간의 존재와 의미에 대해서 민감합니다. 개인적으론 '역사 속에서 시간의 문제'라는 논문을 발표한 적이 있습니다. 이번에는 간단히 언급하지만 시간은 민족이 생성되는 데 여러 면에서 의미가 있습니다.

사람마다 시간을 달리 인식하듯이 각 집단마다 문화권마다 시간을 이해하고 규정하는 방식, 활용하는 방식이 달라요. 아니 제가 말씀드린 것은 시간의 단위 문제가 아닙니다. 즉 1년을 10개월이다, 12개월이다, 아니면 1년의 시작을 동지로 본다, 2월로 본다 등등 이런 문제가 아니라 시간의 의미와 역할을 해석하는 방식이 다르다는 겁니다. 이것이 역사에서 민족의 생성과 멸망에 엄청난 차이를 가져와요.

시간은 사물과 생명체의 생사와 늙음, 이동을 질서화시킵니다. 또한 자연의 변화를 질서화시켜서 예측하고 대비하게 만듭니다. 연약한 인간은 늘 포식자의 위협과 공격을 의식하고 대비해야 합니다. 적당한 거리를 두는데, 공격에 걸리는 시간과 도망치는데 걸리는 시간을 계산해야 합니다. 사정거리에서 벗어나는 찰나를 인식하고 계산하게 만듭니다. 인간들끼리의 관계에서도 마찬가지입니다.

시간의 해석, 시간을 측정하는 방식과 도구 때문에 한 문명이 생성되고 번성하거나 멸망하곤 합니다. 이집트인들도, 중국인들도 시간에 가장 의미를 두었습니다. 왜냐하면 농경을 시작하면서 계절이라는 큰 시간을 쪼개서 활용해야 했거든요. 유목인이나 수렵인, 해양인들은 계절이나 달처럼 큰 단위에는 큰 이해관계가 걸려 있지 않았거든요. 농경인들은 달력(calendar)을 만들고 때로는 시간의 흐름을 조절하려는 욕심도 냈습니다. 웅대한 제사, 잔인한 희생제의, 거대한 토목공사의 추진 같은 무리한 일들을 추구한 것이지요.

부작용을 일으켜 문명이 멸망할 정도로 시간에 집착한 대표적인 예가 마야문명입니다. '마야력'은 많은 현대인들에게 흥미와 공포감을 불러일으키고 있습니다. 2012년 전세계는, 마야력에서 멸망의 해라고 예언했기 때문에 난리법석을 떨었습니다. 그들이 건설한 피라미드들 가운데는 달력의 역할을 한 것도 있다고 합니다. 우리 단군신화에도 마지막 문장에 '삼백육십여사三百六十餘事'라고 하여 1년을 상징하고 있습니다.

심지어는 시간의 해석을 놓고 전쟁이 벌어지기도 했습니다. 그것은 뭡니까? 역曆이에요, 역. 복희역, 주역, 우리의 정역 그리고 책력冊曆 등. 동아시아 역사에서는 책력을 놓고 싸우는 경우가 많았습니다. 강대국은 약소국에게 '왜 우리 역을 쓰지 않느냐? 써라' 일종의 강요를 했습니다. 지금 우리가 서기를 쓰는 것도 결코 자발적인 것은 아니었습니다. 강제적이거나 최소한 비자발적인 겁니다. 우리는 독립된 민족국가로서 출발했기 때문에 당연히 단군 기원인 '단기檀紀'를 써야 되는 것이고, 현 시대의 불가피성을 수용한다면 단기와 서기를 병기하는 것이 옳은 태도입니다. 우리가 능동적으로, 주체적으로 선택한 것과 강제적, 비자발적인 것은 다르거든요. 독자성을 유지하면서 개항한 일본만 하더라도 일본 천황의 연호를 우선시하고 서기는 부차적으로 사용합니다. 지금은 헤이세이(平成) 몇년, 이런 식이지요.

시간의 문제가 문화권마다 민족마다 중요한 데는 몇 가지 이유가 있습니다. 그 중에서도 가장 압축적인 것은 계승성입니다. 어떤 존재물이든지 독자적으로 태어나지는 않습니다. 심지어는 우주조차도 빅뱅(Big bang, 대폭발)이라는 '원점', '원핵' 이 있는데, 최근에는 빅뱅 이전에도 그 원인인 실체 또는 존재가 있었다는 주장들이 있습니다. 따라서 모든 존재물들에게 계승성은 정체성의 핵심입니다. 한 개인도 부모나 조상과의 계승성을 소중하게 여깁니다. 또 생일을 찾고 기념하는 이유가 무엇이겠습니까? 돌아가신 조상에게 제사를 지내는 이유가 무엇이겠습니까?

계승성은, 나는 누구 누구를, 우리는 어떤 집단을, 어떤 민족을 이어받았는가, 이런 거죠. 이것은 곧 나는 누구 누구의 시간을 이어서 왔다는 것과 동일합니다. 나는 어떤 존재가 가진, 또는 경험한 시간의 연장물이라는 것입니다.

여러분, 나는 누구의 연장입니까? 나는, 우리는 부모님이라는 존재가 시간적으로 연장된 것이잖아요. 그렇죠? 이 계승성이 확실해야지만 정통성이 됩니다. 그러면 관념적으로 우위를 갖게 되고 제사권을 가지며 재산권도 물려받을 수 있습니다. 그러니까 우리한테는 가정이 중요하고, 민족국가도 마찬가지에요.

한 국가에게도 이런 계보가 매우 중요하다는 겁니다. 계보. 그러니까 건국신화나 창세신화에서 가장 중요한 주제가 '신통기神統紀' 아닙니까? 신들의 탄생과 가족관계, 서열과 역할을 정한 것. 종교에서도 중요한 게 뭡니까? 법통 아니에요? 그렇죠? 특히 국가의 경우에는 정통성이 매우 중요하고 계승성이 있어야 왕권을 이어받을 수 있습니다.

그만큼 시간이 중요하거든요. 민족을 이해할 때 이러한 시간의 요소도 이해하고, 또한 복잡하고 다양한 의미와 기능을 다 포괄적으로 보아야 합니다. 그래서 '아, 우리 집단은 시간을 이렇게 보는구나' 그래서 '우리민족은 이렇게 형성되었구나', '우리민족은 이런 특성을 가지고 있구나' 이렇게 보는 것이 과학적인 것입니다. 흔히 말하는 역사학에서는 계통이 중요하고 자기 자신의 생물학적, 시간적 연장인 자식도 중요하고, 특히 자기존재의 정당성과 정통성을 보증해주는 계승성은 더더욱 중요합니다.

시간 이야기를 하다 보니 시간이 더 빨리 가는 것 같아요. 저는 여러분들에게 주어진 시간 내에 많은 말씀을 드리고 싶은데 시간이 없기 때문에 그냥 넘어갈 수밖에 없습니다.

지금부터 몇 가지 그림을 보여드리겠습니다. 이를테면 기호의 중요성, 매체의 중요성을 얘기하고자 합니다. 글자가 발달하기 이전에도 그러니까 한민족이 한글이라는 글자를 공유하기 이전에도, 서로가 공동체 의식을 가졌고, 민족 내지는 민족국가로 성립할 수 있다는 몇 가지 예입니다.

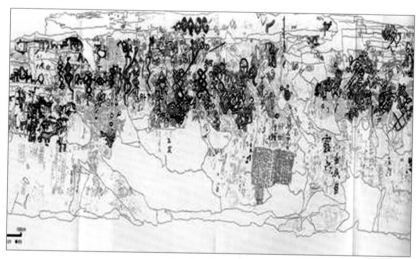

울산광역시 천전리에 있는 암각화

이 그림은 암각화에요. 울산광역시 천전리 계곡에는 물이 흐르는 꽤 넓은 바위터가 있습니다. 옆으로도 바위들이 길게 펼쳐졌는데 그림을 새겨 넣을 만하게 평평한 바위벽이 있습니다. 주벽만 해도 길이가 10m 정도에 높이는 3m 정도인데 그 바위벽을 꽉 채우고 있는 암각화가 '천전리 암각화'입니다. 조금 떨어진 근처에는 유명한, 주로 고래그림이 많이 새겨진 반구대가 있습니다. 천전리 벽화는 정말 다양한 종류의 그림들이 새겨져 있습니다.

러시아 동부의 아무르강 중류에 있는 하바로프스크 시내에서 외곽으로 나가면 사카치 알리안 벽화가 있습니다. 또 바이칼 알혼섬 근처에도 암각화, 레나강 변에 끝 모를 정도로 길게 펼쳐진 암각화들, 카자흐스탄, 키르키즈스탄의 이식쿨호수 근처 등등 중국을 비롯한 여러 곳에 암화들이 있습니다.

저는 아시아의 여러 곳을 다니면서 암각화를 살펴보았습니다. 그런데 이 곳 만큼 다양한 종류의 그림과 도상 글자들이 새겨져 있는 곳은 거의 없는 것 같습니다. 신석기시대 또는 청동기 초기부터 1984년에 새겨진 낙서에 이르기까지 암각화의 보고입니다. 그런데 사실은 눈으로 직접 안 보이는 부분에도 많은 그림들이 있어요. 얼마 전에 한국암각화학회 회장인 장명수 선생님이 렌트켄으로 벽면을 샅샅이 조사한 걸 본 적이 있었는데 실선 같은 그림들이 얼마나 많은지 함께 본 모든 학자들이 깜짝 놀랐습니다. 심지어는 기마인물상도 있고 역사 시대에 사용된 발달된 형태의 배 그림도 있었습니다.

자, 천전리 암각화를 보세요. 먼저 맨 윗부분에 눈길을 주고 왼쪽에서 오른쪽으로 이동합니다. 다시 아래로 내려온 다음에 왼쪽에서 오른쪽으로…. 정말 다양한 기호와 이해하기 힘든 도상들이 있습니다. 이 기호를 보십시오. 형태가 불분명해진 탓도 있지만 의미는 파악하기 힘듭니다. 우리는 사실 잘 모릅니다. 그런데 그 시대 사람들에게 이 나선형을 그린 동심원은 보통 이상의 의미, 어쩌면 그들만의 의미를 지니고 있다는 겁니다. 그 외에도 많은 기호들이 있죠. 이거는 하나의 예에 불과해요.

다음을 볼까요. 고구려 사람들이 4세기 이후부터 본격적으로 제작한 벽화고분입니다. 제가 마음먹고 가지고 왔는데요. 6세기경에 만든 것으로 알려진 집안시에 있는 오회분의 4호묘 벽화입니다. 이 그림이 가진 전

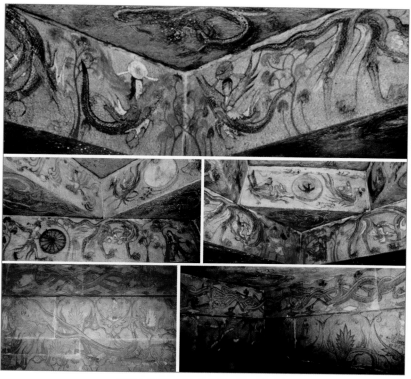

집안 고구려 고분 오회분 4호묘의 벽화

체적인 의미는 다음 시간에 말씀드리겠습니다. 그런데 보세요. 현재까지도 의미를 파악할 수 없는 기호들이 화면에 가득 차 있습니다. 기호는 곧 상징(symbol)이거든요. 다시 말하면 벽화가 다양한 상징들로 차 있다는 걸 알 수가 있는 거죠.

왼쪽에 있는 여신이 양손으로 떠받든 둥그런 원반은 달이고, 오른쪽에서 마주 보는 남신이 떠받든 것은 해입니다. 당연히 해 속에는 해를 상징하는 삼족오가 날개를 활짝 펼치고 있습니다. 또 노랗고 둥근 달 한가운데에는 두꺼비가 웅크리고 앉아 있습니다. 잘 아시겠지만 포유동물인 두꺼비와 파충류인 뱀은 전혀 다른 생물이지만 동일한 의미를 지니고 있습니다. 곰도 동일합니다. 모두 다 한겨울동안 죽은 것처럼 깊은 잠을 자는 동면 동물입니다. 그리고 따뜻한 봄이 돌아오면 긴 잠에서 깨어나 활동을 시작하지요. 고대인들이 이를 깨달으면서 얼마나 놀랐고 부러워했겠습니까? 그것들을 영원히 죽지 않는 생물로 인식한 겁니다. 죽기를 싫어하는, 영생을 바라는 인간에게 숭배대상이 된 것은 당연합니다. 그래서 늘 성장하다가 죽고 또 다시 살아나 성장을 반복하는 달을 상징하게 한 겁니다.

농경민들이 달을 숭배하는 이유가 몇 가지 있는데, 그 가운데 하나는 곡식 씨앗처럼 영원히 죽지 않는다고 생각했기 때문입니다. 그래서 달의 성질과 비슷한 습성을 보이는 동물들을 '달 동물' 즉 'runar animal'이라고 부릅니다. 그러니까 '단군신화'에 등장하는 곰은 단순하게 곰, 어정어정 걷는 bear(곰)의 의미가 아니라 특별한 의미를 갖고 있는 신입니다. 그리고 고구려는 원조선을 계승했기 때문에 건국신화가 단군신화를 계승했고, 이런 것들이 여기에 논리, logic에 숨어있는 겁니다. 그래서 아는 사람들은 이 그림을 보면서 '오, 고구려는 조선을 계승했구나. 이건 단군신화의 변형이구나'라고 말할 수 있죠.

그 외에도 묘하고 의미가 깊은 상징물들이 많이 있습니다. 이 그림에서는 안 보입니다만 이 나무는 각저총(씨름무덤) 같은 몇몇 고분벽화에도 나옵니다. 나무들은 단군신화에서 환웅이 타고 내려오고, 여인으로 변신한 웅녀가 애기를 낳게 해달라고 비는 신단수가 됩니다. 사실 얼마 전까지 우리나라 산천 곳곳에 있었던 당나무인(당산나무) 것입니다. 그 외에도 재미있는 것들이 많이 있습니다.

이렇게 보니까 이 시기의 사람들이 우리랑 연결됐다는 걸 알 수 있죠? 그리고 상당히 많은 부분이 지금도 연결되고 있잖아요? '1984년'이라고 음각된 글자도 그렇지만, 현재 우리의 생각과 우리의 민속과 이런 것들이 벽화에 많이 나타나니까 얼마나 오랜 계승성과 연속성을 가지고 이뤄졌는가를 알 수가 있죠. 이것은 다른 집단과 다른 차이점이죠. 그런 의미에서 일찍부터 비록 근대적 의미의 정교한 민족은 아니겠지만 우리 나름대로 소박한 민족의식은 있었다고 보는 겁니다.

이처럼 우리는 단 하나의 작은 기호에서도 한 종족, 한 집단의 역사와 문화를 읽어낼 수 있습니다. 운명과 직결된 무서운 비밀이 숨겨져 있을 수도 있습니다. 그러다보니 때로는 이 기호를 지키기 위해 목숨을 걸기도 하는 일이 비일비재했습니다. 왜? 이것이 가진 상징성이 있기 때문입니다. 이제는 사물을 볼 때나 역사를 볼 때, 또는 민족문화나 민족의 구성요소를 이해할 때 단순하게 보지 말고 이러한 기호의 문제에도 비중을 두어야 합니다. 특히나 우리는 우리글이 없었기 때문에 더욱 그래야 합니다.

민족구성의 또 다른 요소가 있는데, 그 중에 하나는 문화가 되겠습니다. 문화는 대충 말씀드렸습니다만, 예를 들면 신화, 설화, 생활양식, 전통, 종교 이런 모든 것들을 포함해서 문화라고 얘기합니다. 심지어는 사람들이 일상적으로 살아가는 시장에 가는 것도 문화라고 보는 거죠. 최근에 들어서는 이 문화의 역할과 비중을 높이고 있는데 실질적으로 그렇습니다.

조금 전에 말씀드린 중요한 기본적인 네 개 요소 외에도 문화라든가 이런 것들도 한 민족이 형성되는 데 중요합니다. 우리는 서로 좋아하는 음식이 비슷합니다. 요즘은 좀 차이가 있는데, 예전 같으면 한국 사람이 좋아하는 공통의 음식이 있습니다. 한국 사람들이면 누구나 마음에 들어 하는 터가 있습니다. 양지바른 곳, 산등성이가 있고 넓게 바라볼 수 있고 앞에 흐르는 물을 바라볼 수 있는 이런 터를 좋아합니다. 왜? 우리 문화가 오랫동안 그렇게 형성되어 왔기 때문이죠.

그리고 한국 사람들이 유난히 좋아하는 숫자가 있습니다. '3'이라는 숫자, 이것도 당연하게 있는 거죠. 또 한국 사람들이 좋아하는 신화들이 있습니다. 단군신화를 비롯해서 유사한 신화들, 나무꾼과 선녀, 이런 것들이 전부 다 문화거든요. 이런 공동의 문화들이 전부 모여서 우리 모두가 그걸 보면서도 별 저항감 없이 또 이해가 잘 될 때 그렇게 되는 겁니다.

제가 특별한 말을 안 하고 이렇게 특별한 웃음을 짓는다고 할 때 그 웃음의 의미를 아는 사람은 알죠. 굳이 부처님이 손으로 든 연꽃 한 송이를 보면서 뜻을 이해한 가섭존자의 미소가 아니더라도 말입니다. 이게 바로 문화거든요. 그런데 우리가 또는 제가 웃음을 지었을 때 한국사람들은 다 폭소를, 포복절도하면서 다 웃는데도 일본사람들은 잘 몰라요. 중국 사람들은 오해를 하는 경우도 있어요. 도대체 제가 무슨 얘기를 했기 때문에 이러는가 하면서 말이죠. 이게 '코드'에 관한 문제인데, 문화예요.

그래서 민족이 구성되는 데는 문화가 중요하다는 것이고, 이 문화의 중요성은 오늘 이 시간에는 부족해서 간단하게 넘어갑니다만, 우리 민족이 생성되는 과정 속에서 문화가 얼마나 중요했는가 그리고 우리 민족문화의 특성이 무엇인가를 말씀드리도록 하겠습니다.

이제 마지막이 역사적인 정체성과 인식입니다. 모든 존재물들에게 가장 중요한 것은 바로 '정체성' 또는 '자의식'입니다. 이때 모든 존재물이라는 것은 사람? 아니에요. 동물? 아니에요. 식물? 아니에요. 돌덩어리, 흙, 공기부터 시작해서 인간에 이르는 모든 존재물들에게 다 마찬가지인데 그들에게 가장 중요한 것은 바로 자의식, 정체성이라는 거죠. 존재를 있게 한 기본 원리를 얘기해요. 그것만큼 중요한 게 어딨어요? 그런 기본원리에 대한 자각이 없거나 그런 기본원리를 오해한다면 그것은 하나의 공동체로서 정착할 수가 없는 거죠. 각각 다른 사람들이 만나서 어떻게 진정한 하나가 될 수 있겠습니까? 그렇죠?

나의 자의식과 여러분들의 자의식이 각각 다르다면 우린 만날 수가 없어요. 그런데 우리 스스로에 대한 자의식도 가지고 있고 우리가 만나서 모여진 이 집단에 대한 자의식도 있다는 겁니다. 그런 의미에서 자의식은 중요한데, 자의식이 생성되는 데 여러 가지 요소가 있겠습니다만, 타고난 생물학적인 면도 있지만 역사를 통해서 형성되는 것도 많이 있죠.

이를테면 거대한 자연재앙을 겪으면서, 아니면 경쟁국가의 관계에서 또는 전쟁을 통해서 집단 전체가 위기에 봉착했을 경우에, 아니면 집단의 구성원들, 나와 인연이 가까운 사람들이 아파서 픽픽 쓰러져서 죽어갈 때, 아니면 온갖 난관을 극복하고 전체가 휘몰아치는 환희에 차가지고 공동체 의식을 확인할 때, 이럴 때 비로소 하나의 민족이란 자각을 하게 되는 것이죠. 민족이란 단어는 없어요. 그러나 이런 '개념'은 있었던 겁니다. 그래서 마지막에 가게 되면 이렇게 역사적 경험이라든가 정체성이라든가 이걸 통해서 '아~ 우리는 말 그대로 하나의 공동체로구나!' 이걸 자각하게 되는 겁니다.

그래서 저는 민족을 얘기할 때 과거처럼 단순하게 100년 전 또는 반세기 전의 이론이나 용어 등을 갖고 규정하는 것이 아니라 좀 더 포괄적으로 봅니다. 예를 들면 생물학적 요인, 공간적 요인, 언어 대신에 매체라는 포괄적 요인, 그 다음에 경제, 그 다음에 여러 가지 역사적 경험과 인식, 특히 마지막에 정체성, 이런 모든 포괄적인 요소를 담으면서 이것이 어느 정도 기본 틀에 가까울 때를 민족이 생성됐다고 보는 겁니다.

'민족 생성' 또는 '민족성', 이런 걸 전제로 하면서 이번 강의를 마칩니다. 제3강과 4강에서는 1,2강에서 말씀드린 이론을 토대로 해서 '우리 민족은 과연 어떻게 생성되어 왔는가', 즉 우리 한민족의 근원과 형성 과정에 대하여 역사상을 통해 말씀드리겠습니다. 그리고 마지막에 가서는 주로 민족문화의 분석을 통해 우리 민족성, 즉 우리 정체성의 구체적인 내용을 하나하나 짚어드리도록 하겠습니다. 이상으로 제2강을 마치겠습니다. 고맙습니다.

사회자 : 한 일간지에서 실시한 '한국인의 정체성에 대한 설문조사'에서 '한민족'이라고 답한 것보다 '대한민국'이라 답한 수가 더 많았다고 합니다. 이것은 혈연보다는 국적에 더 많은 비중을 두고 있다는 의미라고 합니다. 자칫 분단의 아픔을 잊고 남한만의 민족주의가 되어 가는 것이 아닌가 하는 우려도 있습니다.

오늘 강의에서처럼 우리 민족의 문화, 역사, 종교에 대해 제대로 알고 민족의 정통성과 계승성을 늘 바탕에 둘 때 올바른 민족의 정체성을 확립할 수 있지 않나 생각해봅니다. STB상생방송 역사특강 다음 시간에도 윤명철 교수님을 모시고 다시 찾아뵙겠습니다. 감사합니다.

한민족의 근원과
형성과정

다시
보는
우리민족

3강

한민족의 근원과 형성과정

사회자 : 안녕하십니까? STB상생방송 역사특강입니다.

인류학자 마거릿 미드는 한국 사람이야말로 가장 오래 사는 최장수 민족이라고 했습니다. 바로 4대까지 모시는 한민족만의 '제사문화' 때문이라고 하는데요. 제사에는 여러 가지 상징적 의미가 있습니다. 그 중에서도 밤을 올리는 의미가 참 특별하다고 합니다. 대부분의 식물은 어느 정도 크면 씨앗이 사라져 버리지만 밤은 최초의 씨밤이 나무가 크게 자라도 그대로 형태를 유지한다고 하는데요. 이는 나의 뿌리인 조상, 근본을 잊지 말라는, 또 자손으로서는 근본을 잊지 않겠다는 다짐이 담겨 있다고 합니다. 〈다시 보는 우리 민족〉 3번째 시간을 함께 하시면서 지금 우리를 있게 한 근본, 뿌리에 대해 생각해보는 것은 어떨까요? 동국대 윤명철 교수님을 모시고 소중한 강의 청해 듣겠습니다.

교수님, 전체 강의의 중반 정도 왔습니다. 이제 남은 강의에서는 주로 어떤 내용을 말씀해 주실 건가요?

제1강, 제2강에 이어서 3강으로 들어가는데요. 〈다시 보는 우리 민족〉이란 큰 주제에서 볼 수 있듯이 우리 민족에 대해서 다시 볼 때가 된 것 같습니다. 예를 들면 민족, 민족주의의 효용성에 대한 이의를 제기한 흐름들이 있습니다. '단일민족론'에 의심을 품거나 부정하는 분위기는 당연해진 것 같습니다. 심지어는 '순혈 혼혈론'까지 등장하고 있습니다. 또 고구려, 백제, 신라는 하나의 민족이 아니었으며 언어가 달랐었다는 그릇된 주장까지 나오고 있습니다.

　현대에 들어와 지역화가 되고 세계화가 본격적으로 진행되고, 무엇보다도 사이버문화와 인터넷의 발달로 인하여 시대가 변했습니다. 그렇다면 지금 이 시대에 적합한 민족개념을 설정해서 우리 역사를 다시 해석할 필요가 있습니다. 그런 의미에서 제1강에서는 민족 또 민족주의가 문제가 되는 한국적, 세계사적인 상황에 대해 살펴봤습니다. 제2강에서는 민족이란 과연 어떤 요소들로 생성되었는가 하는 문제를 제기하면서 민족의 구성 요소들을 제 이론의 관점에서 살펴보았습니다. 그 동안에 이해하고 사용한 견해는 대체적으로 약 100년 전에서 50년 전까지 만들어진 견해들이었습니다.

　예를 들면 민족을 구성하는 요소는 보통 이렇게 정의해 왔습니다. 언어, 혈연, 지연, 경제, 시장, 역사인식이다! 이렇게 규정을 해 왔는데 이제는 세상이 많이 변했습니다. 무엇보다도 학문이 비교할 수 없을 정도로 다양하고 심도가 깊어졌습니다. 과학은 상식이 쫓아가기 힘들 정도로 급격하게 발달하고 있습니다. 미처 예측하지 못했던 새로운 사실들이 발견되고 있고 또 규명됩니다. 특히 자연의 미묘한 특성들과 차이점들이 발견되고 인간의 생물학적인 특성은 뇌과학에 이르기까지 아주 세세한 부분까지도 규명되는 상황입니다. 따라서 인간을 정의하고 인간성을 규명하는 일은 물론이고 소위 '민족'이라고 막연하게 추상적으로 유형화시켜왔던 실체 또는 집단에 대해서도 다양하고 적합한 이론들을 개발해야 합니다.

저는 좀 더 포괄적으로 여러 분야의 최신 연구성과들을 활용하였습니다. 예를 들면 생물학적 요인, 공간적 요인, 시간적 요인, code(기호), 경제생활, 공동체 인식 등 그 외에 가장 중요한 '정체성'을 토대로 민족 생성의 요소를 새로운 각도에서 검증해 봤습니다. 특히 두 번째 강의에서 주력한 이유 가운데 하나는 이렇게 보아야만 과거 우리 민족의 역사상과 우리 민족의 정체성을 확인할 수 있고, 그리고 빠른 속도로 접근하는 21세기 우리에게 걸맞는 '민족', '민족주의'를 찾는 데 도움되기 때문입니다.

이제 제3강에서는 그렇다면 '우리는 누구인가? 스스로 한민족이라 느끼고 남들이 그렇게 보았을 때 우리는 누구인가?'란 질문을 던지면서 한민족의 근원과 생성과정을 말씀드리겠습니다.

사회자 : 그럼, 제3강 교수님의 강의를 부탁드립니다.

지난 시간에 말씀드렸지만, 좀 더 분명하게 정의를 내리겠습니다. 민족이란 혈통이 같고 한 지역에 오랫동안 함께 거주하고, 사용하는 언어, 누리는 문화가 같아야 한다는 것이 기본 요소였는데, 조금씩 다르더라도 민족의 생성 요건을 구비했다고 봅니다. 또 한 가지, 비록 중심부에서 떨어졌지만, 예를 들어 '임마뉴엘 월레스타인(I.Wallestein)'이 주장한 '세계체제론(World system theory)'이라는 이론을 빌면 '반주변부', '주변부'를 지나 더 먼 곳(out sider)에 있더라도 중심부의 중핵세력과 관계를 긴밀하게 맺고 공동의 생활체계를 갖고 있다면 그것 또한 하나의 민족이 되는데 중요한 부분으로 작동할 수 있다. 즉 구심력이 강하면 공간의 멀고 가까움은 크게 문제되지 않는다. 이렇게 얘기할 수 있습니다.

또 한 가지는 특히 우리 민족에게 적용이 되는데, 미국, 유럽의 입장에서 신흥 국가들로 인식되는, 예를 들면 동아시아, 아프리카, 아메리카의 일부 국가들, 특히 우리는 4,000년 이상의 역사를 가지고 있기 때문에 역사적으로 굉장한 부피와 길이의 시간을 공유하고 있습니다. 따라서 불가피하게 시간의 배열과 정렬이 일목요연하지는 않습니다. 비록 시간의 흐름 속에서는 선후의 관계가 있고 긴 간격이 있다 할지라도, 어쩌면 중간에 간헐적으로 단절이 있을 수 있지만 이 또한 민족이라는 공동체가 구성될 수 있는 요건에 해당된다고 봅니다. 이러한 관점에서 볼 때 '민족'이라는 것은 비록 느슨하지만 하나의 공동체, 역사 유기체, 문명이란 큰 틀 속에서도 보다 '특별한 공동체' 란 의미로 볼 수가 있죠.

그런 관점에서 말씀을 드린다면 그동안의 서구인들, 특히 우리나라에서 '탈민족주의' '국사해체론' 을 주장하는 사람들처럼 민족의 '개념', '자격', '성격', '기능' 등을 좁거나 강고하게 볼 필요가 없다는 것이죠. 긴 역사를 지닌 자연을 좀 더 느슨하게 역사적 시간을 고려하면서 판단하는 관점을 갖도록 해야 합니다.

지금부터는 제가 설정한 '역사 유기체설' 에 대해서 말하려고 합니다. 사실 인간은 말할 것도 없고 역사에서 중요한 요소는 생물학적 요인이라고 생각합니다. 사실 생물학적인 요인을 강조할 경우에는 저 같은 역사학자는 입장이 어색해지고 세워 놓은 논리들이 혼란을 일으킵니다. 학문을 연구하는 데도 굉장히 불리합니다. '역사란 것은 이미 확정되거나 결정된 것이 아니라 가능한 한 생물학적인 요소들을 배제하고 사회관계 등 다양한 요인들이 서로 작동하고 인간이 주체가 되어 움직이는 것이다' 이것이 보편적이고 또 이렇게 규정해야 역사학의 필요성이 강조됩니다. 그런데 유감스럽게도 또는 다행스럽게도 자연과학, 생물학, 유전학, 동물행동학 등이 발전하면서 결국은 생물학적 요인이 과거보다 더 강조되고 있습니다.

그런데 저는 고민을 거듭하다가 하나의 논리를 찾아냈는데요. 물론 근본적으로는 생물학적 요인에 따라서 인간의 신체 구조, 보유한 능력, 심지어는 인체 내부의 기관까지 변화가 되는데, 앞의 강의에서 말하였듯이 이런 것들 또한 이미 결과로 나타난 인간의 위대한 역사 과정의 소산이 아닌가 생각을 한다는 것입니다.

얼핏 생각하면 이 순간, 즉 현재적인 관점에서 보면 이미 결정되고 현실로서 존재하는 생물학적 환경은 인간이 개입할 여지가 전혀 없다. 이렇게 수동적으로 평가가 되기 쉽습니다. 하지만 오히려 반대로 해석을 하면 진화야 말로 다른 생명체들과 마찬가지로 인간이 전력으로 노력을 기울인 결과이고 이것이 역사를 발전시킨 산 증거다. 이렇게 볼 수 있습니다. 더구나 인간의 진화는 다소 더디고 미미한 변화와 함께 때로는 폭발적이고 전면적인 변화도 이루어 냈습니다. 다른 존재물들과 상당히 다른 존재 양식을 갖게 된 겁니다. 이것은 인간의 의지, 능동적 의지의 소산으로 자연에 적응하거나 자연을 개조한 것입니다. 저는 결과적으로 생물학적 요인을 강조할 수밖에 없습니다.

또 한 가지 중요한 사실이 있습니다. 일반적으로 얘기하는 인간을 비롯한 생명체 외의 나머지 것들은 사실은 만들어진 것입니다. 만들어졌기 때문에 그것들과 또 다른 그것들과의 관계는 유기적인 연관관계를 맺고 있지 못하고 살아 있지도 못합니다. 주도적으로 생성작용을 못합니다. 그런데 생물학적 요인을 강조하면 주체 인간만 아니라 공간, 시간, 기타 모든 요인을 살아 있는 것으로 본다면 결국 하나의 유기체가 됩니다. 그러면 그것들의 총체인 역사도 하나의 유기체로서 살아나 유기체와 동일하게 생명을 획득할 수 있습니다. 그렇다면 당연히 생명체들의 합(合)인 것이 역사가 됩니다. 저는 이를 '생명사관'이라고 부릅니다.

그렇다면 역사를 구성하는 모든 요소들도 각각 따로 움직이고 작용하는 것이 아니라 일종의 '차단 격실구조' 속에 있는 것이 아니라 서로 서로가 맥락(context), 시스템 속에서 연결되고 통하는 그런 열린 체계(opened system)가 되어야 한다는 것입니다. 뇌세포에서 시냅스의 작동으로 연결망이 확장되는 뉴런처럼 그런 의미에서 저는 역사는 유기체라는 '역사 유기체설'을 주장하고 있고, 역사 유기체설을 가장 압축적으로 보여주는 사례가 '민족'이라고 봅니다.

저는 사실 이런 내용들은 과거 우리 할머니나 부모님 같은 조상들이 일상생활에서 말씀하신 내용과 상당히 흡사한데요. '모든 것은 하나이다', '모든 게 살아있다', '모든 일들은 서로가 이어져 있다', '인연은 소중한 것이다' 또 결국은 근대에 이르러 동학에서 '인내천人乃天' 사상으로 표방됐지만 '사람이 곧 하늘이다'란 것은 사람을 비롯한 주변의 모든 것들이 하나가 되어서 움직인다는 '만물일체萬物一體', '천지동근天地同根' 사상이고 또 '시유불성是有佛性'이라는 불교의 사상이기도 합니다. 모든 것은 살아있고 모든 것은 우리의 또 다른 모습이죠. 이러한 인식과 사상은 최근에 서양인들에 의해서 더 구체적으로 재해석돼서 나오고 있습니다. 그 중 하나가 제임스 러브록(James Lovelock)이 주창한 '가이아(Gaia) 이론'입니다. 이것은 지구 자체가 완벽하게 하나의 생명체라고 주장하는 것입니다. 지진, 화산, 태풍 같은 것들도 지구라는 생명체의 활동이라고 보는 매우 적극적인 이론입니다. 사실 이 주장은 서양의 지성계에 큰 파문을 일으켰었지요. 대부분 무시하거나 비난일색이었다고 해요. 그런데 이제는 자기와 유사한 이론들을 발표하기도 하는데 자기 이름은 싹 빼놓는다고 불만이 많더군요. 이제 서양에서도 이런 생각들이 자연스럽게 받아들여지는 추세인 것이지요.

제가 생각하기에, 이런 것들은 우리 조상들이 불과 100년 전, 50년 전까지도 늘 일상적으로 길거리나 동네 마당에서 가르쳐 왔던 것들입니다. 할아버지 할머니들은 너무나 당연한 듯이 생각하고 말해 왔던 내용들이지요. 그게 원래 우리의 사상이 아니라면 그저 평범하고 소박한 가치관이지요. '천인합일天人合一' 사상도 마찬가지고요. 다만 우리는 자연현상이나 아니면 지구 전체를 화학적으로, 물리적으로 그리고 생리적으로 인식하고 분석할 능력이 부족했던 것 뿐입니다.

잠시 제 경험을 말씀드리면서 만물일체사상을 살펴보지요. 동굴 깊숙이 들어가 탐험을 하면 절대암흑이란 것을 체험할 수 있어요. 어떤 암흑도 그보다 더할 수는 없습니다. 그런데 그 안에서 우리가 상상할 수도 없는, 미생물과는 다르지만 정말 작디 작은 생명체들을 만날 수 있습니다. 저는 아예 눈에 띄지 않는 미생물보다 작은 존재에 대한 실감이 더 납니다. 종유석이 방울 방울 녹아 떨어지는 소리들이 절대암흑을 흐트러뜨립니다. 몇 백 년 만에 만들어 낸 소리입니다. 먼 곳에서 흘러 들어오거나 균열된 석회암 덩어리 사이로 힘겹게 스며든 공기들이 불규칙한 공간들의 표면에 부딪히면서 '소리'라는 존재를 만들어 냅니다. 한 번은 며칠 동안 동굴 속에서 탐험을 하다가 탈굴할 때의 체험입니다. 세상으로 나가는데 햇볕이 살아서 꿈틀거리면서 제 얼굴의 수염을 훑어 내고 팔뚝으로 기어 다니다가 온몸을 감싸는 것이었습니다. 그때 생명을 만지는 체험을 했습니다.

사실 저는 여러 차례에 걸쳐서 망망대해를 뗏목으로 장기간 항해했습니다. 한 번은 누군가가 버린 애기 손바닥만한 색바랜 스폰지가 바다를 저 홀로 떠다니다가 뗏목 가장자리에 얹혀 찰랑거리는 모습을 발견했습니다. 놀랍게도 그 스폰지 겉에는 희미한 녹빛이 거품처럼 묻어 있었고 그 그늘 같은 초록색에는 깨알만한 달팽이 같은 조개류가 붙어 있었습니다. 그건 제게는 기적이었습니다. 망망대해에서는 모두가 생명체이지요. 유기체만은 아닌 심지어는 까망 물결로 삼켜지는 해말간 붉은 노을도, 물에 젖은 채 산맥처럼 몰려오는 물결들을 맞이하는 불안감에서도 존재감을 느꼈습니다. 그 밖에도 존재하는 모든 것, 현상을 비롯해서 다 살아 있다는 인식을 할 때가 여러 번 있었습니다. 저는 이러한 체험을 현대에 특별한 상황에서 체험했다고 하지만 고대인들은, 유별나게 우리 조상들은 일상의 삶속에서 체험하고 통찰했다고 확신합니다. 그게 우리 문화의 장점이기도 하고요. 한의학도 마찬가지거든요. 북한에서 활동하다가 숙청당했고 결국은 비참하게 죽은 세계적인 의학자인 김봉한이라고 있습니다. 그는 한의학 사상에 현대의학의 방법론을 일부 수용하면서 보이지 않았던 경락의 존재를 밝혀내고, 또 낳게 한 산알('살아있는 알'이라는 뜻)의 존재를 찾아내고 생명체 탄생의 비밀을 밝혔습니다. 앞으로 연구하면서 발전 시켜야합니다만….

그리고 우리에게는 자연을 살펴보고 해석하는 독특한 '풍수사상'이 있는데, 저는 비전공자이지만 아무래도 보통 학자들보다는 지리와 자연환경 등을 현장답사하거나 경험한 적이 많겠지요. 단연코 말씀드리는데 '풍수이론'이나 '풍수사상'은 알려진 것처럼 중국문명의 소산이라고 보지 않습니다. 우리가 알고 있는 전형적인 풍수 이론이 발전할 수밖에 없는 배경은 한반도와 남만주 일대의 독특한 자연환경 속에서만 가능하다는 것입니다. 가장 간단하고 명료한 것은 어디나 산과 강, 들판이 어우러져 있고 배산임수의 지형이 흔하고, 뿐만 아니라 '좌청룡', '우백호', '북현무', '남주작'으로 유형화시킬 수 있는 산천은 바로 우리가 살아온 터전입니다.

그런데 이 풍수사상에는 바람과 물뿐만 아니라 이 우주, 지구의 모든 것들이 하나로 움직여지고 그에 따라서 물질, 사건 등의 결과가 나온다는 사상이 담겨 있거든요. 이것 또한 '역사 유기체설'과 흡사하다고 보입니다. 저는 '터(field and multi core) 이론'을 주장해 왔는데요. 이런 것들이 최근에 서구인들이 주장하는 '생태적 환경론', '가이아 이론' 등과 맥을 같이한다고 봅니다. 또 한 번 반복하지만 글자, 즉 한자라는 기호를 차용했기 때문에 우리의 모든 것들이 마치 중국 문화의 산물인 것처럼 오해하는 일이 비일비재합니다.

아울러 제2강에서 말씀드린 '3의 논리'도 있습니다. 이런 합일의 사상, 역사 유기체설을 굳이 숫자로 표현하면 '3'이란 숫자가 됩니다. 고구려를 비롯한 우리 민족은 '3'이라는 의미와 숫자를 신성하게 여깁니다. 저는 1982년에 쓴 단군신화를 주제로 삼은 논문에서 단군신화는 3이란 숫자와 기호들이 많이 등장하고 문장 구조도 3체계로 구성됐다고 했습니다. 그리고 의미와 논리는 당연히 '3의 논리'로 채워져 있다고 했지요. 그 후에 비교분석했지만 고구려 건국신화 또한 마찬가지입니다. 누구나 다 알다시피 '3'은 천지인天地人을 의미합니다. 즉 1은 하늘, 2는 땅, 3은 인간입니다. 따라서 3은 변증법적 논리와 함께 조화의 논리를 압축적으로 표현합니다. 하지만 이 세상의 모든 존재물과 현상에서는 '물아일체物我一體', '천지동근天地同根' 등 대상체와의 조화調和와 합일을 상징합니다. 여기서 나올 수밖에 없는 이론과 용어들이 '배합비율', '중간단계',

'예비상황' 등이지요. 이 논리와 사상이 민족의 구성요소를 배합하고 문화의 체계 논리를 구축하는 데도 기본이 됐다고 봅니다.

중간 결론을 간단하게 정리하면, '우리 민족' 그랬을 때 우리 민족을 구성하는 요소, 한민족을 구성하는 과정, 우리 민족에 이어진 사상의 요체는 숫자로 표현할 경우 '3' 이라고 봅니다.

여러분은 징그럽기도 하고 치밀하기도 하고 어찌보면 아름답기까지 한 인체도를 보고 있습니다. 사이언스 북스에서 출판한 3차원 입체영상으로 된 인체도입니다. 이 그림들을 통해서 우리 인체를 살펴보면 인체란 것은 겉으로는 보이지 않지만 이렇게 유기적으로 복잡하게 연결되어 있구나 생각을 안 할 수가 없습니다. 여러분들께 보여드린 도형은 일부지만 뼈대, 근육 구조, 피부, 혈관, 신경, 비뇨 등등 11가지의 시스템이 모여서 완결된 하나의 생명체인 인간을 완성하거든요. 그러니까 인체의 모든 부분들이 존재이유가 있고, 없거나 고장이 생기면 인체 전체에 문제가 발생할 수밖에 없지요. 그리고 모든 개체와 부분들은 연결되고 협동함으로써 진면목을 드러내는 것이지요. 하이젠베르크 등이 물리학에서 전개하는 '부분과 전체' 이론의 대표적인 사례이기도 합니다. 인간은 전형적이고 완전에 가까운 유기체입니다.

과거에는 '유기체' 를 거론하면 본능적으로 기피하고 일단은 부정적인 시선으로 바라보고 평가하는 경향이 있었습니다. 찰스 다윈이 정립한 생물학적 진화론에서 나온 '적자생존의 논리', '자연도태설' 등을 활용해서 만든 '사회적 유기체설' 그리고 그것을 악용한 서양의 내셔널리즘, 제국주의, 히틀러의 제3제국을 낳게 한 인종주의 등…. 하지만 제가 주장하는 '역사 유기체설' 은 이것들과는 기본적으로 맥을 달리하는 것이죠. 사실은 서양에서도 20세기 중반부터는 세계상을 유기체적 관점에서 보고 있어요. 생리학, 현대 물리학, 천체물리학, 생물학, 뇌 과학 등등 모든 면에서 말입니다. 저는 특히 『인간, 그 미지의 존재』를 쓴 생리학자인 알렉시스 카렐을 높이 평가합니다.

그러므로 이제는 역사를 바라볼 때도, 특히 우리 역사를 바라볼 때에는 포괄적인 방식으로 좀 더 유연한 태도로 새로 알려진 지식들을 활용해서 유기체적 관점을 고려해서 봐야 합니다. 그렇다면 만약 이러한 논리라면 역사 유기체의 핵심이고 정점인 민족은 과거 서구인들이 주장했던 그런 제국주의적 관점에서 바라본 민족과는 다른 것입니다. 민족은 내부에서도 구성원들뿐만 아니라 모든 요소들이 상호 간에 소통될 뿐만 아니라 주변의 모든 존재들, 모든 민족들과 더불어 소통하면서 긴밀한 관계를 맺고 공존하고 상생하는 그런 민족이 되는 것이죠. 서구인들이 생각하는 힘(power, force), 금력(money power, economic power 아니면 financial power), 그리고 문화력(culture power) 이런 것들에 의지한 것과 상당한 부분이 다릅니다. 제가 생각하는 '민족'이라는 역사 유기체는 자기 외의 모든 존재물들을 존립과 발전에 필수적인 존재로서 의식하고 가치를 부여한다는 것입니다. 이것이 어떻게 제국주의, 배타주의, 공격적인 민족주의가 되겠습니까?

두 번째는 공동의 이익에 문제가 생겼을 때, 공동의 피해가 발생하였을 때에는 공동의 문제의식을 갖고 공동의 대응방법을 강구한다. 즉 철저한 공동체 의식이죠. 물론 다른 집단과 공존하고 상생하는 것이 바람직하지만, 외부의 비아非我에게 공격을 받거나 상처 입고 나아가 존재 자체가 사라질 위기에는 내부에서 공동의 문제의식과 대응 태도를 가지는 것이 바람직한 태도이고 이것이야말로 진정한 의미의 상생이라고 봅니다. 그런 의미에서 착하거나 순진한 또는 교활한 이상주의자들과는 관점이 다른 거죠.

다시 한 번 말씀드리는데 인간이 보유하는 모든 경험들은 생물학적 유전자로 전달되어 온 것이고 계속해서 미래로 전달될 것입니다. 제가 갖고 있는 신체구조, 그 구조 속에서 가질 수밖에 없는 성격(personality), 능력 이것들은 제가 탄생하기 이전에 부모님, 할아버지, 할머니 등등 먼 먼 과거로 거슬러 올라가서 조상들이 오랜 기간에 걸쳐서 직접 경험했던 것들이, 특히 남을 만 하거나 남길 의도가 있었던 것들이 기억, 삶의 문신으로 남았다가 후손인 우리에게 전승이 된 거거든요. 그런 의미에서도 우린 민족의 생성과 민족성 부분에서 생물학적 요인을 중요시할 수밖에 없습니다. 이러한 사실을 일찍부터 깨달은 사람들이 우리 조상들이고, 우리 민족이죠. 그 때문인지 지구상의 여러 문화권 가운데 우리 만큼 조상을 공경하고 심지어는 신으로 섬기는 집단은 없습니다.

일부 사람들이 오해를 하고 있습니다. 우리는 자타가 인정하듯이 '제사문화'가 매우 발달했는데 이를 마치 중국문화, 유교문화의 영향을 받은 것이라고 자신있게 주장합니다. 그렇지 않습니다. 제사문화는 유교를 받아들이기 이전에도 있었습니다. 고구려에는 3년상 등 조상을 모시는 풍습이 있었고, 그래서 중국의 사서에서 그런 사실들을 기록하였던 것입니다. 비단 고구려뿐만이 아니라 고인돌 등에서 보이듯 그 전인 원조선시대 때도 마찬가지였습니다. 사실 알타이 문명권에서는 하늘숭배와 함께 조상숭배신앙이 강했습니다.

우린 특별한 가치관을 가지고 있었는데, 조상을 신으로 모시고 생물학적 유전을 중요하게 여기고 당연히 계승성을 중요시 여겼습니다. 부모로부터 자식으로 내려오는 계승성, 역사의 계승성, 최초의 원핵 국가인 조선으로부터 현대까지 내려오는 국가적 계승성, 이것은 말할 것도 없습니다. 당연히 중요한 것이죠. 서구인들과 다르고 심지어는 바로 옆에 있었던 중국문화, 일본문화와도 다른 우리만의 문화적인 특징입니다. 이러한 계승성이 민족의 생성과 발전에 얼마나 긍정적인 요소로 작용할지는 시대에 따라 다르겠지만 기본적으로는 매우 긍정적이라고 판단됩니다.

인류가 문화를 창조한 이래 아득하게 먼 과거부터 현대에 이르기까지 그리고 앞으로도 지향하는 것이 무엇이겠습니까? 결국은 모든 존재의 공존, 화합, 상생이고, 이를 시대와 지역, 상황에 걸맞게 다른 단어로 표현하면 '완벽한 공동체'가 아니겠어요? 그런 의미에서 볼 때 우리가 가진 사상들이 미래에도 매우 가치가 있다고 봅니다.

다만 혹시 이런 부분이 문제가 될 수 있습니다. 민족주의는 다양하고 풍부한 내용을 담아야만 하는데 그렇지 않고 서구인의 관점으로만 보고 기계적으로 적용하면 문제가 생기게 됩니다. 예를 들어 완전무결하게 보이는 소규모 씨족 공동체 내부에서도 계급 모순은 발생할 수 있습니다. 큰 집, 작은 집, 씨족장과 일반씨족, 남녀 등…. 물론 계급 모순은 지금 한국 사회에도 있고, 오히려 심각할 정도입니다.

전 근대 시대에도 신분이란 이름을 빌어 계급 모순이 있었습니다. 서구사회에서는 자본주의가 처음 발생할 무렵에는 굉장히 극심했죠. 극심했기 때문에 자본주의가 발생했고, 거기에 대한 반동으로 사회주의가 발생하고, 끝내는 공산혁명이 일어난 것이거든요. 동물세계는 철저하게 서열이 매겨져 있습니다. 그것은 인간과 가장 가까운 원숭이 무리에서 분명하게 확인할 수 있습니다. 이렇듯 어느 사회나 차별은 있고, 계급 모순은 있습니다만, 이것을 가능한 한 최소화 시키는 일이 중요합니다. 특히 우리 같은 혈연적 가족적인 민족 속에서는 계급 모순을 최소화시키려는 노력을 기울여 왔습니다.

서구사회가 발달한 과정, 특히 18세기 이후의 상황과 자본주의가 발달한 과정을 우리 역사에 적용시켜서 이해하고, 또는 마르크스 등의 영향을 받은 사회주의자들이 우리 역사는 계급 모순이 매우 심각했고, 가족이나 씨족 내부에도 계급 간에 갈등이 있었다, 그러니까 우리가 이해하는 민족국가는 성립되지 않았다고 주장했습니다. 이것은 우리의 긴 역사의 구체적인 실상을 이해하지 못한 것이죠.

우리는 조상을 신으로 모십니다. 이것을 뒤집어 생각하면 조상은 자식을 위해서 존재한다는 뜻입니다. 이것은 다른 지역에서는 쉽게 찾아볼 수 없는 것이죠. 우리는 현대에 이르기까지도 철저한, 유례가 보기 힘든 일종의 '혈족 공동체' 사회였습니다. 철저한 공동체 사회인데 왜 계급 모순이 심각했겠습니까?

그리고 제4강에서 말씀드리겠지만 고구려 같은 나라가 만약 내부의 공동체 의식이 분열되어 있고 계급 모순이 심각했다면 어떻게 700년 이상 동안 주변의 모든 종족들과, 즉 동서남북으로 포위된 상태에서 경쟁과 때로는 대규모의 군사적인 충돌을 벌이면서도 승리를 할 수가 있었겠습니까?

거기에는 다른 여러 가지 현실적인 요인도 있습니다. 강력한 군사력, 풍부한 자원, 발달한 산업, 개인들의 능력과 자의식, 자유의지 등 이런 것들이 갖추어져서였겠지만, 기본은 역시 내부가 단결되었고, 공동체 의식이 확고했기 때문입니다. 그것은 다른 말로 표현하면 계급 모순이 그만큼 약하거나, 없다고 하면 무리가 있겠지만 최소한 약했다는 상황을 반증하는 것입니다. 적어도 중국지역이나 일본열도 지역에 비해서는 말입니다.

이제 우리 역사와 예술 문화를 달리 생각해야 합니다. 저는 고구려라는 존재를 해석할 때, 예를 들면 고구려의 제도, 심지어는 예술을 해석할 때도 막연하게 추상적으로 글자만을 해석하는 것이 아닙니다. 현상이나 결과에 숨어 있는, 또는 숨겨져 있는 논리를 찾아내고 재구성합니다. 이것이 역사학에서 요구되는 '해석'의 기본 태도라고 생각합니다. 그 결과를 현대어로 풀어내면 우리는 얼마든지 기가 막힌 긍정적인 논리를 찾아낼 수가 있죠.

또 한 가지는 대외관계의 모순인데, 대외관계에서 발생하는 모순을 민족이론에서는 보통 '민족 모순'이라고 얘기를 해요. 공산주의자들은 계급모순의 상대로서 민족 모순이라고 얘기하는데, 저는 다른 견해를 갖고 있었습니다. 우리에게 '민족'은 역사활동의 기본 단위이기 때문에 민족에서 발생하는 모든 모순들을 전체로 놓고 바깥과의 관계, 즉 다른 국가나 종족, 민족들과의 관계에서 생기는 모순은 대외관계 모순으로, 그리고 공동체 내부에서 발생한 모순들은 계급 모순으로 나눕니다. 실제적으로 이런 것들은 하나에 포함되어야 한다는 명제를 가지고 있고. 당연히 계급은 단순하게 대외적인 명분이나 선善이 아니라, 역사와 전통, 문화 등 실제적인 내용을 담고 있어야 합니다.

지금 공산주의자들이 주장하는 논리와 실천이 가진 몇 가지 한계가 있습니다. 그 가운데 하나는 계급 모순을 철저하게 타파한다고 얘기했고 민족 모순을 타파한다고 그랬습니다. 이 계급 문제는 잘 아시겠지만, 공산체제에서는 우리가 알고 있는 서열이 고정된 신분 간의 갈등, 노동자 계급에서의 갈등은 없을지언정 실제적으로 권력과 경제력을 독점한 당의 관료 또는 당과 군대, 경찰을 중심으로 한 신흥 지배계급과 나머지로 나뉘어져 계급 모순은 매우 심각합니다. 이것이 전형적인 북한의 문제인데요. 실제적으로 소비에트가 붕괴되는 과정에서 그리고 그 이후에 발생한 몇몇 사태들에서 보듯이 민족들 간에는 갈등이 심각했습니다. 중국에서도 민족 문제가 사실은 심각하게 표출되고 있습니다.

따져 보면 사실 민족주의는 대외관계 모순인 외부의 침략에 저항하면서 내부 모순을 동시에 해결하는 공동체 사회가 민족주의의 바람직한 모습입니다. 민족국가의 구성원인 민족 전체의 이익을 보장하고 억압이 없는 사회 말입니다. 저는 그런 대안 모델을 우리 역사와 문화 속에서 찾을 수 있고 또 찾아야 한다고 생각합니다.

이렇게 어떤 관점과 방식으로 한민족을 봐야 하는가를 말씀을 드렸는데요. 이런 이론들을 실제적으로 우리 역사상에 적용시킨다면 어떻게 될까요?

일단은 구체적으로 우리 역사상에 적용을 해야죠. 꾸준하게 해석을 하고 검증을 하고 걸맞는 효율성 높은 대안을 제시해야 합니다. 그렇다면 우리 민족주의, 우리 민족국가의 생성, 우리 민족의 생성이 어떻게 이루어졌는가, 그 실상을 파악하고 문제점을 찾으면서 해결과 대안 모델을 알 수가 있습니다.

통일의 문제는, 우리는 역사적으로 통일을 늘 지향해 왔습니다. 얼핏 보면 우리 국민은 통일을 당연한 듯이 여기지만 꼭 그렇지는 않습니다. 분열된 상태에서도 통일을 집요하게 추구하는 집단과 통일 지향성을 고수하지 않거나 분열한 상태를 인정하고 체념하면서 만족하는 집단이 있습니다. 각각 선택에 따라서 운명이 달라지는 겁니다. 지금 21세기에 한민족이 통일을 지향할 것인가, 아니면 분단체제에 그대로 안주할 것인가? 이것도 중요한 민족문제입니다.

우리는 역사상을 또 다른 관점에서, 즉 유기체의 관점에서 파악할 필요가 있습니다. 최초의 시원국가인 원조선이 멸망한 다음에 그 역사의 유해에서 새롭게 부활한 소국들이 병립하면서 통일을 이룩하는 열국시대가 삼국시대를 거치면서 점차 통합, 통일되어 왔다는 사실을 확인할 수 있습니다. 그러한 과정과 경험 속에서 우리는 내부적으로 항상 동일한 공동체이고 동일한 조상에서 나왔고, 그러다보니 모두가 하나의 가족이란 생각으로 가득찼습니다. 그리고 외국이나 다른 종족들과 관계를 맺을 때, 이익이 침탈 당할 때는 강력하게 화합할 것을 주장하는 것이죠. 어떤 역사학자가 말씀 하셨어요. '우리 민족은 평화를 사랑하는 민족이다. 그래서 우리 역사상에서는 약 1,000여 건의 침략이 있었지만 한 번도 남을 침략해본 적이 없다' 제가 4강에서 말씀드리겠지만 우리 민족을 긍정적으로 평가하려는 그 분의 충정은 이해하지만 그것은 사실과 다른 잘못 된 주장입니다.

그래도 중요한 것은 우리는 늘 평화를 지향했고 남과는 공존과 상생을 추구했다는 사실입니다. 동시에 남에게 공격이나 상처를 받을 때는 분연히 일어나서 저항했고 대부분은 승리했습니다. 고구려는 멸망했지만 승리한 역사를 지닌 나라거든요. 저는, 이러한 역사관을 갖고 역사상에서 승리와 성공은 물론이고 패배와 분열은 결국은 종족의 생존 즉 생물학적으로 문제가 되고, 그것은 자동적으로 역사적인 문제로 비화되니까 가능하면 다른 집단과 경쟁을 벌일 때 우리가 먼저 남을 공격하거나 침략해서는 안 되지만 남에게서 불필요하게 공격당하거나, 설사 이유가 있다 해도 피해를 입을 필요도 없고 해서도 안 된다고 생각합니다.

제가 앞 강의에서 비슷한 내용을 말씀드렸죠. 어떤 집단이 다른 집단과 벌인 전쟁에서 패배했습니다. 그러면 현실적인 패배감이 심각한 경우에는 그 후유증들이 단순하게 그 시대에서 끝맺음을 하는 것이 아니라고요. 그 기억과 상처가 깊게 각인되면 생물학적 유전자는 물론이고 역사적 유전자까지 불완전한 상태로 계승된다고 말입니다.

만약 제가 오늘 이 순간에 예기치 않은 상황에 처해서 커다란 상처를 입습니다. 그 상처가 상상할 수 없을 정도로 심하고 완치가 힘들 정도로 깊다면 소위 '트라우마'가 형성되죠? 그러면 당연히 이것은 늘 나와 접촉하는 가족들에게 전달이 되고 그것은 그 다음 다음 대에까지 전승이 된다는 겁니다. 물론 나중에는 점점 희석되겠지만, 이러한 현상은 생물학적 문제이기도 합니다.

이러한 기억들은 사회적으로 만들어진 관념의 기억으로 끝나지 않습니다. 생물학적으로도 대를 이어 기억된다는 것이 심리학 연구를 통해서 입증이 되고 있습니다. 융(K. Jung)도 그렇게 말했고, 집단심리학에서도 그러한 관점으로 보고 있습니다. 생물의 종種이 발달하는 단계에서도 이를 알 수 있습니다.

인간은 본능적으로 파충류를 두려워하고 혐오합니다. 혹시 〈아마겟돈〉이라는 영화 보셨나요? 〈딥 임펙트〉, 운석이 떨어지면서 백악기 이래 1억 6천만 년 이상 계속되던 공룡의 시대가 끝났습니다. 그런데도 인류는 공룡을 기억합니다. 그 후 파충류시대가 도래했고 그 훨씬 이후에 등장한 인간은 그들의 먹이였습니다. 그때의 피해의식과 처참했던 기억들, 일종의 공황장애 상태가 유전자에 각인되었고 획득형질로 전승되었기 때문에 인간은 본능적으로 파충류를 싫어할 수밖에 없습니다. 그러한 예는 온갖 신화에도, 실제로 역사시대에도 무수히 나타납니다.

그러니까 비록 우리는 평화를 사랑하고 공존을 추구해야 하지만 가능하면 패배당해서도, 막심한 피해를 입어서도 안 됩니다. 더더군다나 어쩌면 가장 처절한 패배일 수 있는 내부분열은 있어서는 안 됩니다. 우리 역사를 회고해 보면서 민족이 분열했을 때 얼마나 비참한 결과를 초래했는가를 제4강에서 자세하게 말씀드리겠습니다.

이제부터 몇 가지 전제를 하겠는데요. 여러분들은 제가 하는 말을 통해서 '아, 우리 민족의 활동 범위가 생각보다 더 훨씬 확장되어 있구나' 그리고 '우리 한민족을 이룬 구성원들은 어떤 지역과 관련이 있고 어떤 과정을 거쳐서 도달했고 어떻게 여러 문화들과 습합했구나' 이런 사실들을 알 수 있습니다. 또 '아, 지금 우리가 알고 있는 좁은 의미의 한민족 외에도 더 많은 종족, 부족들이 있구나' 이런 것들도 구체적이고 과학적으로 알 수가 있을 겁니다.

우선 우리 역사 속에서 활동한 '공간'의 의미와 역할은 물론이고 범위를 새롭게 설정할 필요가 있는데요. 지난 두 번째 강의에서 공간이 무엇인가를 간략하지만 여러 가지 관점에서 문제를 거론했습니다. 예를 들면 공간은 단순하게 땅이나 토지에 국한된 문제가 아니다. 또 면面(land, field)만의 문제가 아니고 면面과 선線들(line, lane)과 무수히 많은 점點들(point, dot, domain)이 합쳐서 어우러진 입체적인 상태였다. 그리고 이런 물리적인 공간 외에도 정신적인 것, 예를 들면 사회적 공간, 심리적 공간, 천체 공간, 인체 공간, 세포 공간 등도 다 포함이 된다는 것입니다. 이러한 모든 공간들이 결국은 인간의 역사 그리고 우리 민족의 역사에 직접 또는 간접으로 작용하는 것입니다. 하지만 오늘은 일단 우리 역사와 직접 연관되는 자연 공간의 의미, 공간의 설정과 확장으로 야기될 수 있는 결과와 파급력을 이해하려고 합니다.

이제 우리 역사를 바라볼 때는 한반도적 관점 즉 반도사관을 벗어나야 합니다. 첫 강의 시간에 말씀을 드렸습니다. '한반도'란 용어는 일본이 만들어준 '조선반도'라는 조어라고, 일본인들이 우리 역사와 현실, 미래를 반도에 가둬놓기 위해서 설정한 개념이라고, 일종의 굴레, 족쇄라고 말입니다. 여기서 파생된 이론이 '반도적 숙명론', '사대주의', '타율성론', '정체성론', '식민주의', '반도적 근성론' 등등입니다.

그렇죠? 그러니까 이제는 반도적 인식과 체계를 과감하게 탈피하고 우리 역사를 조금 더 크게 '범汎아시아적 관점'으로 볼 필요가 있습니다. 우리 역사의 생성은 아시아 전체하고 연관되어 있어요. 우리 민족의 원핵이 생성된 이후에는 이렇게 7+∝의 길을 통해서 이런 식으로 해서 모인 것이고, 또 진출하고 개척하는 일은 이런 방향을 이용해서 나갔기 때문에 우리 역사의 활동 범위는 이 정도의 공간으로 파악해야겠다고 생각합니다. 굉장히 범위가 넓죠. 다음 시간에 더 확실히 말씀드리도록 하겠습니다.

한민족이 외부로 진출한 길과 외부의 문화가 진입한 길에 대해서는 제4강에서 제가 만든 도표와 더불어 더욱 상세하게 말씀을 드릴 것입니다.

우리 문화를 이해하고 문화권을 설정할 때에는 아시아 전체랑 연관시켜야만 합니다. 그 중에서도 특히 동아시아입니다. '동아시아'란 말도 일상적으로 누구나 사용하고 있지만 사실은 그 범위나 성격 등이 엄밀하게 규정되어 있진 않습니다.

역사학자들은 동아시아란 말을 사용하고 있는데, 이것은 주로 역사적인 관점입니다. 현재 한국, 중국, 일본이라는 국가가 있는 지역을 이야기합니다. 경제학자들은 주로 '동북아시아'란 말을 사용하고 있고 최근 들어서 아주 많이 사용하고 있습니다. 우리가 알고 있는 전형적인 동아시아에 연해주 일대를 포함시키고 사할린이나 남동 시베리아의 일부도 포함시키고 있습니다. 또 최근에는 동남아시아의 일부 지역까지도 포함시키고 있습니다. 일본은 1941년도에 소위 대동아전쟁 즉 태평양전쟁을 일으켰습니다. '대동아大東亞'는 영어로 바꾸어 말하면 'Great east Asia'가 되지요. 그런데 그들이 생각한 대동아의 범주는 동북아시아, 동남아시아,

심지어는 남태평양의 일부까지입니다.

그래서 아직은 확정된 바가 없고 논쟁거리로 남아 있습니다. 그런데 일반적으로는 동아시아 하면 우리가 있는 한반도와 중국의 내륙 일부를 제외한 지역, 일본열도 지역, 만주 지역이 핵심이 되겠습니다. 그 외에도 주변의 여러 지역들이 있습니다. 그런데 결국 공간들은 제가 주창하는 '동아지중해東亞地中海'란 권(field) 속에서 우리 민족이 생성되는 데 직접 또는 간접으로 작동을 했습니다.

또 한 가지가 있습니다. 우리 민족은 주변의 여러 지역으로 진출해서

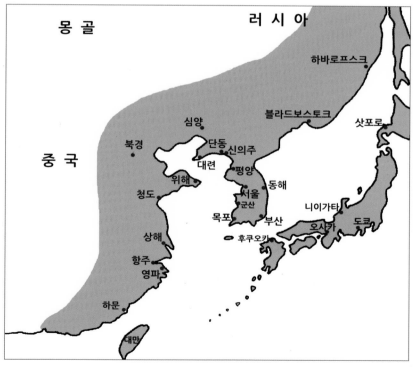

동아지중해 범위도

신천지를 개척하고 정착도 했습니다. 이를 테면 'settlement' 즉 이민 개념이 되겠죠? 이 지도를 살펴봐 주십시오. 여러분들이 우리 역사나 지리에 대해 갖고 있는 통념을 이 순간부터는 불식하기를 바랍니다. 우리 민족이 출발하거나 활동한 지역은 절대로 한반도가 아닙니다. 우리는 동아시아 전체 세계와 연관되어 있고, 특히 주목할 것은 해양이죠. 바다를 주목해야 합니다. 이 지도처럼 동아시아에서 해양의 위상과 역할을 부각시키면 우리 민족의 활동 무대가 적극적으로 도드라질 수가 있습니다.

이 지도를 통해서 분명하게 깨달을 수 있는 중요한 요소들이 있습니다. 동아시아를 지중해로 보는 관점입니다. 지중해(mediterranean sea)는 사전적인 의미로 '땅 가운데 있는 바다'가 됩니다. 예를 들어 우리가 알고 있는 전형적인 유럽·아프리카·아시아 사이에 있는 지중해가 있고, 흑해(The Black sea)도 있습니다. 우리가 있는 공간은 전형적인 대륙간 지중해(multi-continental mediterranean sea)는 아니고, 다국간 지중해(multi-national mediterranean sea)에 해당합니다.

그런데 우리는 이 동아지중해의 한 가운데에 있습니다. 흔히 알려진 지중해의 동쪽에 있는 그리스 반도나 한 가운데 있는 이탈리아 반도, 서쪽에 있는 이베리아 반도와 마찬가지의 위치입니다. 우리는 모든 항로와 육로가 만나는 해륙교통망의 요충지입니다. 한 가운데 즉 코어(core), 또는 물류망의 허브(hub) 또는 문화의 인터체인지(IC) 역할을 할 수가 있습니다. 이 세계의 중핵이 될 수 있는 유리한 환경입니다. 실제로 그러한 역할을 담당했던 때가 여러 번 있었습니다. 하지만 역할을 제대로 못하면 대륙세력과 해양세력에 의해서 오히려 2중 3중으로 포위될 수 있습니다. 굉장히 중요합니다.

그런데 정작 우리는 해양 활동이 얼마나 활발했는가를 잘 모릅니다.

여러분들도 학교에서 배운 바가 없죠? 그렇기 때문에 당연히 우리는 거대한 대륙의 한 귀퉁이에 붙은 반도 즉 중심 아닌 주변부적인 존재이고, 그나마 바다를 무대로 활동한 것이 아니라 바다에 포위된 채 갇혀진 존재로만 안 것입니다. 당연히 우리는 역동성도 상실했고 진취적이지 못했기 때문에 주변과 관계도 별로 없었고, 실제적으로 전쟁, 무역, 문화, 심지어는 내부 권력투쟁에 이르기까지 대부분의 중요한 역사적 사건들이 국제 관계에서 일어난 것임에도 불구하고 근거도 없이 한반도 내부에서의 문제로만 봤던 것입니다. 우리를 자꾸 자꾸 좁아 버리게 만든 겁니다. 이러한 못된 인식을 완전하게 불식시키고 잘못된 통념을 깨야만 우리 역사를, 우리 존재를 제대로 볼 수가 있는 것이죠. 그리고 현재 우리가 당면한 처지도 정확하게 파악하고 미래를 지향하는 방법론을 모색하는 일도 제대로 할 수 있습니다.

이번 강좌에서는 시간이 부족해서 간단히 말씀드렸지만 이제는 역사공간을 재설정한 후에 우리 민족의 활동과 연관된 범위도 확장시켜야겠습니다. 이런 사실들과 이론들, 즉 해양활동의 실상과 '한민족 역할론' 등을 일반인들은 더더욱 말할 것도 없고 역사 연구자들, 특히 서양사 연구자들, 정치학자들은 잘 모르고 있습니다. 이러한 기본적인 사실(fact)조차 모른 상태에서 '한민족'에 관해서 긍정적인 또는 부정적인 평가를 한다거나 심지어는 '성격규정'까지 한다는 것은 잘못된 것이죠. 저는 가능한 한 역사적 사실을 전제로 해서 자기주장과 이야기를 진행시키기를 바라고 있습니다.

동아시아를 바라보는 또 하나의 관점과 이론을 소개하겠습니다. 제가 이런 도표를 만들었습니다. 인류의 역사를 살펴보면 하나의 우수한 민족이 주도하거나 또는 다수의 민족들이 모이거나 포괄되면서 하나의 큰 문명권을 이루게 됩니다. 그래서 민족을 이해할 때는 문명에 대한 여러 가지 내용들도 중요합니다.

우리는 문명하면 통념을 갖고 대하기 마련입니다. 인류의 4대 문명을 떠올리고 동아시아의 문명을 이야기할 때 또는 '동아시아 문명' 하면 누구든지 떠올리는 것이 중화문명입니다. 그리고 마치 아시아의 동쪽 공간에는 중국문명과 그 아류들만 있는 것으로 착각하죠. 그리고 더 나아가서는 황화문명만 얘기하고 있습니다.

사실 '문명(civilization)' 이란 단어는 1752년에 프랑스의 경제학자 안-로베르-자크 튀르고가 처음 사용하였지만 정말 다양한 정의들이 있습니다. 하지만 'civilization'의 어원이 암시하듯 '도시'에 초점을 맞추고 있습니다. 그렇다고 도시 하나를 문명이라 볼 수도 없고 도시만이 문명의 발상지라고 볼 수도 없습니다. 문명은 인간이 환경과 관계를 맺는 모든 방식이며 결과이기도 합니다. 저는, 문명은 다양한 종족, 다양한 자연환경, 다양한 문화, 다양한 언어, 종교, 경제양식 등이 섞여 이루어진 하나의 독립된 완결체라고 포괄적으로 봅니다.

사실 지성사에서는 문명에 대한 통념이 수정된 지도 오래됐을 뿐만 아

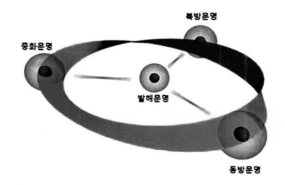

니라 중국 내부에서도 유일한 문명이 황하문명이라는 설도 이미 스스로 가 깨버렸습니다. 지금은 황하문명만이 유일한 중국문명이라고 주장하지 않습니다. 황하문명이 성숙되기 이전에 이미 양자강 중류와 양자강 하류 등을 비롯한 여러 지역에서 기원한 문명들이 있었고, 그 문명들이 모여서 중화문명을 이루었는데, 다만 핵심은 황하문명이라는 것입니다. 소위 '다지역기원문명론多地域起源文明論'입니다. 나아가 그 여러 문명 중에서 도 가장 핵심이 되고 먼저 완성된 것이 '요하문명'이라고 합니다.

요하문명은, 발생한 지역이 중국과는 상관없는 지역, 즉 산해관 너머 인 요서 지역과 내몽골 지역에서 발생한 문명입니다. 핵심인 홍산문화는 이미 기원전 35세기부터 시작된 것으로 봅니다. 저는 제 몇몇 이론을 조 합하여 이 문명을 '발해 문명' 또는 '모母문명' 즉 동아시아 문명의 어머 니 문명이라고 표현을 했습니다. 그 문명에서 동쪽으로 간 문명은 우리 가 주도한 동방문명이고, 서남쪽으로 내려간 사람들은 중화문명을 일으 키고 북서쪽으로 북상한 사람들이 일으킨 문명은 소위 북방 유목문명이 된다는 논리입니다.

조금 전에 제가 '북방 유목문명'이라는 표현을 사용했습니다. 제가 말 한 북방문명은 만주를 몽골과 구분하는 자연경계선인 흥안령산맥의 서쪽 에 펼쳐진 유목 초원지대에서 발생한 문명을 말하는 것입니다. 서북쪽으 로는 바이칼로 이어지는 공간, 서쪽으로는 몽골초원을 지나 알타이산맥 과 초원을 거쳐 흑해까지 이어지는 스텝지대를 무대로 발전한 문화이고 문명입니다. 그들은 정주형이 아니라 이동성 문화를 영위하기 때문에 도 시문명도 농업문명도 산업문명도 아닙니다. 따라서 과거에 통용됐던 문 명의 전형적인 모습은 없습니다. 하지만 이제는 초원 유목문명이라고 명 명되었고 그렇게 사용하고 있습니다.

저는 아주 당연한 듯이 사용하는 '북방문명', '북방민족', '기마민족' 같은 용어와 개념도 수정해야 한다고 생각합니다. 북방 문화라고 할 경우, 우리나라 사람들은 압록강, 두만강 이북에 있는 모든 지역을 다 북방으로 생각하고 있더라고요. 그렇죠? 그런데 이상하지 않습니까? 저는 때때로 많은 사람들에게 질문을 합니다. 만주라는 지역이 정말 북방입니까? 만약 우리가 한반도에만 갇혀 살았던 '반도민족'일 경우에는 압록강과 두만강 이북의 지역은 북방이 될 수 있습니다. 그리고 거기에 살고 있는 종족들은 북방종족이 되고 거기서 발생해서 발전한 문명은 북방문명이 됩니다. 그런데 그렇게 되면 우리와는 무관한 문명이 되는 거 아닙니까? 정말 그렇습니까? 조선조의 성리학자들은 북만주나 동만주, 서남만주에 사는 종족들을 오랑캐라고 멸시하고 배척했지요. 정말 무식한 발상들입니다. 한문에 능하다고 자처하는 그들이 왜 그런 사실에 어긋나는 생각들을 했을까요?

정확히 말씀드리면 북방이란 흥안령의 서북쪽에 있는 초원지역을 말하고, 그 지역에서 발생한 유목문화 집단을 북방민족이라고 합니다. 기원전에는 흉노라 불리우는 종족들이 활동했고, 6~7세기에는 돌궐이 동서를 이어주는 대제국을 세웠으며, 훗날 칭기즈칸이 발원하여 몽골인들이 유일한 세계제국을 건설하게 만든 지역이죠. 북만주 지역은 전형적인 북방 유목문화가 아니라 제 용어로 말씀드리면 동방문명권의 한 부분이라는 것입니다. 그 구체적인 증거들, 예를 들면 종족적인 성분이나 언어의 유사성, 서로 닮은 풍습 등등은 다음에 말하겠습니다.

적어도 자연환경 등만을 근거로 할 때도 동쪽 아시아에는 '중화문명' '북방문명'이 있는가 하면 그들과는 다르면서도 자기의 고유성을 유지한 동방문명이 있는 겁니다. 이제는 우리도 '동방문명'의 실체를 인정하면서 해석틀을 설정하고, 이런 틀 속에 우리 민족 문화의 특성 또는 한민족의 형성을 집어넣어야 한다는 것입니다, 동방문명이란 틀 속에.

동방문명이란 말은 구체적으로 하진 않았지만 과거에 일제강점기 때에도, 예를 들면 단재 신채호 선생님 그리고 육당 최남선, 안재홍 이런 분들이 사실은 중화문명과는 또 다른 의미의 우리만의 문명을 얘기했습니다. 다만 동방문명이란 용어를 안 썼을 뿐이죠. 그리고 그 이후에 일부에서는 '동이문화권' 이란 이야기를 쓴 것이지요. 그것도 사실은 이미 그 분들이 먼저 하신 거예요. 그 후의 학자들이 사실을 숨기거나 공부를 안 해서 몰랐던 것이지요. 저는 좀 더 구체적으로 '동방문명' 이란 단어를 설정한 후에 여러 가지 이론들을 도입하여 활용하고, 민속신앙 등 각종 사례들 그리고 현장조사들을 하면서 겪었던 구체적인 경험들을 활용하고 조합해서 좀 더 정교하게 만든 후에 하나의 '문명권文明圈' 으로 설정한 것이지요. 앞으로 저는 동방문명이란 것이 실체로 드러나길 바라고 또한 우리뿐만 아니라 동아시아의 여러 종족들, 나아가서는 서구인들에 의해서도 "아, 동아시아에는 중화문명과는 또 다른 동방문명이 있었구나" 이렇게 감탄사를 발하게 하고 싶습니다. 이렇게 세계의 학자들이 인정하고 연구하는 그런 시대가 빨리 오기를 바라고 있습니다.

조금 전에 말했지만 샤무엘 헌팅톤은 세계의 6~7개의 문명을 거론하면서 동아시아에서는 중국문명과 일본문명을 설정했습니다. 하지만 동아시아 사람의 눈으로 보면 일본은 독자적인 문명이라고 받아들일 수 없습니다. 더구나 7세기 전까지는 우리와 일본은 하나의 문화권, 심지어는 하나의 정치권이었고, 주체는 당연히 우리였습니다.

21세기의 초입부에 들어선 인류는 과거에는 전혀 경험해보지도 못하고 예상도 할 수 없었던 특별한 상황을 맞이하고 있습니다. 진화나 자연환경의 격변에 의한 것이 아닌 인간이 가진 능력, 즉 기술력 때문에 전혀 새로운 형태의 인간이 등장하고 있습니다. 인류 역사상 이보다 더 큰 전환기는 없다고 생각합니다. 새로운 사상과 종교, 가치관, 제도 등 모든 면에서 전환이 불가피합니다. 문명의 질이 달라져야만 합니다. 그렇다면 누군가가 어딘선가 어떤 집단들이 이 인류사적 과제를 해결하는 방식을 제시하고 또 실천해야 합니다.

저는 이렇게 생각합니다. 만약에 그토록 찬란하고 오랫동안 경험을 쌓고 온갖 지식과 지혜를 갖추었다는 중화문명도 아직까지 제시하지 못한, 또는 넓은 의미의 서구문명이 제시하지 못한, 아니면 북방 유목문명도 제시하지 못한 새로운 문명, 그리고 21세기 인류를 바람직한 방향으로 인도할 수 있는 문명의 모델 또는 씨앗이 이 동방에 있고 우리가 그 사명을 맡은 담당자라면 얼마나 좋겠습니까? 우리가 인류를 위해서도 얼마나 큰일을 하는 것입니까. 저는 우선 동방문명권의 존재를 반드시 설정할 필요가 있다고 봅니다.

그렇다면 현재 만주 일대에 살았던 사람들이 우리 동방 문명의 범주에 들어갈까요? 그리고 중국에서 소수민족으로 분류된 그들은 우리 한민족과 깊은 관련이 얼마나 있을까요? 그것을 살펴봐야 되겠죠? 그래서 저는 이러한 방법을 선택했습니다. 중요한 것은 사람이 주체거든요. 도대체 누구인가? 동방문명, 한민족을 설정한 주체들은 누구인가? 어떤 종족, 어떤 민족인가? 이렇게 얘기하는 겁니다.

첫 강의 때에도 제가 잠깐 예를 들었었는데, 최근에 들어서 여러분들이 주장합니다. 우리 민족은 처음부터 하나의 민족으로 출발했는가? 고구려, 백제, 신라, 가야, 왜는 하나의 공동체인가? 하나의 민족 국가인가? 각 국가별로 언어가 달랐다던데…. 이런 질문을 많이 받았습니다. 그리고 또 어떻게 지금의 민족개념을 가지고 고대 민족을 논할 수가 있느냐? 그들은 우리와 직접 관련이 없다. 한민족과는 관련이 없다. 이러한 반론도 펴더라고요. 하지만 제 입장은 단호합니다. 근대만이 사람이 존재하고 역사가 있는 것은 아니거든요. 근대 이전에도 고대나 심지어는 저 아득한 선사시대에도 인간은 살아왔습니다. 우리가 지금 딛고 서 있는 터도 이미 동일한 상태로 1만 년 이상 존재했고, 당연한 말이지만 그들은 그들 나름대로 자신들을 표현하고 하나의 공동체로 묶어줄 논리가 있었습니다. 피도 진하고 자신들 전체가 함께 기뻐하고 슬퍼하면서 어우러져 움직일 수 있는 정서도 있었고, 그렇죠?

그렇다면 지금처럼 '민족국가', '제국주의', '국제화', '세계화' 속의 의미와는 다르지만 그 당시에 걸맞는 민족개념이라든가 민족 언어, 공동으로 체험한 역사적인 실체들이 있었다고 보는 것이 상식이고 순리겠죠? 역사학자는 당연히 동시대적인 관점으로만 보지 않습니다. 먼 과거부터 현재, 심지어는 미래까지 고려하면서 통시적으로 봅니다. 이렇게 길고도 먼 시간 속에서 보니까, 인간의 역동적인 역사와 의미로 가득찬 삶이 지금만 있는 것은 아니거든요. 18세기 이후의 서양 역사만 인류의 역사가 아닙니다. 21세기에도 20세기에도, 1,000년 전, 2,000년 전의 삶을 그대로 유지하고 보존하는 사람들이 지구 곳곳에 남아 있습니다.

이러한 몇 가지 관점을 갖고 민족의 생성과정을 살펴보았습니다. 그리고 쉽고 명확하게 파악하고 설명할 수 있도록 하나의 이론을 도입하려 합니다. 바로 '원핵' 이론입니다. 현재 우리는 한민족으로 인식하고 규정하고 있습니다. 이 사실과 인식을 전제로 삼고 현재부터 역으로 거슬러 올라가서 현재의 우리를 있게 만든 가장 기본이 되는 요소를 원알맹이, 즉 '원핵'으로 본 것입니다, '원핵原核'.

원핵은 물질을 이루는 기본단위이면서 고유성질을 처음으로 갖게 된 '분자'에 해당한다고 봐야 할까요? 물체 고유의 기본성질을 가진 가장 최소의 단위 말입니다. 예를 들어보지요. 겨울에 눈사람을 만들 때 처음부터 크게 만들 수는 없습니다. 그래서 우선 눈을 두 손으로 긁어모아 꾹꾹 눌러 단단한 한 덩어리를 만들죠? 이 알맹이가 눈사람의 모태가 되는 거거든요. 커지는 계기가 되는 것이고. 이 알맹이를 풍성하게 쌓인 눈밭에다 또르르 굴리면 점차 눈들이 달라붙으면서 점점 커져가고 나중에는 꼴을 갖추어 눈사람이 되어갑니다. 저는 민족을 이 눈사람에 비유하여 처음 만들어진 조그만 눈덩어리를 '원핵'이라고 설정한 겁니다.

크건 작건 간에, 아메바처럼 단순하건 인간처럼 복잡하건 간에 모든 개체는 원핵이 있어요. 민족의 기본 구성요소인 인간도 마찬가지입니다. 어머니와 아버지가 처음 만났을 때 만들어진 결정체가 원핵 아니겠어요? 아직은 어머니의 자궁 속에서 무럭무럭 생성되고 있지만 이미 그때 원핵은 생성된 것입니다. 1차 핵이죠. 그리고 어머니 뱃속을 나와 사람 꼴을 갖추었을 때가 2차 핵, 청소년기는 3차 핵, 결혼을 해서 4차 핵, 이렇게 뼈대가 커지고 근육이 붙어가면서 양적인 성장을 하게 되고 질적으로도 성숙해가는 것이거든요.

이것은 모든 유기체, 생명체의 모든 것에도 다 적용이 되는 이론인데 민족이론에 적용하지 말라는 법이 어디 있습니까? 시간이 흘러가면서 또 공간이 이동하거나 자체가 변화해가면서 점차 커지기도 하고 줄어들기도 하고 이 쪽에 형성 되었다가 저쪽에 형성되기도 합니다. 또 색깔과 형태도 다릅니다. 그러나 기본 틀은 늘 가지고 있습니다.

어머니 뱃속에서 원핵이 처음 만들어진 이후에 지금 이 순간까지 우리 몸에서 그대로 남아 있는 것이 얼마나 되겠습니까? 제가 백일을 맞이한 이후로 (단군신화에는 산속의 상징으로서 100일이 나오지만) 저한테 그 당시의 것으로서 남아 있는 요소가 하나라도 있을까요? 이미 세포들은 그때 다 죽고 끊임없이 지금도 새로 만들어지고 있습니다. 그렇지만 저는 그대로 있거든요. 어떠한 존재든지 비록 형태는 다 사라지고 변하지만 그 원핵은 그대로 있고 틀도 있다는 겁니다. 그것이 하나의 '원리'일지 아니면 정말로 입자로 존재하는지 아직 과학에서 규명되지 않았어요. '입자'인가 '파동'인가를 놓고 논쟁이 그치지 않았지만 최근에는 서로 의견이 근접하는 것 같습니다. 이것은 배아줄기세포 입니다. 생명체는 이렇게 시작되어서 결국은 하나의 전체가 되는 것이죠.

저는 민족이란 원래 출발할 때의 기본모습을 간직하고 있다고 주장합니다. 그런 의미에서 민족이란, 탄생한 이후에 아무리 부침이 심각하고 형태를 몇 번 달리 했다고 하더라도 기본적인 것은 남아 있다고 봅니다. 적어도 현재의 나를 이해하려면, 현재의 한민족을 이해하려면 과거로 돌

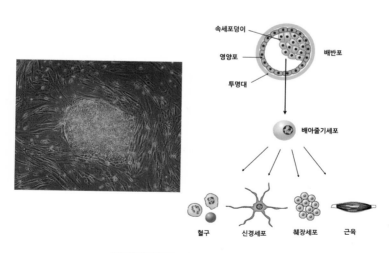

배아줄기세포(embryonic stem cell)

아가서 역사적인 인식을 바탕으로 원핵부터 출발하는 것이 옳다고 봅니다. 이것이 논리적인 태도이고 만약에 여기에 좀 더 많은 지식들을 첨부하여 규명한다면 과학적인 태도인 것입니다.

우리 민족을 평가하고 이해할 때 이제는 좀 더 거시적으로 보아야 합니다. 범공간적, 범아시아적인 관점에서 파악하고 그리고 장구한 시간의 흐름 속에서 통시적으로 보아야 합니다. 거기서 오늘의 우리를 한민족이라 부르고, 우리가 만든 그 결과를 우리 민족의 역사, 한민족사라고 불러야 합니다. 한민족사라는 역사의 결과를 구성해 온 사람들, 또 노력을 기울인 사람들, 역사의 주체자들, 그들이 누구겠습니까? 제가 여러분들에게 질문을 합니다. "그들을 무엇이라고 불러야 합니까?" 다른 문자나 말로 표현할 도리가 없잖아요? 저는 사실은 '겨레' 가 적합할 수 있다고 생각합니다. 하지만 우리말은 되도록 사용하지 않으려 하는 풍조가 만연해 있습니다. 또 지식인들은 누군가가 용어와 개념을 만들어 놓아도 사용하기는커녕 예사로 평가절하를 합니다. 이러한 현실 속에서 그래도 가장 무난한 것이 바로 '한민족' 이라고 부르는 겁니다.

물론 우리를 한민족이라고 부를지 '다민족' 이라고 부를지 5민족이라고 부를지 그건 상관없어요. 어째든 우리가 민족이라는 실체는 분명하게 있었다는 겁니다. 물론 그 단어에 붙는 관용어 수식어에 관해서 논쟁을 벌이는 일은 또 다른 문제가 되는 거겠죠. 그것은 그 당시 문화의 성격이니까요.

당연하게 계통화 작업을 구축하는 과정 속에서 막연하게 우리가 툭 떨어진 존재라고 여기는 것이 아니라 실제로는 과거 어느 시점의 원핵부터 시작해서 질서와 계통을 이루면서 내려왔는가를 알 수 있습니다. 한 집단이 만들어 보존해 온 '창세신화', '건국신화' 에서는 이러한 계통성을 절대시하고 꼭 신통보神統譜를 작성합니다. 어디나 계보는 있습니다.

우리 역사, 예를 들어 첫 번째 출발한 정치체는 조선입니다. 이성계가 건립한 조선, 북한이 조선인민민주주의공화국의 조선이란 국명은 원조선을 계승한다는 국체를 표방하는 것입니다. 대한민국은 한을 계승한 것입니다. 북쪽에 조선朝鮮이 있었을 때 남쪽에는 한韓이 있었습니다. 단재 신채호는 북쪽에 있었던 북삼한을 얘기하고 그들이 남하하여 남삼한을 이루었다는 주장을 폅니다만, 남쪽에는 한이라는 존재가 분명히 있었습니다. 우리 민족사에서 '한' 이란 것은 매우 중요합니다. 언어상이나 의미상으로나 말이죠.

알타이어에서 핵심단어는 '한', '밝', '감' 입니다. 한은 크다, 넓다, 하나다, 진리다, 길다, 임금 등 가장 최고의 상태를 의미합니다. 그래서 한자로 변환될 때는 韓, 漢, 汗, 丸, 干으로, 의미는 대大, 장長, 왕王, 진眞 등으로 다양하지요

그런데 '한韓' 이라는 언어는 삼한이 역사에서 사라진 이후에도 계속해서 살아 남습니다. 이를테면 김춘추나 김유신이 삼국통일을 이룩한 다음에 거기서 어떤 명분을 도출해냅니까? '일통삼한一統三韓', '삼한일가三韓一家' 입니다. 중국의 사서들에도 삼한이라는 단어가 등장합니다. 또 한이라는 단어와 의미는 일본에서도 지명, 산명, 신사명칭 등에 남아 있습니다. 예를 들면, 일본 신화의 고향이 있지요. 미야자키현에는 천손인 니니기노미코도를 모신 기리시마(霧島)신궁이 있는데 그 뒤쪽에 있는 산 이름이 '한국악韓國岳' 이고, 발음은 '가라쿠니다케' 입니다. 큐슈 북부에도, 대한해협을 건너온 사람들이 제일 먼저 정착하고, 또 한반도를 향하여 출발하는 항구에 해당하는 곳이 가라쓰(가야의 항구)입니다. 지금은 당진唐津이라고 쓰고 있지만 14세기까지는 한진韓津이라고 불렀습니다. 이런 예는

허다합니다. 심지어는 19세기 후반기에 일본인들이 조선을 침략하기 위해서 갖은 이론들을 다 만들어 냈는데 그 가운데는 '정한론'도 있어요. 즉 한국을 정벌하자는 주장입니다. 메이지유신을 성공시킨 주역이기도 한 사이코 다까모리(西鄕隆盛)란 사람이 정한론征韓論이라고 주장할 정도로 한韓이란 것은 중요해요. 이미 우리 조선에서는 한이란 단어와 개념을 거의 잃어버렸는데 일본에는 한이란 말과 의미가 많이 남아 있었던 겁니다.

우리는 조선이라는 국호를 버리고 한을 택해서 '대한제국'이 성립되었고, 다시 그것을 이어받아서 임시정부는 '대한민국'이라고 선언했고 현재 우리는 대한민국, 분명히 '한'이란 말로 계통화시키고 있습니다. 물론 북한이 선택한 '조선'이란 말도 출발은 같은 겁니다. 지금도 의미는 같습니다. 다만 색깔이 약간 달랐을 뿐이죠.

남북이 통일을 이룩하면 반드시 국가의 명칭을 정해야 합니다. 한민족이 통일됐을 경우에, 단순하게 남북한의 정치적인 통일뿐만 아니라 좀 더 포괄적인 의미에서 좀 느슨하지만 통일체를 지향해야 합니다. 저는 모든 상황들을 고려해서 특히 남북한이 공유하는 역사상을 고려해서 그것을 '한고려국'이라고 명명했고, '한고려'가 들어가는 제목을 가진 책도 출판했습니다. 〈광개토태왕과 한고려의 꿈〉이라는 책입니다. 한고려는 '큰 고려', '임금 고려'라는 의미입니다. 다시금 '조선한공동체'가 성립되어야 한다고 보는 겁니다.

북쪽은 조선을 중심으로 하고 남쪽 지역에는 한이라는 이름의 정치체가 있어서, 비록 '조선'과 '한'이라는 각각 다른 이름으로 등장하지만 조선과 한을 모두 포함하는 영토, 문화, 언어 등의 공동체가 있었다고 설정을 하는 겁니다. 그리고 반드시 전제가 되는 것은 느슨한 의미의 공동체란 겁니다. 완벽한 정치체계가 아니라, 즉 조선을 협소한 범주와 강한 통제력을 지닌 국가가 아니라, 보다 느슨하고 포괄적인 체제나 질서, 문명 개념으로 파악하는 것입니다. 그래서 저는 정치적으로는 '조선한공동체' 라 했고 문명으로는 '동방문명권' 또는 종족적으로는 '동이공동체' 라는 용어를 사용해 왔습니다.

이처럼 역사, 민족 등의 한 집단에게 계통화란 것은 엄청난 의미를 가지고 있습니다. 제가 간단히 넘어갑니다만, 계통화는 생물, 동물들에게도 굉장히 중요합니다. 계통화 작업, 즉 어떤 식으로 계통화시키느냐, 어떤 식으로 서열화시키느냐, 거기에 따라서 관련된 모든 것이 달라집니다. 공간과 시간, 주체 등의 요소들을 골고루 배합시켜 가면서 역사를 계통화, 계열화시킬 수밖에 없습니다. 대체적으로 자신들이 공존하는 동시대나 그와 가까운 시대를 연구하는 사회과학자들은 이러한 역사성과 본질을 잘 모르는 경향이 있어요.

우리 민족이 처음으로 생성되었을 때 비록 최초의 원핵은 아니지만 원핵에 가까운 것, 원핵이 성립되는 데 자양분을 공급한 것, 또 다른 식으로 표현하면 동아시아 문명의 근원이면서 어머니격에 해당하는 것이 바로 발해문명 또는 요하문명, 홍산문화라고 합니다. 여러분들이 사진으로 보시는 흙으로 만든 이 소상은 홍산문화의 핵심터인 우하량 유적지의 신전터에서 발굴된 여신의 얼굴입니다. 이 신상은 대략 5,000여 년 전으로 추정합니다. 이러한 여신 신앙은 인류 역사의 초창기부터 전 세계에서 보편적으로 있었습니다. 우리 역사에서는 단군신화에 나오는 곰, 고구려 건국신화에 나오는 유화부인 등의 여신과 관련이 깊습니다. 저는 아직 확신을 갖지는 않지만 홍산문화에 관해서 관심을 가진 사람들은 이 신상을 단군신화에 나오는 곰과 연관시키고 있습니다.

조선한공동체에서 '조선' 이란 국가가 탄생하게 되었는데 조선이란 국가의 영토범위는 아직까지 잘 모릅니다. 현재로서 조선이 처음 건국한 곳이 요서지방인가, 요동지방인가, 대릉하 하구지역인가 그리고 대동강 하구인가에 대해서는 논란의 요지들이 많습니다.

　그러나 분명한 것은, 조선의 핵심 영토지역은 여러분이 보시는 것처럼 이렇게 요동지방부터 시작해서 요하를 건너서 요동반도 전체와 함께 대동강 하구지역까지 이어지는 지역만큼은 조선이란 나라의 확실한 영토였던 것이 분명합니다. 왜 그런가 하면 고고학적 증거들이 많이 나타나고 있거든요. 고인돌, 적석총, 비파형동검, 세형동검, 토기 이런 여러 가지 것들을 볼 때 분명히 조선이란 실체는 있었단 겁니다. 여기에 관해서도 학자들 간에 논란이 있을 수 있고요.

　『삼국유사』의 첫머리에는 고조선(왕검조선) 조항이 있습니다. 그런데 건국과정을 서술한 내용을 살펴보면 셋째 줄부터는 신화체로 되어 있습니다. 이 내용 때문에 우리는 조선하면 '고조선'이라는 명칭과 '단군신

우하량 유적지에서 발견된 도제 여신두상(좌), 여신상(우)

화' 라는 두 가지 요소가 복합중첩되면서 이상한 인식을 갖게 되었습니다. 즉 조선은 실재한 나라가 아니라는 논리가 도출된 것입니다. 이 논리를 조직적으로 만들어 유포한 것이 일본의 식민사학입니다. 그런데 초창기의 학자들은 신화에 대한 개념과 정의를 잘못 알고 있었습니다.

여러분들에게 첫 강의 때 말씀드린 것처럼 일본이 조선사편수회의 연구와 서술지침으로 내려준 것 가운데 하나가 그것입니다. 즉 전해오는 설화, 사화는 인정하지 말고 역사의 기록만을 인정하라는 것입니다. 이 지침이 얼마나 큰 영향을 끼쳤는지는 가늠할 수조차 없습니다. 왜냐하면 일제강점기는 말할 것도 없고 지금까지도 영향을 끼치고 있습니다. 한국의 역사학계에서 큰 역할을 한 이기백 교수도 본인이 역사교과서를 편찬하면서 자기 의견을 분명히 얘기합니다. "건국설화는 역사적 사실이 아니기 때문에 교과서에 반영하는 것은 아직 이르다." 하지만 이것은 신화의 학문적인 개념을 모를 뿐만 아니라 문자가 생기기 이전 또는 이후의 다양한 역사상에 대한 인식이 부족했기 때문입니다. 무엇보다도 역사해석과 정치의 함수관계를 모르거나 또는 모른 척한 결과입니다. 결과적으로 일본인들의 의도가 적중한 것입니다. 결국 조선이란 나라는 역사서에서 한참동안 기록되지 않았고 지금도 애매모호한 상태입니다.

여러분들이 기억하겠지만 국립중앙박물관 입구에 걸어 놓았던 연표에서 조선은 없었습니다. 세상에 이런 나라는 아마 거의 없을 겁니다. 많은 사람들이 여러 번 그렇게 이의를 제기했었지만 오랫동안 받아들여지지 않았습니다. 그러다가 제 기억에는 지금으로부터 한 8~9년 전쯤에야 기록이 되었습니다. 우리나라의 역사학자들이 민족의 정체성을 찾고 사실을 알리는 데 얼마나 악영향을 끼쳤는가를 알려주는 산 증거입니다. 다른 여러 가지 이유도 있었지만 학문적으로는 신화에 대한 오해에서 비롯된 것입니다. 신화의 정의는 이렇습니다. 즉 '신화는 역사적 사실이거나 또는 역사적 사실이었다고 믿어지는 관념의 소산을 상징, 비유, 은유 등을 사용해서 설화체의 형식으로 쓴 것'입니다. 비록 비합리적이고, 정확한 구체적인 사건으로 기록되어 있지는 않지만 역사적 사실을 반영하는 것이죠.

강의하는 도중에 뜬금없습니다만 혹시나 몰라서 부연설명합니다. 제가 강의 도중에 습관적으로 '조선'이라고 부르는 나라는 1392년에 세워진 이성계와 성리학자들의 조선이 아닙니다. 원래 있었던 우리 민족이 세운 첫 번째의 정치체인 조선을 말하는 겁니다. 본래 조선이란 국명이 있었고 그것이 첫 시작인데 왜 우리는 그것을 정확하게 사용하지 않습니까? 제가 추상적이고 마치 실체가 불분명한 느낌을 줄 수 있는 '고조선'이란 용어 대신에 '원조선'이란 용어를 쓰는 이유가 있습니다. 어떻습니까? 제 말이 더 논리적이죠?

원핵, 원토, 첫 출발이기 때문에 당연히 원조선이죠? 고조선이라고 부르면 역사적 실체로서 확실해지지가 않아요. 물론 일연이 『삼국유사』에 처음 사용한 용어지만, 일본인들은 그 의미를 간파하고 확장을 시켜 악용한 것입니다. 그리고 우리는 비판의식 없이 그대로 따라 한 것이지요. 제가 '조선'이라 했을 경우는 단군과 연관된 첫 조선을 말하고 있습니다.

저는 혈연, 언어, 공간, 문화, 역사 등등을 고려해서 민족국가가 생성된 1단계를 원핵이 생성되었다고 해석하면서 '원조선공동체'라고 주장했습니다. 그런데 이 원조선은 결국 파괴됩니다. 즉 전쟁에 패배하면서 큰 상처를 입게 되고 결국은 죽음에 이르게 되었습니다. 그 과정은 여러분들이 교과서에서 '강력한 군주인 한무제가 공격해서 위만조선을 멸망시키고 그때 설치한 한사군은 400년 동안 한반도의 반을 지배했다'고 배운 사건입니다.

그렇게 배우셨죠? 한사군이 있었고 400년 동안 식민지가 되었다고…. 그럴까요? 저는 이 전쟁을 '조한朝漢전쟁'이란 용어로 쓰고 있습니다. 한나라에 의해서 일방적으로 공격을 받거나 사마천이 쓴 『사기』에 기록된 대로 그런 국지적인 요인 때문에 벌어진 전쟁은 아닙니다. 당시 동아지중해 북부의 무역권과 종주권을 놓고 벌어진 질서재편전이라는 것이 저의 시각입니다. 그 전쟁은 양쪽이 총력을 기울여 벌였고, 특히 한나라군은 수륙양면으로 공격했습니다. 당연히 위만조선도 수군을 동원했을 겁니다. 다만 기록이 없을 뿐입니다. 왜냐하면 이미 조선은 기원전 6세기경에도 산동반도에 있었던 강력한 나라인 제나라와 무역을 하였고, 실지로 기원을 전후한 시대에는 황해북부뿐만 아니라 일본열도까지 이어지는 무역망과 연속항로가 개설되었습니다. 한나라는 육군도 실패했지만 양복이 이끄는 수군은 대패했습니다. 거의 1년 이상을 끈 이 전쟁에서 위만조선은 내부가 분열되고 적과 내통하면서 패배로 끝나고 말았습니다.

그런데 우린 그렇게 해석하지 않았습니다. 대체적으로 이러한 관점에서 해석하고 가르쳤습니다. 즉 위만조선은 어느 날 갑자기 한무제의 공격을 받고 패배했고 내부의 분열이 있었으며 그 후 한사군이 설치되어 400년 동안 낙랑이 있었다. 이러한 논리이므로 우리는 왜 이 전쟁이 벌어졌는지, 이 전쟁은 양 국가의 전면적인 대결이었는지, 이러한 근본적이고 교훈을 줄만한 사실은 배우지 못했고, 또 근거없이 400년 동안 한사군이 존재해서 우리가 식민지였다고 가르친 것이지요. 한나라가 멸망한 지 400년 되도록 한나라의 식민지였다는 이상한 논리를 교묘하게 짜 맞춰서 가르쳐 왔던 겁니다.

저는 조선 후後 질서 즉 '포스트 조선'이란 단어를 사용했는데요. 조선이 멸망한 다음에 만들어진 질서를 의미합니다. 그것은 민족의 생성과정에서 제2단계에 해당하는 2차 핵을 생성해 가는 과정을 말합니다. 여러 분들이 그동안 배운 이론과는 다릅니다. 부여, 고구려, 백제, 신라, 가야 등은 부족국가로 출발해서 뒤늦게 연맹왕국 또는 연맹국가가 된 것이 아닙니다. 제 견해는 그 소국들은 '조선'이란 나라 또는 정치체가 무너지고 난후에 그 지역에서 원핵을 회복하거나, 적을 몰아내서 영토를 수복하고 통일체를 다시 구현해야만 한다는 역사적인 명분을 걸고 출발한 사람들의 집단이란 것입니다.

조선이 멸망하고 난 다음에 조선의 옛 땅에서는 유민들이 다시 일으켜 세운 소국들이 우후죽순처럼 등장하기 시작합니다. 당연히 분열된 또는 파괴된 원핵을 회복하고 통일체를 구현해야만 한다는 역사적인 명분과 사명감이 모든 원조선의 유민들에게 주어진 것입니다. 번성하고 유명한 한 가문이 갑자기 예기치 않은 사건으로 인하여 멸망했다고 가정해보세요. 그렇다면 그 폐허에서 살아남은 후손이 할 일은 분명하지 않습니까? 그들은 어떻게 해서든 자기 가문을 회복해야 되지 않겠어요? 그것은 목숨을 걸고서라도 해야만 하는 숙명인 겁니다. 또한 그러한 명분을 내세우지 않거나 복권하려는 의지가 약하거나 없으면 가문의 리더가 될 수 없습니다. 한 개인과 한 집안이 그럴진대 한 문명, 한 국가가 무너졌는데 그런 일이 없었겠습니까? 당연히 있는 것이죠.

조선의 유민들 가운데 일부는 숨겨만 놓았던 의지들을 드러내놓고 실천하기 시작했습니다. 역사의 전환기에 나타나는 빈틈을 타고 이곳저곳에서 크고 작은 정치세력들이 나타나더니 어느새 정치집단을 형성한 것입니다.

조선이 존재했던, 조선이 다스렸던 그 '터'를 조선의 백성이었던 사람들이 그대로 장악하고 그대로 역사의 주체가 되었습니다. 그 조상들이 가지고 있던 기술력, 사상과 신앙 같은 정신, 자의식, 특히 하늘의 자손이라는 강한 자의식을 그대로 유지한 사람들입니다. 그들이 속국을 만들었습니다. 다만 정치력만을 빼앗겼다가 이제는 다른 기본적인 것들을 어느 정도 갖추고 정치력을 회복하려는 그런 움직임을 가지면서 만든 나라들이죠.

그 소국들은 정치체입니다. 당연하죠. 그들이 세운 소국들은 아무것도 없는 무無의 상태에서, 즉 문화적으로도 열등하고, 기술력도 빈약하고, 경제력도 보잘 것 없으며, 더더욱 정치적인 능력이나 경험을 해본 적이 없는 그런 것이 아닙니다. 마치 처음 만들어진 정치체도 아니고, 문화도 발달하지 못한 그런 단계가 아닌 겁니다.

비록 규모는 작지만 그렇다고 민간인 집단의 단계는 훨씬 넘어선 조직들이었습니다. 그렇게 해서 두만강 하구에서부터 요하유역에 이르기까지 우후죽순처럼 탄생하였지요. 그때 만들어진 소국들이 홀본부여, 동부여, 북부여, 비류국, 행인국, 구다국, 개마국, 주나국, 동옥저 등과 한반도의 낙랑국을 비롯하여 목지국, 백제국 등등의 소국들입니다.

이 시대에 건국한 많은 소국들은 제가 말하는 이러한 틀로 해석하고 평가하는 것이 옳습니다. 단재 신채호는 '열국시대'라는 용어와 개념을 제시했는데 저 또한 이와 유사합니다. 국가를 운영한 경험이나, 축적되거나 계승한 시스템도 없고, 문화유산도 보잘것없이 미개한 상태에서 부족들이 모여 처음으로 부족국가를 이뤘다고 보는 것은 잘못된 해석입니다. 우리는 그렇게 역사를 잘못 배운 겁니다. 아니 실은 잘못 가르친 겁니다. 학자들이 잘못 연구한 것이죠. 그것은 우리들의 연구가 아니라 일본인의 연구나 그들에게 동조한 사람들의 연구입니다. 사실은 '부족국가설' 이후에 등장한 '성읍국가설'도 기본적으로는 거의 유사하다고 판단합니다.

지금 중국인들이 국가사업으로 발굴하고 연구하고 있습니다. 기원전 훨씬 이전에 이 남만주 일대는 엄청난 문화지대였다는 것을 말입니다. 이미 BC 24세기부터, 즉 4,400년 전부터 청동기문화가 발전했다고 밝히고 있고, 일부에서는 편년을 이보다 더 올리고 있습니다. 그렇다면 이 지역 또는 주변 지역에 있었던 원조선의 실체에 대해서는 이제 더 이상 무시할 수 없습니다. 그동안 이것들을 무시하면서 우리 역사를 인색하고 부정적으로 해석해왔던 것이죠. 시간이 없기 때문에 제가 좀 빨리 넘어가도록 하겠습니다.

그러니까 당연히 조선이 멸망하고 어느 정도의 시간이 흐른 후에 세워진 나라들은, 원조선의 영토나 영역에서 동일한 자연환경 생태계에서 동일한 자원을 갖고 계승한 '기술력', '산업활동', '정치적인 능력' 뿐만 아니라 '자의식'과 '역사'를 알면서 신속하게 폭발적으로 성장하였을 것은 당연한 겁니다. 다시 한 번 되풀이 하지만 그들은 신생정치체인 부족국가나 연맹국가가 아니라 후삼국시대의 삼국같은 국가들이었습니다. 그들에게는, 그 국가들에게는 건국의 정당성, 발전의 명분, 통일의 명분이 필요했습니다. 그 특별한 성격을 지닌 수많은 소국가들 가운데 대표적인 나라가 고구려입니다.

여러분, '다물'이란 말 잘 아시죠?『삼국사기』에서 '려어위복구토위다물麗語謂復舊土爲多勿'이라고 기록했습니다.『삼국사기』〈고구려본기〉의 처음인 추모 조항에 나옵니다. 이때 다물을 평범하게 '옛 땅을 회복하는 것이다'라고 하면 그것은 글자 자체에 대한 해석입니다. 그러나 역사라는 맥락 속에서 해석한다면, 그들에게 구토란 것은 무엇입니까? 바로 원토가 되는 것이죠. 이제 막 건국한 나라에게 무슨 구토가 있겠습니까? 고구려를 비롯한 많은 소국들은 원조선을 계승했고 그것을 회복해야만 하기 때문에 그들의 입장에서는 다물이란 말을 쓸 수밖에 없었을 것입니다. 아마도 필시 이것은 똑같은 입장에 처했던 모든 소국들이 표방한 하나의 '표어'였을 것입니다.

참고삼아 말하면 『삼국유사』는 앞 부분인 왕력 편에다 '주몽은 단군의 아들(朱蒙…鄒蒙 壇君之子)'로 기술하였습니다. 또 '단군기'를 인용하면서 단군이 비서갑非西岬의 딸과 결혼하여 부루夫婁를 낳았음을 밝혀 단군이 곧 해모수라는 인식을 보이고 있습니다. 그 외에도 『제왕운기』는 여러 부분에서 고구려와 단군과의 계승성을 주장하고 있습니다.

이렇게 해서 많은 소국들 간에 전쟁이 벌어지는데 이 전쟁을 소국들이 서로 영토를 팽창하기 위해서였다, 또는 지배자들이 권력을 장악하기 위해서 벌였다라고 해석하는 것은 일부분만을 침소봉대한 해석일뿐 아니라 아주 일반적인 해석입니다. 결국은 일본인들의 의도에 걸맞는 해석이라고 봅니다. 신흥 소국들은 비록 각각 출발했지만 원조선 공동체 또는 조선독립을 실현시키고 빼앗긴 영토를 수복해야 하는 당위성을 가지고 있었습니다. 전쟁을 벌이는 행위는 개인 대 개인, 집단과 집단, 계급과 계급 간의 갈등만이 아니라 또 다른 무엇도 있습니다. 그들의 목적은 결국은 통일을 실현시키는 것이죠. 지금의 남북한과 마찬가지로 소국들은 통일을 지향하면서 더 큰 국가로 변신해서 고구려, 백제, 신라, 가야로 성장한 것입니다. 이렇게 보면 우리 역사의 실상이 달라집니다.

여러분, 생각해 보십시오. 세상에 목적 없이 전쟁행위를 하는 집단이 어디 있겠습니까? 그런데 우리 학자들은 그동안 우리 역사활동에서 그런 목적, 의미 등을 찾지 않고 눈에 보이는 것만 가지고, 즉 사료의 글자 그것도 중국 중심으로 서술된 것만 가지고 주장했습니다. 그리하여 우리 역사는 빈약하기 짝이 없고 역동적으로 살아서 숨쉬지 못하고 간신히 연명하는 것처럼 인식하게 만들었습니다. 일본인들은 조직적으로 그렇게 만들었습니다. 마치 너절한 역사처럼 보이지만, 저는 사실은 그렇지 않다고 판단합니다. 특히 고구려는 성공했습니다. 그래서 고구려가 특별한 나라라는 것이죠.

3단계로 넘어갑니다. 제가 이 부분은 다른 강의에서 했기 때문에 약술하겠습니다만, 삼국, 사국의 경쟁체제와 발전 그리고 고구려의 성공과 조선공동체의 부활입니다. 저는 고구려의 광개토태왕, 장수왕을 높이 평가하고 그들이 재위했던 5세기를 매우 중요하게 여깁니다. 원조선을 계승했다면 우리 민족 역사에서 가장 근본적이면서 핵심이 되는 틀은 이 시대에 만들어졌다고 생각합니다. 그러니까 광개토태왕은 단순하게 영토를 확장한 임금이 아닙니다. 물리적으로는 영토를 회복하는 것이지만 궁극적으로는 바로 원조선 공동체를 복원하는 과정이라고 보는 것이죠. 그 복원과정에는 영토, 정치력, 국제질서, 경제력, 문화 등이 있습니다. 또 하나 가장 중요한 '자의식'의 문제가 있습니다. 우리 동방 민족이 가진, 원조선이 출발할 때부터 가지고 있었던 자의식과 그들이 지향했던 가치관이 있잖아요. 이 정체성을 회복하는 일이 중요한데 이 일을 광개토태왕 때 추진했고 장수왕 때 완성시켰다는 겁니다.

여러분들이 지도에서 보시는 것처럼 장수왕 시대에는 한반도의 중부 이남부터 시작해서 북으로는 현재 만주의 중부와 연해주 남부일대를 직접 통치영역으로 만들어가면서 그 주변지역들을 간접관리하거나 또 영향권으로 확장하면서 넓은 범위를 장악하게 되었습니다. 저는 이론을 만들어서 직접통치권, 간접통치권, 영향권으로 구분했음을 다시 한 번 강조합니다.

영토나 영역이 눈에 띌 정도로 확장되면 보통은 한 국가 내부의 자연환경들이 달라지게 됩니다. 원조선, 고구려, 발해시대 때는 자연환경이 매우 다양했습니다. 북만주와 서북만주로 이어지는 초원지대, 요서까지 확장되는 밭농사지대, 한반도의 여러 지역에서 보여지는 산과 들판과 강들 그리고 동만주 일대에서 연해주까지 이어지는 대삼림지대, 요서지방에서 내몽골로 이어지는 건조한 농목지대 그리고 황해중부 이북과 동해 중부 이북의 해양문화 등 이러한 다양한 자연환경, 문화환경이 혼합된 공간이 고구려 공동체 또는 발해 공동체의 모습이거든요. 쉽게 말하면 자연환경이 다르다는 것은 곧 생태계가 다르고 이는 생활양식들이 다르다는 것을 의미해요.

숲 속에서는 호랑이, 표범, 곰, 여우, 담비 등을 사냥하면서 질 좋은 모피를 획득하고, 만주에는 배가 다닐 수 있는 강이 60여 개나 되는데 이 길고 긴 강에서는 어업이나 상업이 발달했습니다. 북서 만주 일대의 초원에서는 말, 소, 양 등을 방목하는데 특히 말은 엄청난 고가의 수출품이었습니다. 밭에는 잡곡을 심고 논에는 벼를 심고 또 바다에서는 어업을 하거나 멀리 나가서 다른 지역과 무역도 했습니다. 이렇게 생활양식이 다르다는 것은 각 집단들이 보유한 고도의 지식(knowledge)이나 숙련된 기술력(techology)도 종류가 다르다는 것이고, 당연한 일이겠지만 의식주에 관련된 문화의 형태도 달라질 수밖에 없습니다. 그러한 환경에서 생활할 수밖에 없는 사람들의 신앙이 다르고 또 사람들의 인식도 다르다는 것입니다. 한마디로 다양한 문화국가가 되었음을 의미합니다.

그러나 거시적으로 문명이라는 관점에서 보면 그들은 원조선의 터에서 고구려 공동체 일원으로서 각각 각 부분의 다양성을 충분히 인정하고 또 인정받지만 동시에 고구려 공동체란 큰 틀은 유지하고 있는 거죠. 그래서 '다종족적 국가', '다문화 국가'가 된 것입니다. 그러니까 우리 역사에서 고구려는 가장 국제적인 나라이고, 그런 고구려가 오히려 우리 민족사에서 정체성에 가장 충실하고 자의식이 강하다는 것은 특별한 의미가 있습니다.

21세기, 우리는 세계화를 지향하고 당연히 문화는 국제성을 띄고 다양해야 합니다. 다양한 민족들과 더불어 살아야 합니다. 그런데 세계국가적인 성격을 띈 고구려가 오히려 한편에서는 정체성을 강화하는 작업을 했고, 그랬기 때문에 성공할 수가 있었다는 겁니다. 그런 의미에서 '탈민족주의', '국사해체론'은 보편성을 강조하는 것 같지만 실제로는 관념적이고 때로는 투항적인 성격이 강합니다. 일제강점기는 친일파들, 해방 이후에는 일부 역사학자들이 전형적인 예입니다. 고구려를 모델로 삼는다면 정체성에 충실한 민족주의야말로 적극적으로 세계화에 적응을 할 수 있다는 것을 확인할 수 있습니다.

고구려가 공동체 사회이고 민족문화의 틀로 삼을 수 있다면 그 가운데 하나가 언어입니다. 상당히 놀라운 일인데요. 고구려 질서 내부에서는 다양한 종족들이 함께 살고 있었습니다. 일부의 고대사 전공자 외에는 이름도 모르는 종족들이 고구려와 직접 또는 간접으로 관계를 맺고 있었습니다. 그들의 후손들은 바뀐 이름으로 지금도 남아 살고 있습니다. 중만주 지역에는, 중만주라면 북으로 흐르던 송화강이 동쪽으로 꺾여 흘러가는 그 주변 일대입니다. 그곳에 북부여가 있었습니다. 그런데 고구려에게 멸망한 다음에는 복국을 시도하여 '두막루豆莫婁'란 나라를 세웁니다. 일종의 후부여국이지요. 잘 못 들어보셨지요? 굉장히 큰 나라였습니다. 동류 송화강 일대에 거주하였는데, 중국의 사료에는 영토가 동서 천 리에 달하는 굉장히 큰 나라로 기록되었습니다. 그런데 북만주 지역에 거주하는 선비족 계통인 실위, 거란과 거란계통인 고막해와 두막루는 언어가 같습니다. 그런가하면 『북사』, 『수사』 등에는 선비, 그 일파인 실위 등은 거란의 별종이라고 기록했습니다. 사료를 보면 정체가 불명확한 동호가 멸망하면서 선비와 오환이 나타나고, 오환은 거란계통으로 변한 것으로 나타납니다. 또 다른 기록을 보겠습니다. 『후한서』에는 '고구려는 부여의 별종이다. 동옥저는 언어가 고구려와 같다' 라고 기록되어 있습니다. 또한 같은 책 〈예전〉에는 '(예는) 고구려와 같은 종이고 언어와 법속이 대체로 비슷하다' 고 기록하였습니다. 제가 이런 기록들을 전부 다 모아서 적은 다음에 한 줄로 연결시켜 봤어요. 전반적으로 종족들의 계통을 이해할 수 있고 상대 비교가 가능해져서 결론이 나올 수 있습니다.

북부여와 동부여의 관계는 알고 있지요? 추모는 동부여에서 살다가 홀본부여로 도주하여 고구려를 세웠습니다. 홀본부여에서 남으로 이주한 소서노와 아들들이 세운 나라가 백제입니다. 그래서 시조신앙(東明祭)을 실천하고, 한때는 남부여南扶餘라는 국호도 사용하였습니다. 고구려가 동예 및 옥저와 강하게 연결되었다는 사실은 앞에서 거론한 기록들에 나와 있습니다. 그 다음에 신라, 가야, 왜가 있죠? 이승휴라는 고구려 의식이 남달리 강한 유학자가 『제왕운기帝王韻紀』라는 역사책을 썼습니다. 거기에는 "신라 고례 남북옥저 동북부여 예맥이 다 단군의 자손이다(故尸羅 高禮 南北沃沮 東北扶餘 穢與貊皆檀君之壽也)"라고 기술했습니다. 이때 고례는 물론 고구려를 가리키는 말이지요. 후한의 역사를 쓴 중국의 『후한서』에는 고구려, 옥저, 예 등은 조선 땅에 있다고 하였습니다.

그 외 나머지인 두막루, 고막해, 거란, 토욕혼, 이들은 흔히 말하는 고구려 국민 또는 원조선의 후예들과 직접 간접으로 연결이 됩니다. 일부는 혈연적으로, 일부는 언어와 습속으로 말이죠. 다만 읍루, 물길, 말갈을 거쳐 나중에는 여진에 이르기까지 이름이 변천하는 이들은 퉁구스 계통이기 때문에 혈연적으로나 언어상으로 약간의 차이가 있습니다. 하지만 오히려 생활 공동체로서는 선비계나 거란계통보다는 더 가까웠었죠.

　나머지 만주 일대와 그 북쪽에는 '고아시아족'들이 거주하였는데 이들은 일부가 직접 또는 간접적으로 우리 문화와 연결이 되었습니다. 앞으로 우리 민족의 범위를 논할 때나 또는 민족의 생성을 논할 때 다루게 될 텐데요, 적어도 한반도 지역과 남만주 일대 그리고 이 지역에 살았던 다수의 종족들은 하나의 공동체 내지는 질서를 이루고 있었다고 판단합니다. 이런 것들은 역사적인 사실이므로 분명히 이해할 필요는 있다고 봅니다.

　결국은 이 무렵인 5세기경에는 한민족 국가의 기본 틀이 생성이 되는데요. 저는 이 상황을 2차 핵의 생성이라고 부릅니다. 이후인 7세기 중후반

언어 상 공동체

북부여 - 두막루 [달말루]
실위 - 고막해 - 거란 - 두막루
거란 - 토욕혼 - 동부선비
선비 - 모용부 [연], 탁발루 [북위]

북부여 - 동부여 - 고구려 - 백제 - 신라 - 가야 - 왜 - 도예 - 옥저
읍루 [물길, 말갈]

『후한서』　고구려전 - "고구려는 부여의 별종"
　　　　　　동옥저전 - "언어가 구려와 대체로 같다."
　　　　　　예전 - "구려와 같은 종으로서, 언어와 법속이 대체로 비슷"
소수종족 - 예벤키 [혁철], 오론춘, 가구르, 나나이, 우데게
　　　　　유귀 [사할린]
　　　　　하리 [홋카이도]
　　　　　야차 [캄차카]
　　　　　기타

에 우리가 흔히 말하는 '삼국통일전쟁', 제 용어로 표현하면 '동아지중해 국제대전'이 끝나면서 이 질서는 일단 깨져 나갔습니다. 그리고 후유증도 막심했습니다. 그런 의미에서 현재 한민족이 그 국제질서에서 어떤 역할을 해야 하며, 어떤 논리를 갖고 당면한 민족 문제들을 해결하고 통일과 남북문제를 해결할 것인가? 여기에 대한 답을 구하는 과정에서 고구려는 훌륭한 모델이 될 수 있습니다. 이상으로 제3강을 마치겠습니다.

사회자: 네, 짧은 시간에 참 많은 내용을 전해주신 것 같습니다. 궁금한 점도 참 많으실 것 같은데요. 질문을 몇 가지 받아볼까요?

방청객 질문1: 아까 말씀하실 때 보통 말하는 북방문명도 원래는 만주지방의 경우에는 동방문명에 속했다고 하셨고, 지역적으로도 지금 우리가 살고 있는 한반도뿐만 아니라 원래는 그 이상 더 넓은 지역에 살았던 주민들을 우리 민족이라고 말씀하셨는데, 그러면 만족, 여진족이겠지요? 그 민족도 우리 민족에 속할 수 있는지 궁금합니다.

질문을 아주 잘해주셨는데요. 정확히 말씀드리면 북방문명은 흥안령 서쪽에 있는 초원지대에서 발생한 유목문명을 얘기합니다.

만주 일대는 북방 초원지대와 자연환경도 다르고 주민, 삶의 양식도 다릅니다. 그러니까 이 지역과 만주 일대는 구분해야 합니다. 만주 일대는 '해륙사관'이나 '대륙사관'이라든가 '동아지중해 모델'로 볼 경우에는 한반도와 같은 문화권입니다. 자연환경도 자연스럽게 연결되었고 종족들도 연결되었고, 특히 중요한 사실이지만 원조선, 고구려, 발해는 한반도의 중부 이북과 만주 일대를 국가 체제의 내부로서 공유하고 있었습니다. 당연히 이 지역은 우리 동방문명권에 속합니다.

다만 고구려에서 발해까지 멸망한 다음에 고구려 공동체에 속했던 많은 종족들, 지금 질문한 만주족, 과거에는 여진족이라 했고, 또 그 전에는 말갈족이라고 불렀던 이 말갈족과 선비족, 거란족이 우리 역사에서 이탈하게 됩니다. 그들은 독자적인 삶을 구축하고 나라를 세웠습니다. 그리고는 우리 고려나 조선을 공격하거든요. 바로 요나라, 금나라, 원나라, 청나라입니다. 그들은 현실적으로는 적대관계가 되었지만 과거로 과거로 더 거슬러 올라가면 그 종족들은 문화, 언어, 생활 공동체라는 측면에서 우리와 깊은 연관을 맺고 있었습니다. 지금 우리가 민족의 현실에 만족한다면 할 수 없지만 말이예요. 되도록 과거 사실을 아는 것이 더 중요합니다.

지구는 예나 이제나 변함없지만 세계는 점점 넓어지고 있잖아요? 우리 민족의 활동범위가 넓어질 때, 만약에 우리의 인식을 확장하고 역사 활동의 무대를 넓히려면 어떻게 해야 할까요? 과거 만주에 있었던 우리 역사를 철저하게 자각하고 가능한 한 그들이 가지고 있었던 역사적 경험도 발전의 자양분으로 삼아야 합니다. 더 좋은 건 남아있는 그들과 우리가 좀 더 끈끈하고 깊은 관계를 맺는 일입니다.

사회자: 한 분 더 질문을 받아볼까요?
방청객 질문2: 우리는 북한과 참 많은 문제가 있는데요. 남북한의 문제를 민족적인 관점에서 본다면 어떻게 봐야 하는지 궁금합니다.

남북의 통일은 당위나 선택의 문제뿐만 아니라 현실적인 이익을 위해서는 필수의 문제입니다. 현재 남북한은 정치적으로 다른 체제에 있습니다. 그러나 원래는 하나의 민족, 하나의 정치체였거든요. 하나의 민족이라는 것은 이 시대만의 문제가 아니라 원핵부터 출발한 수천년의 경험이

응축된 것이기 때문에 쉽게 갈라지는 것이 아닙니다. 만약 남북한이 통일을 진심으로 원하고 하나의 정치체계를 지향한다면 그때 가장 중요한 기제가 되는 것, 양쪽을 다 설득시킬 수 있는 것은 '하나의 민족'이라는 사실입니다. 그런 의미에서 민족공동체의식을 강화시켜야 하고, 한민족이 누구이며 무엇인가를 알려는 노력을 양쪽이 함께 해가면서 숙지해야 합니다. 남북통일문제에서 민족문제는 절대적인 요소입니다.

사회자: 네, 감사합니다.

우리가 지금까지 배워 온 고대사, 너무나 추상화되어 있고 그 실체를 알 수 없게끔 되어 있었다는 것을 오늘 강의를 통해 다시 한 번 깨닫습니다. 우리 역사의 시간도 활동 범위도 축소되어 뿌리와 단절된 근대 역사학은 이제 깊은 성찰과 자각이 촉구됩니다. STB상생방송 역사특강, 다음 시간은 한민족의 정체성이란 주제로 찾아뵙겠습니다. 감사합니다.

한민족의 정체성

다시 보는 우리민족

한민족의 정체성

사회자 : 지난 3세기 동안 한국은 세계사의 용광로, 압축판이라고 할 만큼 급속한 변화와 근대화과정을 거쳐 왔습니다. 한국의 경제는 선진국 대열에 올랐고 한국인의 열정과 저력에 세계는 놀랐습니다. 그러나 이와 반대로 우리의 역사와 문화를 우리의 시각으로 보려는 노력은 부족했고 서구의, 또는 우리를 부당하게 지배했던 이들의 잣대를 들어 재단해 온 것이 사실입니다.

STB상생방송 역사특강은 지난 3강에 걸쳐 민족주의가 어떻게 오해받았는지, 또 우리의 역사인식은 어떻게 왜곡되었는지를 살펴보았고, 우리민족의 형성과 계승과정을 알아보았습니다. 오늘 〈다시 보는 우리 민족〉 그 마지막 강의를 동국대 윤명철 교수님을 모시고 청해 듣겠습니다.

교수님, 지난 강의에서 민족과 역사의 구성 요소들을 거론하면서 그 동안의 다른 주장들과는 다른 방식으로 한민족의 생성을 설명하셨습니다. 예를 들면 시간, 공간, 주체, 자의식 등 생소하면서 의미가 굉장히 깊은 여러 가지 키워드를 말씀해주셨어요. 다시 한 번 정리해 주신다면 어떻게 되겠습니까?

민족이 생성되는 요소가 무엇인가에 실로 많은 학설들이 있었습니다. 저는 그러한 견해들을 존중하면서 조금 더 새롭게 이 시대까지 발전된 인문과학뿐만 아니라 자연과학, 사회과학, 예술 등 다양한 분야의 학문성과들을 반영하였습니다. 시간의 개념과 논리성도 치밀하게 만들고, 무엇보다 중요한 것은 공간 개념과 적용방식 범위 등을 확장시켰습니다. 그동안은 보통 한반도적인 사관의 입장에서 우리 역사 또는 민족의 생성 과정을 살폈습니다. 하지만 저는 다양한 공간이 가질 수밖에 없는 성격들을 열거하고 그에 따른 역사의 메카니즘들을 이론화시켰습니다. 그리고 우리 역사의 공간을 한반도와 대륙과 해양을 하나의 역사터로 보는 '해륙海陸사관', '동아지중해 모델' 로서 분석하고 적용하였으며, 나아가서 아시아 전체를 대상으로 삼은 '범汎아시아적 관점' 에서 보았습니다. 그렇게 보면 그만큼 우리 민족이 생성되는 근원이 다양해지고, 실제적인 활동 범위도 확장될 수 있습니다.

또 한 가지는 주체 문제인데, 그동안은 고려가 시작한 이후 천여 년 동안 좁은 한반도 속에 고착된 종족의 확장된 개념으로 민족을 얘기했었습니다. 그런데 적어도 역사의 사실을 근거로 삼는다면 그 이전에는, 즉 남북국시대에는 한반도와 대륙의 일부, 일본열도 등의 지역에서 살았던 선비계, 거란계, 말갈계, 왜 등의 종족들이 우리 민족의 원핵을 구성한 원조선, 부여, 고구려, 백제, 신라, 가야, 발해 등과 언어, 혈연, 생활 등 많은 면에서 일치하거나 유사합니다. 그래서 '하나의 민족' 을 조금 더 느슨한 개념과 틀을 적용시켜 본다면 현재 우리 민족의 근원도 좀 더 넓게 동방문명 전체를 우리 민족의 근원과 연관시켜도 되지 않을까? 저는 이러한 학설을 펴고 있습니다.

사회자 : 그러면 〈다시 보는 우리 민족〉 마지막 강의를 청해 듣겠습니다.

지난 시간까지 제가 강의한 내용들은 다소 어려운 점이 있었죠? 몇 가지 새로운 용어나 내용 등이 있어서 더욱 그랬을 것이라고 생각합니다. 그런데 오늘은 그럴 것 같지는 않습니다. 강의의 제목 자체가 '한민족', '한겨레의 정체성', 편하게 말하면 '민족성'이 되겠습니다. 민족성이란 말은 늘 흔하게 들어왔고 일상적으로 사용해 온 말인데, 또 민족성에 관해서도 여러 사람들이 여러 자리에서 많은 얘기를 하고 있습니다. 이게 맞는지 저 말이 맞는지 자기 성격에 비추어 봐도 도저히 확실하게 알 수가 없는 겁니다.

더구나 현재의 우리는 너무나 가난하고 절망적인 상태에서 빠른 시간에 세계의 선진국으로 발돋움한 특별한 성과를 낸 집단입니다. 그런가 하면 문제점도 덩달아 생겨 모두가 고민하고 있습니다. 이러한 상황에서 우리 자신이 누구인가, 어떤 사람들의 집합체인가에 대해서는 관심이 많을 수밖에 없지요. 따라서 우리는 스스로가 누구인가를, 즉 정체성을 파악하려는 노력을 기울여야 하고, 만약에 과거와 마찬가지로 우리의 정체성, 손쉽게 말해서 민족성에 대하여 오해가 있었다면 다시금 바로 잡을 필요가 있습니다.

또 이번에는 강의의 전체 주제가 '다시 보는 우리 민족'이기 때문에 민족 문제뿐만 아니라 주체의 성격에 관한 '민족성'도 우리라는 시각에서 볼 필요가 생겼습니다. 그리고 현실에 적합하고 새 시대에 걸맞게끔 지향성을 가져야 합니다. 이런 목적 때문에 제4강을 마련했습니다.

민족성이란 것은 실제로 있는 '본질'일까? 아니면 근거나 실제가 없는 '현상'일까? 만약 있다면, 결국 민족성의 주체는 인간이니까 인간이 그대로 있다면 시간의 흐름이나 공간의 이동을 불문하고 변하지 않는 불변의 것일까? 그리고 만약 민족성이라는 것이 존재하고 작동한다면 우리의 민족성은 무엇일까? 이런 질문들이 끝없이 제기되곤 합니다.

민족성을 규정하는 틀과 추출하는 방법들은 여러 가지가 있습니다. 저는 기존의 견해나 방법들은 일단 비판적인 입장을 취하면서 배제하도록 하겠습니다. 우선 기존의 방법들은 구체적인 사실을 근거로 삼으면서 정확하게 추출하거나 표현한 것이라기보다는 선험적이고 통념에 따라서 접근하는 경우가 많았습니다. 예를 들면 '한恨', '정情' 등의 낱말과 뜻이죠.

또 한 가지는 구체적이고 실제적으로 현상을 파악하고 분석했어야 하는데 너무 이론적으로 접근을 했습니다. 그러니까 추상적이고 확실한 증거들도 잡히지 않을 뿐 아니라 이는 결국 사실과 다른 경우도 많았고 부정적인 영향도 적지 않게 끼쳤습니다.

일단 원론적인 질문을 하겠습니다. 도대체 민족성이란 것이 무엇입니까? 저는 우선 간단명료하게 생각하려 합니다. 민족의 실체 여부에 대한 논쟁과는 무관하게 한 집단이 역사적으로 존재해 왔습니다. 그 구성원들은 결코 특별한 사람들이 아닙니다. 저와 여러분들이, 결국은 모두가 민족의 구성원이거든요. 지금 이전의 시대도 바로 우리 같은 사람들의 의미 깊은 생활 속에서 만들어졌고, 그러한 과정이 끝없이 계속되는 것이 역사이고 민족의 역사입니다. 그러니까 사람들의 생활 속에서 각 사람들의 성격이나 가치관 등이 드러나면서 쌓이다 쌓이다가 그 가운데에서 우러나오는 것들이 어느 정도 윤곽을 드러내고, 또 그것은 다른 집단과 구별할 수 있게 됩니다. 개인이 개성을 갖고 있듯이 집단도 개성을 갖고, 당연히 역사도 개성을 가질 수밖에 없습니다. 저는 이러한 '한 민족이 가진 개성들이 민족성'이라고 생각합니다.

그러니까 표현을 구체적으로 하든 안 하든 간에 구성원들은 누구나 다 알고 공감하는 것입니다. 그것을 몇몇 학자들이 생활과는 동떨어진 사변적인 태도로, 특히 중국인의 인식이라든가 중국 사서의 몇몇 기록을 근거로 삼아 민족의 성격을 규정한 것이 문제가 있죠. 세계사적으로 볼 때 근대적인 인식론과 방법론으로 민족을 자각하고 그에 따라 민족의 정체성 또는 민족성을 찾고 설정하게 되었습니다.

그런데 안타깝게도 우리 근대의 시작은 일본 제국주의에 의해서 강제로 주도되었습니다. 그러한 과정 속에서 당연한 일이지만 일본 제국주의자들이 보다 논리적이고 조직적으로 만들어 낸 것이 식민사관이고, 식민사관의 내용이 결국은 우리 민족성을 나쁘게 규정하거나 부정적으로 볼 근거를 마련한 것입니다. 그렇다면 이 또한 당연히 극복해야만 되겠죠? 저는 기존의 선입관과 추출하는 방식들을 배제시키고, 있는 그대로 사실을 근거로 우리 역사 속에서 찾아보고자 합니다.

과거에 우리 주변국에서 우리가 가진 성격에 관해서 얼마나 나쁘게 평했는가는 몇 가지 예에서 알 수 있습니다. 중국인들이 가장 싫어한 나라는 고구려입니다. 두렵기 때문에 싫어하고 그래서 그들을 늘 나쁘게 평가했습니다. 이를테면, 『삼국지』의 「위서」 〈고구려전〉에는 '교만하고 방자해졌다(後稍驕恣)' 또 '걸어다니는 것이 다 달리는 것 같다(行步皆走)' 라고도 묘사하였습니다. 『후한서』에는 '고구려 사람들은 성질이 흉악하고 급하며 기력이 있어서 싸움을 익히고 약탈을 좋아한다(其人性凶急有氣力 習戰鬪好寇)' 라고 아주 혹평을 가하였으며, 비교적 고구려 후대의 상황을 묘사한 『주서』에도 '고구려 사람은 거짓말을 잘하고 말투가 천하다' 라고 묘사할 정도입니다. 『수서』에는 다소 긍정적인지 모르지만 '손을 흔들고 걸어간다' 라는 표현이 있습니다.

중국 입장에서는 당연한 거겠죠. 그 외에도 여러 가지 표현이 있어요. 또 긍정적일 수도 있고 부정적인 수도 있겠지만 『삼국지』〈동이전〉에 보면 우리 민족이랄까 우리는 '가무음주에 능하다' 이런 표현들이 있는데, 확실히 그런 면이 있습니다. 그러나 이러한 점들이 정말 우리를 긍정적으로 평가한 건지 부정적으로 평가한 건지는 다시 한 번 새삼스럽게 봐야겠죠.

일본인들은 우리를 평가할 때 말 그대로 식민사관을 잣대로 삼아 마음대로 했습니다. '사대주의' 같은 것은 일부러 더 강조합니다. 이를테면 우리 민족은 '사대성'이 강하다고 하였고, 반도이기 때문에 '반도적 숙명'을 가지고 있다라든가 '반도인'이 가질 수밖에 없는 나쁜 성격, 나쁜 근성을 가지고 있다든가 라고 했습니다. 그런 과정 속에서 우리 민족의 나쁜 성격들을 많이 열거했고, 그 중의 하나이면서 치명적인 해악을 끼친 것이 바로 우리 민족은 '당파성이 강하다'라는 주장입니다.

사실 역사를 살펴보면 전혀 안 그렇거든요. 저는 오히려 반대라고 봅니다. 이러한 정의들은 반드시 많은 사실들을 근거로 삼아야 하는데, 오히려 당파성은 일본이 더욱 심했습니다. 일본은 16세기 말 토요토미 히데요시(豊臣秀吉)가 피로 물든 전국戰國을 통일할 때까지 무려 300년 동안 대 분열시대였습니다. 강자들 간에 권력쟁탈전이 참혹할 정도로 벌어졌습니다. 물론 그 이후에도 마찬가지였습니다만, 중국은 더더욱 말할 나위가 없지요.

그런데도 지난 시간에 말씀드렸듯이 일본의 식민당국은 뚜렷한 목적을 지닌 교육지침을 갖고 조직적으로 우리를 세뇌시켰습니다. 그렇게 교육을 받다보니 패배감과 절망감에 휩싸여 있었던 조선사람들은, 우리가 정말 애초부터 당파성이 강한 민족이었고, 그래서 식민지가 된 것은 당연한 것이라고 착각을 하게 되었습니다. 그러다 보니까 지금 보다시피 당파성이 강해졌습니다. 교육이 이렇게 무서운 겁니다. 이런 부분들은 앞으로 우리 민족주의가 극복해야 될 과제라고 봅니다.

그 외에도 일본인들이 우리를 나쁘게 평가한 것이 많이 있죠. 가장 대표적인 분야가 바로 문화와 예술입니다. 조선의 미학이 정립되는 초기의 대표적인 학자인 세키노 타다시(關野貞)는 『조선미술사』에서 이렇게 평가하였습니다. "커다란 하천과 평야가 비교적 빈약하다. 가는 곳마다 지세가 작게 갈라져 있어 이것이 국민의 기질에도 영향을 주어 웅대하고 강건한 기상이 결여된 면도 없지 아니하다. 이 속에서 생겨난 미술 역시 아기자기하고 섬약한 면을 가지고 있다"라고 하면서 또 이렇게 말합니다. "사대주의에 빠져 미술에도 독창성이 결여되어 있고 시종 중국예술의 모방에 물들어 있다. 국민정신이 일반적으로 문약하며 웅대하고 호방한 기질이 결여된 나머지 표현된 미술 역시 소규모이며 지나치게 섬세하고 화려한 폐단이 있다" 결론까지 내린 것이지요. 이 정의가 한국미의 성격과 특징을 정의하는데 영향을 끼친 것은 말할 것도 없습니다.

또 하나 있습니다. 야나기 무네요시(柳宗悅)란 근대 일본의 젊은 미학자의 존재입니다. 당시 일본 사회에서도 그랬었지만 식민지시대부터 지금에 이르기까지 한국예술에 엄청난 영향을 끼친 사람입니다. 근대를 지향하는 식민지 조선의 지식인들이 흠모해 마지않던 젊은 사람입니다. 그가 20대 후반에서 30대 초반에 쓴 몇 편의 글들이 긍정적이건 부정적이건 우리 문화의 기본성격을 규정해 버렸어요. 지금까지도 그가 규정한 미학과 문화의 틀에서 크게 벗어나지 못하고 있습니다. 물론 박종홍, 김지하, 안휘준, 문명대 등은 이에 반발하거나 이와 다른 주장을 펴기도 합니다만….

야나기가 한 말 가운데 "조선의 미술은 쓸쓸함과 슬픔이다"라는 내용이 있습니다. 그 시대 식민지 지식인들, 특히 외국에서 독립운동이나 독립전쟁을 벌이지 못하고 자의든 타의든 조선에서 안주하는 지식인들의 묘한 (?) 처지와 심리상태에서는 엄청난 파급력을 가진 정의이지요. 어떻습니까? 또 그는 유독 '비애'란 말을 많이 썼어요. 또 '애상哀想'이란 말 아시죠? 애상미가 있다고 했을 때 쓰는 애상이란 단어, 이런 그럴듯해 보이는 말들이 실은 대부분 야나기 무네요시가 처음으로 쓴 것들입니다.

우리를 지칭하는 몇 문장들 가운데 '백의민족'이 있습니다. 우리는 흰옷을 숭상한다는 뜻이죠. 그런데 우리의 '흰 빛'은 야나기가 얘기한 것처럼 '비애, 애상, 한의 미학'과는 다릅니다. 가장 '완성을 지향하는 의미'이거든요. 백은 색으로서의 'white'가 아니라 빛, 광명 등을 나타내는 '밝' 즉 'bright'를 의미합니다. 즉 해를 상징하는 것입니다. 우리 민족은 하늘과 함께 그 구현물인 '해'를 추구하고, 떠오르는 해를 향해서 이동해 온 집단이에요. '해모수', '해부루', '해명' … 등등, 이 때 해解는 풀어헤친다는 뜻을 지닌 해解가 아니라 음으로 해를 가리키는 태양을 뜻합니다. 우리는 그래서 많은 지명이나 사람의 명칭 그리고 특히 산의 이름에 백白 자가 많이 들어가 있습니다. 대표적인 산이 바로 불함산, 태백산, 태황산, 대박산 등으로도 기록된 백두산입니다. 백두산이 그렇게 중요한 것입니다. 하지만 우리는 다분히 무시해왔지요.

혹시 여러분은 장백산 공정이라고 들어보셨나요? 사실 만주 일대는 중국의 문화와는 관계가 없으며 중국인들은 문화가 발달하지 못한 미개한 지역이라고 주장해 왔습니다. 그리고 그 곳에서 발전한 나라가 원조선, 부여, 고구려, 발해 등이었습니다. 거기다가 한족은 만주족에게 나라를 빼앗긴 채 청나라로서 수백 년 동안 살아오면서 '반청복명(反淸復明 청나라를 반대하고 명나라를 다시 세운다)'을 줄기차게 추진해 왔습니다. 그런 중국정부의 입장에서 동북공정과 같은 맥락에서 유사한 시기에 장백산 공정을 추진하기 시작했습니다. 간단히만 언급하고 넘어가겠습니다.

여진족이 장백산으로 불러온 백두산을 거점으로 자기들의 동북 특히 남만주 일대의 역사를 초기부터 중국의 역사였다며 편입시키는 문화적인 해석입니다. 그 공정을 실질적으로 주도한 유후생의 말을 보면 너무나 분명하게 드러납니다.

"장백산 문화는 지역문화로서 상당한 정도로 역사, 민족, 강역 등의 문제와 서로 연관되어 있는 동시에 국제정치와도 연관되어 있는데, 예컨대 고구려문화, 발해문화는 장백산문화의 중요한 내용이자 중화문명의 한 부분이기도 하다. 이러한 문제에 정확히 대처하는 것은 국가와 중화민족의 근본 이익과 연결된다."

무서운 말이지요. 결국은 백두산을 중심으로 동북과 서북, 서남 그리고 한반도를 넘어서고 동해까지 이어지는 광범위한 지대에서 발전한 문화라고까지 주장하는 것입니다. 당연히 사할린도 중국의 범위에 들어가지요. 그만큼 백두산이 지니는 문화사적, 영토적, 현실적인 의미가 크다는 것을 반증하는 것이지요. 그렇다면 우리 지식인들은 할 말이 없습니다.

한마디만 더 하고 넘어가겠습니다. 백두산은 고려시대 처음 사용한 말이지만, 불함不咸, 개마蓋馬, 웅신熊神, 태백太白, 도태백徒太白, 장백長白, 백두白頭 등 정말 다양한 이름으로 불렸습니다. 그만큼 의미가 깊은 산이기 때문이지요.

이제 다시 '해' 부분으로 넘어가겠습니다. 제 이름인 윤명철에도 밝을 '명明' 자가 들어갔습니다. 이렇게 우리는 어디서나 늘 해를 지향해 왔는데 야나기 무네요시는 정반대의 의미와 분위기로 본 것입니다.

그는 고려 청자와 조선 백자를 미학적으로 평가하면서 '선線'을 강조합니다. 특히 조선 백자를 얘기하면서는 '사랑에 굶주린 그들의 마음의 상징'이라고 표현을 했습니다. 이렇게 청자와 백자의 유연한 선에서 야나기는 '비애', '애상'을 찾아냈고 그것을 강조하다보니까 많은 사람들은 우리 문화를 얘기하면 자동적으로 '한恨'이라는 이미지를 떠올리고, 나아가 '애상의 미'를 떠올리고 '비애'를 떠올립니다.

제가 보기에는 전혀 안 그래요. 저는 조선 백자, 고려 청자의 유려한 몸이 빚어낸 선이야말로 완성미의 극치라고 보고 있습니다. 지금은 일본의 국보 1호로 지정돼서 교토의 광륭사(廣隆寺, 고우류지)에 전시되어 있는 '목조보관미륵반가사유상'이나 나라(奈良)의 법륭사(法隆寺, 호우류지) 영보전에 전시 중인 '백제관음보살입상' 등의 선에서도 그러한 미의 극치를, 저는 '지미至美'라고 단어를 만들었습니다만, 지미를 체험할 수 있습니다.

자연이나 우연이 아닌 인간의 손길을 대서 만들어 낸 선 가운데서 강렬하고 역동적이면서도 유려한, 때로는 갸날픈 느낌도 살짝 내비치는 칼날 같은 강력한 직선과 풍만한 달덩이의 부드러운 곡선이 한 선에서 드러나는, 그렇게 완성미가 물씬한 선을 어디서 쉽게 발견할 수 있겠습니까? 물론 보는 관점에 따라 다른 것이 미학일 수 있지만, 제가 단호히 말씀드리는데 야나기 등이 말하는 류의 한국미는 저는 수용할 수도 없고 사실도 아니라고 판단합니다. 문화와 예술품이 만들어지는 배경도 중요한 요소인데 그런 면에서 볼 때도 역시 야나기 류의 해석은 근거가 부족합니다.

제가 이 자리에서 특별히 강조하고 싶습니다. 학자들도 마찬가지입니다만, 우리나라 예술가들은 창작을 하건 평론을 하건 세계를 자기 눈으로 보고, 자기 가슴으로 느끼고, '자기 언어'로 표현하는 훈련을 더욱 진지하게 할 필요가 있습니다. 남의 눈으로 보려 하고, 남의 귀로 들으려고 하며, 남의 이론을 빌어서 창작하거나 평론을 하면 그것은 예술가나 지식인들이 하는 일이 아니죠? 더군다나 역사 속의 문화나 예술은 이미 오랫동안 많이 오염됐습니다. 중국인들과 소중화 의식에 젖은 성리학자들, 일본인들과 그에 부화뇌동했던 일제강점기의 문화예술인들 그리고 서양문화에 저항없이 굴복하는 현대인들에 의해서 말이죠.

이러한 현실이기 때문에 각별하게 공부하고 의도적으로라도 다시 보려는 관점을 갖고 있지 않으면 안 된다고 생각합니다. 그런 의미에서 우리의 미나 문화재에 대한 저의 견해가 옳고 그름을 떠나서 새롭게 보는 시도는 의미가 있고 반드시 그렇게 할 필요가 있다고 봅니다.

우리 민족의 정체성에 관해서는 단재 신채호 선생은 '국수國粹'라는 표현을 사용했습니다. 이 분이 얘기한 독특한 주장 가운데 하나가 낭가사상이죠? 고조선 시대부터 면면히 내려오는 민족사상입니다. 여러분들은 '국수'하면 일단 부정적인 생각을 떠올리면서 고개를 설레설레 흔듭니다. 통념 때문입니다. '국수주의', '내셔널리즘', 탈민족주의자들이 얘기하는 부정적인 의미를 지닌 '민족'을 연상하기 때문입니다. 그래서 박은식, 신채호같은 소위 민족주의 역사학자들은 지금까지도 친일파나 탈민족주의자, 국사해체론자들에 의해서 부정적인 평가를 받으면서 비판을 받고 있습니다.

그런데 단재 선생이 말씀하신 국수는 '나라의 정수'를 얘기한 겁니다. 저는 이 단어를 정체성(identity)의 또 다른 표현이라고 생각합니다. 좋은 의미인 것입니다. 그런데 문장과 이론의 전후 맥락을 고려하지도 않고 또 강렬한 표현을 할 수밖에 없는 시대적인 상황을 고려하지도 않은 채 공격적, 패권지향적인 민족주의로 해석하면 잘못된 것이죠. 박은식 선생은 '혼백'을 중요시 했습니다. '혼魂'은 정신이고 '백魄'은 물질입니다. 위당 정인보 선생은 '얼'을 소중히 여겼고, 호암 문일평은 '조선심朝鮮心'을 역사에서 중요한 요소라고 주장했습니다.

물론 고증을 절대시하는 강단 역사학과 유물사관을 갖고 있었던 사회경제사학자들은 이들의 역사이론이 관념적이고 객관성을 잃은 채 민족을 근거 없이 우월하게 평가했다고 비판했습니다. 학문적인 태도가 결여되었다는 비판도 많았습니다. 물론 지금도 그러한 평가는 달라지고 있지 않습니다. 하지만 그 분들은 당시로서는 가장 지적이고 과학적인 방식을 택하였습니다.

대표적인 학자인 신채호는 유학, 실학뿐만 아니라 근대 일본의 역사이론과 양계초 등이 연구하고 주장한 중국 신학문도 수용하고 영어를 이해하면서 '사회유기체설' 등의 이론도 수용했습니다. 심지어는 크로포트킨 같은 무정부주의자들의 글들도 읽고 인용하였습니다. 정말 수없이 많은 고전을 읽고 연구에 활용하였는데 현재까지도 존재 여부가 불분명한 책이 몇 권이나 있을 정도입니다. 또 무엇보다도 일종의 비교언어학적 방법론을 활용하여 많은 새로운 사실을 밝혀냈고, '한사군위치설', '낙랑설' 등 일본인들이 주장한 설들을 비판하였습니다.

실제로 그가 처음으로 주장하고 제기한 이론들은 지금까지도 학계에서 연구되거나 통용되고 있습니다. 그리고 고증과 과학적 태도를 금과옥조처럼 부르짖던 강단 역사학자들은 전혀 시도하지 못했던 현장체험을 다양한 곳에서 확실히 하였습니다. 만주 일대의 고구려 유적과 발해유적, 연해주 남부, 북경의 근교 지역까지 답사하면서 역사를 연구한 것입니다. 민족주의 사학자들은 최고의 이론을 찾아서 정체성을 규명하였을 뿐만 아니라 지식인답게 몰가치적이지 않았고, 민족의 해방과 독립에 필요한 힘과 방법론을 찾으려고 혼신의 노력을 기울인 학자들입니다. 추상적이거나 교조적이지 않았고 실제적이었습니다. 오히려 이들과 대척점에 있는 사람들이 누구겠습니까? 바로 친일파들이죠? 그리고 일부 역사학자들이고.

여러분들은 누가 더 과학적이라고 생각합니까? 오히려 그들이야 말로 이러한 비판을 받아야 한다고 생각합니다. 저는 지금도 역사학계나 지성계에 이런 구도가 남아 있다고 봅니다. 그들이 의식하든 하지 못하든 간에….

최남선은 이미 1925년부터 '불함문화론', '광명사상'을, 이광수는 1922년에 '민족개조론' 등을 주장했습니다. 하지만 안타깝게도 일제 말기에 이르러 불미스러운 친일 행동으로 인해 평가받지 못하고 있는 것이죠.

세 번째는 우리는 평화를 사랑하는 민족이라는 주장입니다. 해방 이후에는 사람들에게 "우리 민족성은?" 하고 물으면 천편일률적으로 답변하는 것이 몇 가지 있습니다. 첫 번째는 '한'의 문화, 두 번째는 '은근과 끈기', 세 번째는 우리는 평화를 사랑하는 민족, 맞지요?

우리 민족성은 결코 한恨이 아니라고 판단합니다. 한의 문화도 아니고, 우리는 한이란 것이 민족성이 될 정도로 지독한 고난을 겪은 민족도 아닙니다.

또 '은근과 끈기', 이것은 우리 민족에게는 아주 긍정적인 개념으로 받아들이고 있어요. 그런데 제가 보기엔 오해인 것 같습니다. 오히려 수동적이고 소극적이고 방어적인 개념이죠. 우선 사실 여부입니다. 왜 우리가 은근과 끈기가 남다르다고 강조하지요? 실제로 그렇습니까? 더 적극적인 성격을 가지고 있는데…. 노력하고 집중하고 집념을 실현시키는 것과 끈기는 같은 것이 아닙니다. 사실 우리 민족은 오히려 때로는 다른 민족들보다도 급한 면을 드러내고 있어요. 그 점을 우리는 거의 대부분이 인정합니다.

'은근과 끈기' 라는 말은 국문학자인 조윤제 선생님이 쓴 수필이 교과서에 실리면서 그 일부의 문장이 마치 우리 민족성인 것처럼 전파되고 오해가 된 것입니다. 물론 때로는 우리에게 엄청난 도움을 주고 큰 역할을 한 것은 부정할 수 없습니다. 하지만 예술가 또는 국문학자의 통찰력도 중요하지만 사실을 찾아내고 계량화시킬 수 있어야 하고 무엇보다도 상대비교를 통해서 객관성을 가져야 합니다. 길고 유장하면서도 폭이 깊은 역사 과정 속에서 많은 사례들을 찾아 놓고 유형화시킨 후에 다른 것들과 상대비교를 하고, 그 결과로 우리만의 특성을 찾아냈을 때 비로소 그것을 '민족성' 이라고 부르는 것이 바른 방식이라고 생각합니다. 그렇다면 이분들이 그런 과정을 거쳤는가 살펴봅니다. 그렇지는 않거든요. 그렇다면 늦었더라도 다시 점검해봐야 합니다.

그 다음으로, '우리는 평화를 사랑하는 민족이다' 저는 이 주장도 사실은 마땅치가 않습니다. 그러한 특성이 민족성이 될 수도 없지만 전혀 근거가 없거든요.

1,000여 회에 달하는 침략을 당했는데도 우리는 한 번도 남을 침략해 본 경험이 없다고 자랑합니다. 우선 첫째 이게 사실입니까? 여러분은 사실이라고 믿습니까? 사실이 아닙니다. 저는 역사학자입니다. 저는 고구려사를 공부하고 있지만 해양사도 공부하기 때문에 적어도 고려시대까지는 통사적 입장에서 살펴볼 수 있습니다. 사실에 근거해 본다면 우리는 1,000여 회나 달하는 침략을 결코 받지 않았습니다. 더욱 중요한 사실은

우리도 다른 지역을 침략한 적이 많이 있다는 것입니다. 단, 그것이 침략이냐, 진출이냐, 개척이냐? 이것은 구분해야겠죠. 우리는 필요에 따라서 다른 지역에 적극적으로 진출하고 개척했습니다. 예를 몇 가지만 들어보겠습니다.

일본 열도는 신석기시대, 적어도 7,000년 전 정도부터는 우리 땅에서 남해와 동해남부를 건너, 심지어는 동해 북부의 망망대해를 건너 진출하면서 개척을 한 것이죠. 그 이후도 끝없이 이어지는 이민과 개척자의 행렬이 있었습니다. 북쪽이나 동쪽도 마찬가지였습니다. 고구려가 남만주 일대에서 출발한 것은 분명합니다. 그런데 전성기에는 북만주 일대와 요서지방의 일부, 그리고 동만주의 넓은 수풀지대도 장악하고 동해북부 해양까지 진출했습니다. 그들은 동해의 북부나 타타르 해협을 배타고 건너 갔죠.

또 신라의 해적들도 있는데요. 여러분들은 신라, 아니 우리민족이 해적활동을 활발하게 전개하였다고 말하면 고개를 갸웃거리며 의아해하기도 하고 또는 아주 불쾌한 내색을 하곤 합니다. 그리고 일부는 눈을 반짝거리면서 묘한 표정을 드러내기도 합니다. 제 말에 흥미를 일으키는 것이거든요. 신라의 해적들은 정말 대단한 집단이었던 것 같습니다. 9세기 내내 일본의 바다를 횡행하고, 지방에서 중앙에 보내는 공물선을 약탈하고 심지어는 대마도를 일시적으로 점령하기도 합니다.

물론 이런 사실들은 우리 기록에는 한 줄도 없습니다. 『삼국사기』에는 우리가 늘 외부 세력에게 침략받고 피해입은 사실만 장황하게 기록하였습니다. 그러니 위축되고 피해의식에 사로잡혀 있는 것이지요. 『삼국사기』에는 신라 해적의 역할도, 장보고 선단의 활약도, 발해의 놀랄만한 해양활동도 전혀 기록하지 않았습니다. 주로 일본의 정사들을 비롯한 기록들을 통해서 알 수 있는 사실들입니다.

저는 고려시대에도 고려의 상인들이나 항해자들, 심지어는 해적들이 활발하게 활동을 벌이면서 외국으로 진출했다고 믿습니다. 또 한민족은 구한말부터 남만주와 연해주 일대로 이주와 개척을 시작했습니다. 블라디보스토크, 우스리스크, 나홋카 같은 추운 동토지대에서도 아열대 식물인 벼를 재배하는 데 성공시킨 사람들이 우리 조상들입니다. 그럼 이러한 사실에 근거하여 볼 때 이런 지역들은 우리가 개척한 터전이 아니겠어요?

우리는 물론 평화를 소중하게 여기고 사랑하지만, 그렇다고 해서 남에게 굴복하고 자유를 뺏길 수는 없어요. 평화를 사랑하면서도 남들과 상생을 하면서 남에게 피해를 받지 않는 것이 중요한 거죠. 제가 거론한 우리 민족성을 거론한 분들은 해방된 이후에 나라와 백성을 사랑하고 잘해 보자는 충정에서 이런 이론들을 만들어냈지만 결과적으로는 결코 긍정적이지 않았다는 것이죠.

우리는 정말 인도의 위대한 성자인 '마하트마 간디'처럼 무저항주의자로서 평화를 지향한 적도 있습니다. 하지만 역사나 현실 속에서는 그러한 정신과 함께 반드시 실력을 갖추고 때로는 적의 생명을 빼앗으면서도 스스로를 방어할 수 있고, 심지어는 적의 공격과 침략이 분명하면 망설이지 않고 공격도 해야 합니다. 이것은 종교의 문제, 윤리의 문제가 아니라 현실적인 문제입니다.

모든 존재물들에게 가장 중요한 것은 생명을 유지하는 것이고 종족을 보존시키는 일입니다. 국가는 개인과 가족들의 모임이므로 초기에는 일종의 가족국가였습니다. 국가가 존재하는 이유는, 어떠한 상황에서도 국민의 생명을 지키고 생활을 보장해서 행복하게 살 수 있게 만드는 것입니다. 거기에서 특히 적 또는 외국의 공격을 받았을 때는 무슨 수를 써서라도 지켜줄 의무가 있습니다.

지식인들이 원론적 얘기, 명분과 이상과 평화를 추구하는 것은 상당히 보기 좋습니다. 또 인격자로서 대접받습니다. 그러한 존재도 필요하고 그러한 주장과 태도들도 필요합니다. 그런데 거기에는 일정한 조건과 책임과 의무가 있습니다. 그런데 이들 가운데 일부는 자기집단을 비판적으로 보고 단점들을 침소봉대하면서 심지어는 부정적으로 평가하기도 합니다. 때로는 객관을 빙자해서 자기는 그것과 무관한 듯 인식하고 행동하기도 합니다. 만약 그렇다면 특별한 일이 발생했을 때, 집단이 심각한 위기나 붕괴에 직면했을 때, 또는 자기가 주장하고 고수했던 상황으로 인하여 다수의 사람들이나 국가가 위험에 처했을 때에는 책임도 다해야 하는 것 아닙니까?

조선은 출발부터 자의식이 약했다고 생각합니다. 그 조선을 건국한 주체이면서 모든 분야의 권력을 틀어쥔 것은 지식인인 성리학자들이었습니다. 학자이면서 관리이고 지주이면서 문학과 예술을 창작하고 즐긴다는 만능 재주꾼들이지요. 권력, 금력, 지력, 문화력 등을 한꺼번에 장악한 이들이지요. 하지만 유감스럽게도 그들의 지식은, 그들이 가진 가치관, 세계관은 중국문화와 한자였습니다. 보편성으로 위장을 한 그들이 경제적으로 얼마나 무능했고 백성들을 얼마나 소름끼칠 정도로 착취했는지 그 사실은 말하지 않겠습니다.

알량한 지식인들은 국방을 게을리한 정도가 아니라 전쟁이 코앞에 닥쳤음에도 불구하고 현실을 부정하면서 시일을 끌다가 결국은 임진왜란을 당하지 않았습니까? 왜군은 부산포에 상륙작전을 개시하고 불과 20일만에 서울을 함락했습니다. 1592년에, 이건 나라라고 볼 수가 없지요. 임금을 비롯한 지식인 관료들은 혼비백산하여 서울을 버리고 북쪽으로 도망을 쳤지요. 졸지에 버려진 숱한 백성들은 사지에서 참혹한 고통을 겪었습니다. 그들은 생활뿐만 아니라 생존 자체를 상실 당했잖아요. 헤아릴 수 없는 수많은 사람들이 일본으로 포로로 끌려갔죠? 그들은 노예가 됐고 다른 나라로 팔려나갔고, 동남아시아나 심지어는 이탈리아에까지 끌려갔습니다. 왜 조선왕조의 지식인들은 책임을 지지 않았습니까? 그리고 조선은 왜 자진 해체하지 않았습니까? 그리고 참 의아스럽지만 왜 조선의 또 다른 지식인들 아니면 백성들은 그 조선을 멸망시키지 않았습니까?

그러니까 보기 좋고 대우받을 수 있도록 명분만을 외치거나 보편성만 외치는 사람들은 평소에도 거기에 걸맞는 행동을 해야 합니다. 또 만약 해결할 수 없을 정도의 문제가 생겼을 때는 자기 말과 행동을 책임지고 뉘우치거나 책임감을 통감하면서 자결해야 합니다. 학봉 김성일 선생은 임진왜란 직전에 일본에 파견됐다가 귀국한 후에 일본의 침략은 없을 것이라 보고했습니다. 또한 토요토미 히데요시는 대단한 인물이 아닌 것처럼 이야기 했습니다. 당연히 그는 역사적으로나 현실적으로 책임을 져야 합니다. 결국 그는 목숨을 걸고 적을 막기 위해서 나가서 싸우다 죽었습니다. 그는 도저히 이해할 수도 없고 용서할 수도 없는 정책상의 오류를 범했고 판단의 실수를 한 것입니다. 하지만 그래도 최소한 지식인의 도리는 한 것입니다. 능력과 식견의 부족함이 있지만 비열한 인간은 아니라는 것입니다. 그렇지 않고 평소에는 점잖고 빛깔 좋은 소리들을 손쉽게 말하면서 호사를 누리다가 위기에 처하면 황급히 숨어버리는 그런 지식인들은 본받아서는 안 된다고 생각합니다.

그 시대에 상당수의 지식인들은 책임지지 않았어요. 임금을 비롯해서 반성도 없었고 오히려 남아서 항전한 사람들을 역적으로 몰아서 죽이기까지 했었습니다. 이순신은 전쟁 도중에 죄인으로 몰렸고, 김덕령, 이산겸, 곽재우 등 의병장들은 역적으로 몰려서 처형되거나 평생을 은둔하며 살았습니다. 그렇게 세월을 보내다가 얼마 지나지도 않아 다시 청나라의 공격을 받았습니다. 허겁지겁하던 그들은 결국 치욕적인 항복을 하면서 왕조와 자신들의 권리를 지킵니다. 우리 역사에는 굴욕과 패배감을 또 한 번 안기고, 백성들은 죽게 놔두었고, 무려 50만에 달하는 백성들이 포로로 청나라로 끌려가게 만들었습니다. 그걸 다룬 영화가 〈최종병기 활〉입니다. 정확한 문장은 기억이 안 납니다만 젊은 누이가 포로로 끌려갔다가 갖은 고생 끝에 탈출에 성공하였는데, 여동생이 압록강물을 바라보면서 머뭇거립니다. "우리같은 사람들이 국경을 도로 넘으면 다 죽인다고 하던데…." 그러자 명궁인 오빠가 단호한 표정으로 말합니다. "백성을 버린 임금은 더 이상 임금이 아닌 거야!" 우린 이 말을 기억해야 합니다.

일제강점기 때의 지식인들도 마찬가지이고 지금도 마찬가지라, 그런 지식인들이 너무 많은 것 같습니다. 현실은 매우 중요합니다, 특히나 백성들에게는! 그런 의미에서 여러분들은 현실과 실제성을 각별히 생각해야 합니다.

민족문제도 저는 긍정적인 의미의, 포괄적 의미의, 말 그대로 상생에 의미를 무겁게 두는 민족주의를 주장합니다. 설사 그렇지 않다고 하더라도 민족문제나 민족주의는 진지하고 책임감있게 접근해야지 쉽게 말할 수 있는 것은 아니라는 겁니다. 진짜 지식인은 남에게 잘 보이려고, 남에게 성인처럼 보이려고, 군자처럼 보이려고 존재하는 것이 아닙니다. 책임감은 당장이 아니라 미래, 개인이 아니라 전체를 염두에 두어야 합니다.

이제부터는 우리 민족성을 저의 관점에서 얘기해 보겠습니다. 여러분들이 긍정적으로 받아들여도 되고 또는 거부하거나 수용하지 않아도 됩니다. 그러나 저의 관점은 역사학자의 입장에서 역사상을 통해서 사실과 객관적인 증거들을 활용해가면서 이런 이론들을 끌어냈다는 것을 말씀드립니다.

저는 우리 민족의 첫 번째 특성을 '탐험정신'으로 규정합니다. 제가 이런 주장을 펼치면 듣는 사람들은 당혹스러워하기도 하고 의아하게 생각합니다. 심지어는 불신의 표정까지 보이기도 합니다. 우리 민족은 한恨이 많은 민족이고 은근과 끈기를 특성으로 갖고 있으며 무조건 평화를 사랑하는 민족인데 어떻게 탐험정신이냐?

탐험정신하면 사람들은 누구나 할 것 없이 떠오르는 것이 '톰 소여의 모험', '허클베리 핀의 모험', '바이킹', '1492년의 크리스토퍼 콜롬버스', '서부개척시대의 카우보이'를 떠올립니다. 그리고 대항해가인 '아문젠'이나 북극 탐험을 한 '피어리' 등 지리상의 탐험가들도 떠올리죠. 물론 그들은 대단히 뛰어난 탐험가들입니다. 하지만 그들은 서양 역사에 등장한 탐험가들입니다.

저는, 서양인들이 칭송을 하고 모두가 본받아야 한다고 국민교육을 하면서까지 부각시킨 그들의 탐험행위를 실은 한편으로는 비판적으로 보고 있습니다. 저는 개인적으로 그들의 탐험은 긍정적인 의미, 꼭 본받아야 할 탐험이라기보다는 조금은 고개를 돌리고 싶은 행위로 봅니다. 거기에는 밝고 찬란한 빛이 반짝거리는 것이 아니라 어두운 그늘이 어른거리거든요. 정확하게 표현하면 침략과 약탈이죠. 본인들은 의식했는지 안했는지 판단하기 힘들지만 결과적으로 제국주의, 식민주의의 첨병 역할을 한 것은 분명하거든요. 이와 연관된 구체적인 사례들은 너무나 너무나 많기 때문에 열거할 수 없을 정도입니다.

우리는요? 그렇지 않죠. 사람들은 '탐험정신'을 강조하면 이렇게 반응

합니다. '저 사람은 자기가 탐험을 많이 했으니까 모든 것을, 심지어는 민족성마저 탐험으로 끌고 간다'고.

사실 저는 탐험을 많이 했습니다. 대학교에 들어오면서 동굴탐험을 시작했으니까 정식으로 훈련을 받았습니다. 그리고 장르를 확장하면서 강에서 뗏목탐험을 시작했고, 1982년도에는 대한해협에 도전했습니다. 7미터짜리 통나무들을 엮어서 뗏목을 만든 다음에 거제도에서 출항해서 대마도를 거쳐 큐슈까지 도착하는 항해였습니다. 아쉽지만 여러 가지 사정 때문에 33시간만에 실패하고 마침 지나가는 유조선이 보여 연막탄을 터뜨려서 구조됐었습니다. 83년도에 다시 도전을 했죠. 그래서 44시간만에 대마도의 북쪽인 사고만(佐護灣)에 상륙했으니 일단 대한해협은 건넌 것이지요. 이어 4일 간에 걸쳐 북쪽에서 남쪽으로 살금살금 내려왔습니다. 마지막에는 점검을 마치고 가장 남쪽인 쓰쓰항(豆豆港)에서 출항했습니다. 큐슈를 향해 탐험을 하던 중에 태풍 애비호의 뒤 끝에 강타당해 서남쪽으로 표류하다가 큐슈 서북쪽에 있는 고토(五島)열도의 우쿠섬(宇久島) 앞에서 포기했습니다.

당시 대한해협을 건넌 뗏목의 이름은 '해모수호'였습니다. 뗏목의 흰 돛에는 청백적흑 그리고 황색의 다섯 마리 용이 활활 타오르는 해를 물고 용틀임을 하는 그림을 그렸습니다. 해모수는 없었지만 당연히 해모수를 상징한 그림이지요. 북한에 갔을 때 평양 시내를 벗어나 근교 력포구역에 있는

동명왕릉에 간 적이 있습니다. 무덤 옆에는 전시관이 있는데 거기에는 오
룡거五龍車를 타고 해모수가 하늘에서 당당한 모습으로 하강하는 광경을
그린 벽화가 있습니다. 다 알다시피 해모수는 고구려의 시조인 주몽의 아
버지이면서 마지막 단군입니다. 저는 해모수가 단군의 아버지인 환웅처
럼 제가 정의하는 완벽한 의미의 탐험가라고 판단했기 때문에 해모수라
는 이름을 부여한 것입니다.

중국에 가면 양자강 이남에 절강성이 있습니다. 96년도와 97년도에
절강성 바다에서 동중국해 사단항로斜斷航路를 입증하기 위해서 또 뗏목
을 띄웠는데, 그때 뗏목의 이름은 '동아지중해호'라고 붙였지만 돛에 그
린 그림은 '삼족오'였거든요. 고구려를 의미하는 것이지요. 역시 우리 민
족과 탐험은 불가분의 관계에 있다는 것을 강력하게 어필한 것입니다.

제가 우리 민족의 첫 번째 정신을 탐험정신이라고 했는데, 우리 민족
은 모험성이 있고 한계상황을 극복하는 정신이 강하다고 보기 때문입니
다. 언젠가 인터뷰에서 이런 얘기를 한 적이 있어요. "인류 역사상 가장
위대한 탐험가는 누구라고 생각하나요?" 이런 질문이 있었습니다. 저는
그 물음에 "석가모니"라고 대답했어요. 이어 우리 민족사에서는 '환웅',
'해모수'가 탐험가라고 그랬어요.

그들은 인간이 겪을 수 있는 모든 한계상황을 극복하는 시도를 했을
뿐 아니라 대의를 위해서 자신의 이익을 포기했습니다. 그리고 단순하게
모험을 하거나 도전하는 것이 아니라 분명한 목적이 있었습니다. 인류를
구하고 나라를 다시 세우겠다는 대의인 것입니다. 그러니까 예수도, 마호
메트도 모두 다 탐험가입니다. 우리에게는, 혜초처럼 법을 구하거나 전파
할 목적으로 험한 바다를 건너거나 사막을 횡단한 이들도 진짜 멋진 탐험
가입니다.

저는 우리 민족문화의 특성 가운데 또 하나를 탐험정신과 연관하여 '역동성'이라고 봅니다. 우리 민족은 '정적靜的'이라고 이야기 하고 '정중동靜中動'이 우리 문화의 특성이라고 많이들 주장합니다. 저는 절대 정적이라고 생각하지 않습니다. 우리 문화는 '정중동의 문화'가 아닙니다. 조선시대에 들어오면서 성리학자들이 사회를 주도하고, 그들은 명분을 중요시하고 학문을 절대적으로 여기는 지식인들이었기 때문에 어업, 수공업, 광업 등의 산업은 멸시했습니다. 오로지 벼농사만 장려했습니다. 왜냐하면 모든 세금은 주로 쌀로 받았기 때문이지요. 당연히 농민들은 벼농사를 지어야 하니까 여기저기로 이사를 다니거나 움직이지 못하게끔 토지에 결박시켜 놓았습니다. 그리고 사실 여부와는 무관하게 우리 문화는 '정적'인 문화라고 주입시킨 겁니다. 그래서 백성들은 역마살이 끼면 안 돼요. 그러면 자유로운 사고를 갖게 되고 어디론가 자꾸 떠나면 사회문제, 체제문제가 발생할 수 있거든요. 또 장사들이 나타나서 돌아다녀도 문제가 되는 겁니다. 그러니까 얌전하게 체제에 순응하는 인간들을 만들어내는 문화가 필요했던 겁니다. 우리가 알고 있는 조선의 문화들은 이러한 이데올로기에서 크게 벗어날 수 없습니다.

어떻습니까? 제가 만약 고구려의 후예이거나 고구려의 피가 조금이라도 남아 있다면 역마살이 끼는 게 당연하지 않아요? 그렇죠? 고구려는 멸망한 '원조선'의 폐허에서 일어나 계승한 나라이니 저항정신, 투쟁 같은 역동성을 바탕으로 출발할 수밖에 없었겠죠. 또 처음부터 망한 나라를 수복하고 자유를 되찾아야 한다는 목표가 있었으니 더더욱 역동적이고 도전적이고 난관을 극복하는 분위기로 가득찼을 것은 분명하지요. 거기다가 나라가 커지고 발전되고, 성숙해가면서 유목문화, 수렵삼림문화 같은 생기와 야성으로 충만한 또 다른 강렬한 역동성을 수혈받았을 것입니다.

이런 고구려인들을 접하면서 중국인들은 고구려인들이 거칠고 무력지향적이며 문화는 발전하지 않은 것처럼, 그것도 당연한 듯이 서술했습니다. 또한 문화의 '선'도 '직선의 문화'로만 인식합니다. 더불어 백제나 신라와 비교하면서 마치 고구려 문화가 덜 예술적이고 성숙되지 못한 것으로 오해하기도 합니다, 지금까지도. 오히려 본말이 전도된 생각이고 표현이지요.

벽화를 그린 고구려 고분이 지금까지 약 100여기가 발견됐습니다. 고구려 문화의 역동성이 잘 표현된 예술품들이지요. 그런데 그림을 이루는 선들을 보면 거칠고 날카로운 직선이 거의 없습니다. 기이할 정도로 원, 곡선, 유선형으로 꽉 차있지요. 심지어는 거칠고 사나워야 하는 역사(力士)들도 곡선의 역동성으로 표현했습니다. 내면에서 뿜어내는 힘을 느끼게 합니다. 질적으로 성숙하고 승화된 또 다른 격을 지닌 운동성이지요.

저는 집안集安에 있는 오회분의 5호묘에 50여 번 정도 들어가 보았습

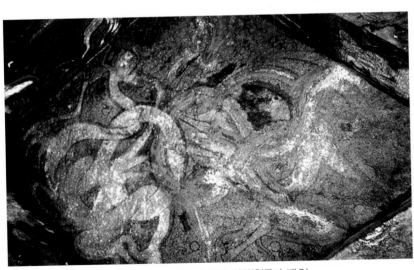

집안 오회분 5호묘의 천장 벽화(청룡과 백호)

니다. 캄캄한 데에 들어가서 전등불빛을 모아서 비추어 보면 깜짝 놀라고 등골에서 기운이 뻗치는 기분을 느낍니다. 때로는 청룡·백호·현무·주작의 강렬하고도 신령스러운 기운에 눌려 실신할 것 같은 느낌도 들곤 했습니다. 어떤 사람들은 신기가 들릴 것 같다고 말하는 것도 들었습니다.

청룡과 백호의 몸뚱이는 얼핏 보면 마치 '나이키' 도형같아요. 여러분 잘 아시지요? 젊은이들이 잘 신고 다니는 운동화의 양 옆에 새까맣고 강렬한 선으로 모양을 낸 나이키 마크요. 그리스 신화에 나오는 승리의 여신인 '사모르니케'에서 '나이키(nike)' 상표를 따온 것이거든요.

나이키는 매우 강력하고 힘차며 양쪽 끝이 날카롭게 보입니다. 운동을 나타내는 가장 적합한 선이지요. 삶이나 역사는 운동이나 전투와 다릅니다. 나이키 같은 문화는 인간을 불행하게 만듭니다. 고구려가 '군사지향적 국가'라거나 '거칠다'라는 선입견이 작용하면 청룡과 백호의 모습은 얼핏 보면 나이키와 유사하지요. 그런데 조금만 자세히 살펴보면 전혀 다릅니다. 그렇게 부드러울 수가 없어요. 용틀임이라고 표현하는데요, 몸뚱이를 뒤틀면서 움직이기 때문에 오색의 몸뚱이가 마치 '뫼비우스의 띠'처럼 나선형을 이루면서 현란한 분위기를 연출합니다.

이런 것을 보면 고구려 문화의 역동성은 힘만 강한 그런 운동이 아닙니다. 강하면서도 열정적이고 동적인 문화를 주조로 했지만 부드럽고 안정적인 정적문화를 적절하게 배합한 것, 이게 고구려의 역동성이지요. 푹 곰삭은 느낌과 내음이 밴 일체감입니다. 이런 것들이 고려를 거쳐 조선에 오면 역동성은 줄어들어 흔적을 남기고 정적인 분위기가 주조를 이루게 변질됩니다.

저는 그래서 고구려 문화로 드러나는 우리 문화의 원형을 흔히 말하는 '정중동靜中動'의 문화라는 표현 대신에 '동중정動中靜'의 문화라고 규정합니다. 영어로 표현하면 이동성을 나타내는 '모빌리티(Mobility)'에 다 정주성을 나타내는 '스테빌리티(Stability)'를 합하는 것입니다. 하지만 저는 기질상으로나 운동의 법칙을 고려해서 모빌리티를 우위로 두기 때문에 '모스테빌리티(mo-stability)' 문화라고 규정을 내린 것이죠. 우리 문화는 모바일 문화와 스테빌리티 문화가 함께 어우러진, 둘을 다 수렴해서 끌어안은 모스테빌리티 문화라는 겁니다.

이러한 상태가 바로 진보입니다. 현실에 안주하지 않으면서 부단히 새로운 상황을 향해 나아가는 것, 그러나 급하거나 결코 거칠지 않은 것, 이게 우리 민족성 중에 하나인데 제가 원하는 바람직한 탐험정신입니다. 탐험은 극한상황이나 한계상황 속에서 실존을 체험하면서도 합일을 지향하는 것입니다. 당연히 부드럽지요. 빠르다고 거칠다는 것은 선입견입니다.

고구려 벽화에서는 단정하면서도 강렬한 인상의 고구려 여인들을 만납니다. 무용총 안에 들어간 적도 있습니다만, 촛불이 물결처럼 일렁이는 공간에서 애교머리를 한 여인들의 춤추는 얼굴에서는 활달함과 자유로움, 멋과 풍류가 흘러 내립니다. 북방족의 혈통이 섞인 전형적인 고구려 여인들입니다. 짐짓 엄숙한 표정을 한 지휘자의 모습도 보이지요.

저는 고구려의 춤과 음악, 즉 예술은 조선과 다르다고 생각합니다. 무희들의 춤사위가 다르고 뿜어내는 기운이 크게 다릅니다. 반주하는 악기들은, 그 시대에도 중앙아시아나 서역에서 유행했지만 지금도 실크로드 전역에서 연주되고 있는, 예를 들면 우즈베키스탄이나 알타이 주변지역에서도 지금도 연주되고 있는 악기들입니다. 예술의 동질성을 가늠할 수 있는 증거들입니다. 고구려인들의 춤은 얼마나 유명했었는지 『수서』나 『당서』 등에 소개가 됐고, 일본으로 전수되기까지 하였습니다.

저는 우리민족이 탐험정신을 갖고 있었다는 사실을 몇 가지 사례들을 통해서 증명해보고 싶습니다.

이 지도는 제가 그린 것인데 우리 민족문화가 생성되는 과정을 표현한 것입니다. 아시아 전역에서 최소한도 7개의 루트를 통해서 우리의 터전으로 모여든 겁니다. 너무나 방대하고 광활합니다. 동북 시베리아의 삼림지대에서 서북쪽으로 이어지는 바이칼 호의 주변 지역에서 현재 울란우데 공화국의 영토를 거쳐 북만주의 흑룡강 상류지역과 소흥안령을 넘어서, 또 유럽의 판노니아 초원과 흑해 주변의 터키와 우크라이나 평원까

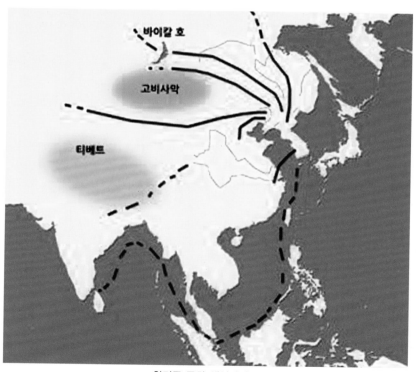

한민족 문화 생성과정도

지 연결되는 몽골초원과 고비사막에서, 그리고 역으로 말하면 요서지방에서 타클라마칸 사막을 통과해 키르키즈스탄, 우즈베키스탄, 카자흐스탄의 일부, 이어 이란을 거쳐 터어키까지 이어지는 전형적인 실크로드, 또 중국의 화북지방과 양자강 유역, 그리고 인도양에서 동남아시아 반도를 거쳐 필리핀, 대만, 오키나와, 제주도, 그리고 한반도의 남해안에 도착하는 길이 있습니다. 또 하나 간과할 수 없는 길이 일본열도를 경유해서 올라오는 남태평양 도서문화입니다. 유라시아의 전 지역과 관련이 있는 것입니다.

아직은 이들이 구체적으로 어느 지역 또는 어느 항구에서 출발했는지는 정확하지 않습니다. 그러나 적어도 분명한 것은 이들이 자기들이 살던 지역을 떠나 새로운 곳을 향해서 이동했다는 사실입니다.

저는 탐험의 선구성을 중요하게 여깁니다. 먼저 간 사람들을 뒤따라 출발한 사람들과 똑같게 평가해서는 안 됩니다. 이들은 여러 종류의 기득권들을 버리고 오로지 명분과 이상을 추구해서 출발한 후에 계속해서 공간의 이동, 시간의 이동을 해가면서, 또 수 세대에 걸치다보니 주체도 계속 바뀌어가면서 여기까지 온 것이죠. 얼마만큼 오랜 세월이 걸렸는 지는 확실하게 모릅니다. 5,000년에서 1,000년이 되었을 수도 있고 어쩌면 500년 밖에 안 되었을 수도 있는데, 이런 많은 지역에서 여기로 왔다는 겁니다. 그렇다면 여기서부터 출발하겠다고 마음을 먹은 사람들은 대단한 사람들입니다.

어떤 일이든지 처음 시작하는 사람은 불안합니다. 아무도 안 해 본 일이니 일단 통념을 깨는 일지요. 많은 사람들의 반대와 의구심, 심지어는 반대까지 무릅쓰면서 일을 시작하는 겁니다. 또한 앞서서 먼저 한 사람들이 없으니 아무로부터도 경험과 지식 정보들을 받을 수가 없습니다. 그야

말로 불안한 상태에서 출발한 것이지요. 이들은 일단 현실에 안주하지 않는 사람, 새로운 세계를 지향하는 사람들입니다. 콜럼버스나 메이플라워 호를 타고 대서양을 건너 아메리카에 도착한 청교도인들, 그들의 생각과 행동이 가치가 크고 위대하다면 우리 또한 위대한 거죠. 결코 그들보다 못하지 않다고 생각합니다. 저는 때때로 그러한 과정에서 발생했을 수도 있는 상황들을 떠올립니다. 그리고 이 끝까지 도달하는 과정 속에서 얼마나 극심한 고생들을 많이 겪었는가를 떠올리면 감동에 젖어듭니다.

또 하나 중요한 것은 끝까지 목적을 달성하는 일입니다. 저는 대학생 때 탐험부에서 훈련을 받아가며 산에 다니고, 암벽도 타고, 동굴 탐험도 했습니다. 그러다보니 동아시아의 바다를 뗏목으로 탐험했습니다. 그런데 저도 사실은 탐험을 기획하거나 시도할 때부터 마음에 갈등을 많이 일으킵니다. 너무나 힘들 때가 많거든요. 실제로 탐험을 하다 보면 또 다른 면에서 힘들고 고통스럽고 심지어는 목숨을 잃지 않을까 겁나기도 합니다. 그러면 은근히 '아, 포기 해버릴까?' 하는 마음이 한 귀퉁이에서 살살 피어날 때도 있습니다. 저는 언젠가 우연한 기회에 이러한 심정들을 고백한 적이 있습니다.

"때로는 이런 생각을 한 적도 있습니다. '아, 좀 어디가 죽지 않을 정도로만 다쳤으면', '어디 한 군데 안 부러지나…'"

만약 그러한 일이 생긴다면, 정말 위험한 상황이나 가고 싶지 않을 때 안 가도 되거든요, 그럴듯한 명분이 생기니까. 힘이 들거나 위험할 것 같으면 사람은 본능적으로 피하려 하고 갖은 방법으로 변명거리를 만들어 내거든요. 그게 사람입니다.

사람들이 북한산이나 계룡산 같이 높이가 낮고 난이도가 없는 산을 올라갈 때도 그렇잖아요. 정상까지 다 올라가는 사람이 있는가 하면 6부, 7

부 능선에서 멈추는 사람도 있습니다. 심지어는 9부 능선까지 올라갔다가도 포기한 채 돌아오는 사람도 있어요, 진짜로.

뭐든지 끝까지 한 사람, 산도 정상 끝까지 올라간 사람은 그렇지 못한 사람과 분명히 다른 겁니다. 그런데 우리 민족은 어떤 상황 속에서도 어떤 명분을 내걸지 않은 채 포기하지 않고 그 길고도 멀고 험난하기 이를 데 없는 길을 걸어 끝까지 온 사람들이 아니에요? 이 아시아 지도에서 이곳 우리 터를 지긋이 바라보세요. 동쪽 끝이잖아요? 더 이상 갈 데가 없는 끝입니다. 망망대해인 동해가 탁 막혀 있습니다. 해가 떠오르는 마지막 장소이지요. 이곳까지 온 게 우리잖아요?

일본열도에서 문화를 이룩한 사람들은 우리 터에서 건너간 이주민 개척자들입니다. 한국 지역과 일본 지역은 같은 문화권이고 적어도 7세기까지는 일종의 정치적으로도 연관성이 매우 깊은 체제였습니다. 여기 제가 설정한 동아지중해까지 온 사람은 도중에서 멈춘 사람들이 아니고 무슨 수를 써서라도 끝까지 온 사람들입니다. 그렇다면 이들이 가진 정신은 탐험정신이고 이러한 경험은 또 다른 체험을 낳고 더욱 강력해지지요. 오기와 의지는 우리의 생물학적인 유전자 속에 각인된 채로 지금껏 전해져 오는 것입니다.

한국 사람들은, 500년 동안이나 주입되었지만, 또 일제강점기 때 35년 동안이나 세뇌당했지만, 그렇게 만든 사람들의 바람과는 정반대로 우리 스스로도 때로는 놀래가면서 폭발적이고 강렬한 정신력을 가지고 움직여 온 겁니다. 정적이 아니라 동적이고, 은근과 끈기가 아니라 진취적, 도전적이고, 한이 아니라 신바람과 흥으로 가득 찬 문화였습니다. 기회가 주어졌을 때, 때가 무르익었을 때 짧은 시간인데도 폭발적으로 성장을 한 것은 이러한 생물학적이고 역사적인 체험과 능력이 있었기 때문에 가능한 겁니다. 이런 것이 우리 민족의 진짜 유전인자이고 생물학적인 기억입니다. 제 말이 틀린 겁니까? 저는 역사학자이기 때문에 가능한 한 사실들을 근거로 삼아 논리를 전개합니다.

이러한 학문적인 연구의 결과를 보면 사람들은 '아, 우리 민족 문화는 정말 탐험정신이 강하구나' 이렇게 느낄 겁니다. 그렇다면 이제 여러분들이 탐험가로서 존경할 대상은 꼭 콜럼버스나 카우보이같은 서양인들뿐만 아니라 우리들 자체입니다. 제가 보기에는 환웅, 해모수, 대조영, 장보고 등 이런 인물들이 위대한 위인이고 우리의 '롤모델'이 되어야 합니다. 왜 우리는 꼭 습관적으로 잘 알지도 못하고, 겪은 경험도 피부에 와 닿지 않는 다른 나라 사람들의 다른 경험을 모델로 삼아야 하죠? 그렇게 가르치고 있죠? 학교에서도 사회에서도 그렇게 가르치고 있죠.

남자들뿐만 아니라 여학생들도 마찬가지라고 판단합니다. 우리 역사에 얼마나 뛰어난 여인들이 많아요. 대표적인 예가 소서노召西奴 같은 사람이지요. 세계 역사상 두 개의 왕조를 세우는 데 결정적인 역할을 한 여인은 소서노 밖에 없는 것 같은데요. 고구려와 백제는 소서노의 힘이 절대적으로 작용해서 건국된 것입니다. 그렇다면 그녀가 가진 사고의 깊은 폭과 헤아리기 힘든 능력, 불굴의 의지는 충분히 모델이 될 수 있죠. 그녀는 위대한 정치가입니다. 우리는 우선 그런 사람들을 모델로 삼아야지 왜 다른 데서만 찾으려고 그러죠? 영국의 에리자베스 여왕, 러시아의 에카테리나 여제….

그리고 발해인들은 보세요. 제가 탐험정신을 말하고 있지만, 우리 역사상 가장 탐험정신이 강렬했던 나라는 발해입니다. 발해인들은 망망대해인 동해를, 그것도 따뜻한 봄날이나 여름이 아니라 폭풍이 몰아치는 한겨울입니다. 음력 10월부터 다음 해 음력 1월 사이에 북서풍을 타고 동해를 건너다녔습니다. 당연히 표류도 빈번했고 사람들의 희생도 적지 않았습니다. 그렇지만 그들은 멈추지 않았습니다. 꾸준히 멈추지 않고 건너갔던 겁니다.

일본 측 사료에 나온 것만 34차례의 공식 사절단이 파견됐고, 한 번은 1,100명에 달하는 민간인들이 건너갔습니다. 그리고 발해가 망하고 난 다음에 동단국東丹國(동거란)에서 딱 한 번 사신단을 파견했습니다. 하지만 그 외에도 얼마나 무수히 많은 사람들이 동해를 건너 일본열도로 건너갔겠습니까?

여러분들은 그 사실을 모르고 있습니다. 우리 조상들이 얼마나 대단한 역동성, 모험성, 탐험정신을 가지고 있었는지 모른다는 겁니다. 그러니까 당연히 모델을 다른 나라에서만 찾게 되는 것이죠. 잘못된 것입니다. 이런 사실을 바로 잡는 것이 민족주의지, 우리가 무턱대고 잘났다고 주장하는 것이 아니거든요.

발해인들은 정말 뛰어난 사람들입니다. 저는 이 사람들을 '아시아의 바이킹'이라고 얘기합니다. 12세기에 전 유럽을 공포와 혼란의 도가니로 몰아넣은 바이킹선과 선장들이 그렇게 뛰어난 것 같지만 사실은 배 한 척에 병사 44명과 군마 2필 밖에 못 실었어요. 그러한 그들이 고요하고 잔잔한 피요르드를 빠져 나와서는 험난하기 이를 데 없는 북해를 통과해서 쭉 내려오면서 유럽의 해안과 영국의 해안에 상륙하고, 또 계속해서 남으로 내려오다가 이베리아 반도를 돌아서 지중해의 서쪽 끝인 병목처럼 좁은 지브롤터 해협을 통과해서 지중해로 진입합니다.

북해에 비하면 지중해는 그야말로 호수처럼 느껴질 수가 있지요. 하지만 반드시 그렇지는 않습니다. 저는 지중해를 배를 타고 왕복했었는데 곳곳에서 물결이 거칠고 항로가 험악한 것을 여러 차례 경험했습니다. 호메

로스의 서사시인 〈오디세이아〉에 묘사된 것들이 결코 과장이 아니란 사실은 금방 확인할 수 있죠.

그들은 계속해서 동쪽으로 항해하면서 이탈리아 반도를 통과하고, 다시 에게해에 들어서서 복잡한 물길들을 헤쳐나가다가 트로이 전쟁의 무대였던 다다넬스 해협을 통과하고, 이어 아나톨리아 반도와 그리스 반도 사이의 그 유명한 보스포로스 해협을 통과해서 거칠기로 유명한 흑해로 들어갔습니다. 그 다음에 드네프르 강 같이 흑해로 흘러오는 큰 강들을 역류해서 서부 유럽으로 들어갔거든요. 대단한 사람들입니다.

심지어 바이킹은 이 무렵에 캐나다의 동북쪽인 뉴펀들랜드 섬에 상륙했다고 해요. 여러분 혹시 〈아포칼립스〉라는 영화를 보셨나요? 평화롭게 사는 인디언들의 땅에 흰 살색을 가진 야만인들이 침략하여 여자와 아이들을 납치하고 사내들을 죽이고 약탈하는 내용입니다. 그게 바로 바이킹이 북아메리카에 상륙하던 상황을 표현한 영화입니다.

그런데 발해인들은 제가 보기엔 바이킹 못지않은 항해 탐험가들인 것 같습니다. 그들은 아마 사할린섬에도 상륙했을 가능성이 크고 어쩌면 오호츠크 해안의 연안이나 캄차카 반도에 상륙했을 수도 있습니다. 저라면 그렇게 시도했을 겁니다.

저는 바다에서 항해를 많이 한 사람입니다. 동아시아 바다에서 고대인의 방식으로 뗏목을 만들어 타고 항해를 여러 차례 했거든요.

1994년에는 경상남도의 진해항을 출발해서 인도양, 걸프만, 지중해를 통과해서 북해까지 갔다가 다시 지중해를 통과해 흑해까지 왕복했습니다. 이러한 체험들을 가진 비교적 전문가의 입장에서 말씀드리는 건데, 발해인들의 항해활동은 그 당시로 봐서는 대단히 뛰어난 모험성과 탐험 정신이 아니면 불가능하죠. 그들은 용맹하기기 이를 데 없어서 중국인들은 발해인 3명이 호랑이 한 마리를 당한다고 기록했습니다. 물론 이러한 대항해는 국가의 발달된 뛰어난 테크롤로지 산업력이 뒷받침 되고, 또 무엇보다도 경제적으로 큰 이익이 있지 않으면 시도할 수 없는 겁니다.

사실 발해사람들은 이 과정에서 숱하게 희생당했습니다. 739년에는 40명이 넘는 사신단 전원이 죽는 대참사가 발생하였고, 776년에는 187명 가운데에서 오로지 46명만 생존했습니다. 또 786년에는 바다를 표류하다가 65명 가운데 12명은 혼슈 북부 지역에 거주하는 하이(蝦夷, 아이누족)에게 죽고, 나머지 41명만 생존한 경우도 있었습니다.

발해인들뿐만 아니라 우리 민족이 탐험활동을 한 예는 무수히 많다고 생각합니다. 이런 가치있는 역사적 체험을 한 우리 민족을 두고 스스로가 '은근과 끈기', '한'이 많은 민족이라든가 또는 역동성이 부족하다든가, 일본인들이 얘기하는 것처럼 정체성停滯性이 강하고 사대성事大性이 심하다는 등등 이렇게 스스로 규정해 왔습니다. 이런 것들을 일본인들이 계속 강요했고 강조했기 때문에 우리는 거기에 저항없이 길들여진 거죠. 당파성? 있을 수 없죠. 일단 고구려를 예로 들어보지요.

만약에 고구려 내부가 분열되었고 사회전체가 당파성이 강했다면 어떻게 700년 동안 주변의 4면이 강대국으로 포위된 상황에서 경쟁하고 때로는 치열한 전투를 치르면서 강국으로 존속할 수 있었죠? 그런 주장들은 근거도 부족하고, 아주 잘못된 겁니다.

만약 여러분들이 과거 일본인들이 한 것처럼 지금 이 순간에도 우리 스스로를 저평가하거나 부각시키지 않은 채 서양인이나 외국인들을 우월하게 평가하고 그들을 본받아야 할 모델로 삼는 식의 교육으로 학생들을 가르친다면 어떻게 될 것 같습니까?

지금 여러분들이 이 시대를 위해서, 미래 세대들을 위해서 때로는 위험과 고난을 무릅쓰고라도 아무리 적극적으로 의미있는 일을 했다 해도 우리는 우리 자식세대나 손자세대에게 모델이 될 수 없다는 얘기에요. 어쩌면 존재마저 잊힐지도 모릅니다. 우리가 조상들을 그렇게 취급을 했기 때문에, 그런 악순환이 되풀이될 가능성이 높습니다. 그것은 인과응보일 수가 있지요. 그리고 잘못의 대가는 치루는 것이 마땅하다고 생각합니다. 하지만 장구한 역사, 오랫동안 지속되어야 할 민족을 생각하면 이런 결과가 나타난다면 정말 문제입니다. 제가 자주 거론하고 강조하는 민족주의란 우리 존재를 자각하면서 정당하게 평가하는 일입니다.

저는 이제 우리 민족성의 두 번째 특성으로 '자의식' 또는 '정체성'을 들겠습니다. 누구나 인정하지만 어느 한 쪽만을 보면 우리 민족은 정말 자의식이 강합니다. 나쁜 방향으로 드러나면 뭐가 됩니까? 경쟁심이 지나치게 되면 시기가 되는 것과 마찬가지입니다. 마치 100원짜리 동전의 앞 뒷면처럼, 몸에 걸친 윗옷의 겉과 안처럼 뒤집으면 똑같은 거예요. 저는 긍정적으로 평가해서 '자의식' 나아가서는 '자유의지'라고 합니다. 1995년도에 저는 「고구려인들의 시대정신」이란 논문을 쓰면서 고구려를 발전시킨 원동력은? 고구려인들이 가진 독특한 성격은? 그 전성기의 시대정신은? 이렇게 질문을 던지면서 답을 찾았습니다. 그리고 마지막 결론에서 이렇게 한마디로 정리했습니다. '자유의지' 즉 'free will'.

우리를 감동에 젖게 하고 때로는 열정에 불을 질러서 투쟁적이게도 하고, 인간이란 존재에 대해서 무한한 자긍심을 갖게 만드는 '자유'란 단어와 개념이 서구인들만의 전유물입니까? 서양을 새로운 세상으로 만들게 촉발시킨 영국의 권리장전, '마그나 카르타'지요? 프랑스 대혁명, 미국의 독립선언서 같은 데에만 나오는 것인가요? 우리는 자유라는 것을 추구하지 않았었나요?

역사적인 사례를 보니까 우리는 자유의지가 강했어요. 고구려를 예로 들어봅니다. 그들은 주변에서 강력하게 성장한 국가와 종족들과 갈등을 벌이다가 힘의 한계를 느끼면 항복할 수도 있었습니다. 그것은 현실의 문제입니다. 만약에 힘의 한계를 느낀다면 항복하거나 타협해야겠지요. 그런데 고구려인들은 역사가 증명하듯이 결코 굴복하지 않았습니다. 그들은 어떤 경우에도 저항하고, 끝내는 승리를 거두었습니다.

고립무원의 절망적인 상태에서 당태종의 10만 친정군과 결전을 벌이다가 승리한 안시성은 대표적인 예입니다. 저는 안시성의 무너진 성벽 터에서 스스로에게 질문을 던진 적이 있습니다. 그들이 어떻게 해서 승리했을까? 승리했던 이유는 무엇일까? 그 때 '자유의지'라는 단어가 뇌리를 쳤습니다. 누구에게도 굴하지 않겠다는 굳건한 자유의지! 그들은 절대 패배를 인정하지 않잖아요. 우리도 사실은 그런 면이 많잖습니까? 그러다 보니까 '은근과 끈기'라는 표현도 나온 것이지요. 일본인들은 정말 잘 싸우고 악착같이 싸우지만 어느 순간이 되면 순식간에 무너져 내리거나 패배를 철저하게 인정하는데 말이죠.

한민족이 지닌 이러한 성격은 나름대로 장단점이 있는데, 무모할 수도 있고 위험부담이 아주 클 수도 있지만 그래도 저는 그게 장점이라 생각합니다. 한국사람들은 자기가 남보다 못나다는 생각은 절대 안 해요. 그런 경험도 있습니다. 이런 성격은 그때 그때 가능한 한 긍정적으로 좋게 활용해야죠. 그러려면 백성들이 오기와 자의식을 한껏 발휘하려면 기회를 마련해줘야 합니다. 활용하려는 기운이 돌 때면 사회 지도층들이 판을 크게 벌리면서 잘 깔아줘야 하는데 안타까운 현실이죠. 그것만 깔아준다면 정말 우리는 대단한 거죠.

우리 조상들, 고구려인들이 얼마나 자의식을 가졌는가? 왜? 일단 그들은 승리자입니다. 숱한 고난을 극복한 경험을 갖고 있습니다. 또 선민의식이 강합니다. 자신들은 하늘의 피를 받았다는 생각이 강합니다. 우리는 늘 하늘을 생각하잖아요. 우리 또래만 해도 어렸을 때는 잘못하면 하늘을 의식했습니다. '이놈, 하늘 무서운 줄 알아라', '하늘이 다 알고 있다' 등등 많지요. 또 우리는 늘 조상을 생각했잖아요? 또 해를 각별하게 여기지 않습니까? 그리고 조금 전에 사회자께서 말씀하셨지만 우리가 가장 잘 사용하는 단어가 뭡니까? 지금은 망각해서 극히 일부 사람들만 알고, 그것도 어렴풋이 알고 있지만 사실은 우리 말, 알타이어에서 가장 핵심적인 단어가 있습니다.

'한', '밝', '감' 이 세 개가 핵심 단어입니다. 나중에 또 상세하게 설명할 것입니다만, 모두 하늘, 진리, 빛, 신 등과 연관이 깊은 단어들입니다. 우리가 이것들을 고집해 온 이유는, 직접 연관이 깊고 우리가 특별한 존재이기 때문입니다.

한도 마찬가지잖아요. 먼저 한으로 시작하는 국명이 있습니다. 마한, 변한, 진한, 한국. 알타이어에서는 임금을 칸이라고 합니다. 돌궐족의 임금을 '가한可汗', 거란족도 '가한'이라고 합니다. 예를 들면, 결과적으로 대조영이 고구려를 부활시킬 수 있는 상황을 마련해 준 거란의 '무상가한', 신라의 마립간 등도 있습니다. 뿐만 아니라 국명에도 한은 많이 사용되었습니다.

대한민국은 한국입니다. 이때 한국은 '韓國'이라는 한자에서 의미를 찾아서는 안 됩니다. 크다, 하나다, 넓다, 으뜸이다 등의 의미를 복합적으로 내포한 칸의 나라, 즉 칸국인 것입니다. 지구상에는 칸국이 많이 있습니다. 킵차크 칸국, 차카타이 칸국, 일 칸국, 오고타이 칸국, 시베리아의 어원인 시비리 칸국, 크림반도의 크림 칸국, 중앙아시아의 히바 칸국, 부하라 칸국, 코칸 칸국 등이 있습니다. 한강도 '큰 강', '긴 강'이라는 뜻이지요. 한과 연관된 의미, 발음, 지명, 산명, 강명, 인명, 관명 등도 무수하게 많습니다.

또 하나가 곰 계통의 말들이 있습니다. '감' 계 언어라고 하는데 알타이어로 '신', '무당'의 뜻을 갖고 있습니다. '밝'과는 또 다른 의미와 성격을 갖고 있습니다.

백두산의 또 다른 명칭이 많은데 고구려 때는 백두산을 개마대산이라고 불렀습니다. 그래서 건국신화에서 '웅신산熊神山'이 등장하고, 젊은 유화가 해모수를 만난 연못도 아마도 천지일 테지만 '웅심연熊心淵'이라고 기록하고 있는 겁니다. 웅熊은 '곰'으로 발음이 되고, 이는 '신'이라는 뜻입니다. 그러니까 단군신화에 나오는 곰도 초기에는 동면동물인 곰이었겠지만, 그 신화가 만들어진 시대에는 감계의 신神을 의미한다고 보면 됩니다. 지금도 백두산 아래에 펼쳐진 고원을 '개마고원'이라고 부르지 않습니까?

서울 강동구에는, 지금은 올림픽공원이 들어섰지만 백제의 수도였다는 주장이 있고, 지금은 고구려의 군사성이었다는 주장이 받아들여지고 있는 몽촌토성이 있습니다. 몽촌夢村은 꿈마을이 아니라 '곰마을' 즉 '감마을', '신령스러운 소도 또는 수도'라는 뜻입니다. 그래서 근처에는 금암산이 있고, 검단산이 있는 것입니다. 그 밖에도 김포, 검단 등이 다 '감' 계 지명입니다. 또 백제의 수도였던 웅진熊津도 곰나루, 즉 신들의 나라 또는 도읍이라는 뜻입니다. 중국 사서에 웅진이 '고마성' 즉 한자로 '固麻城'이라고 기록된 것도 다 그런 이유 때문입니다. 우리 집단은 하늘의 피를 받았다는 강한 자의식과 함께 하늘의 표상인 해가 떠오르는 동쪽을 향해서 이동해 왔습니다. 그리고 또 다른 신적 존재와 의미인 감계,

즉 지모신도 추구의 대상이었죠. 그러니까 당연히 이 터에 정착한 그들은 자의식을 가질 수밖에 없는 것이죠. 근데 우리는 그런 의미가 크고 가치가 높은 유산을 지금은 잃어버리고 잊어버린 채 혼란스러워 하고 있습니다. 다시 찾아야만 되지 않나요?

그 사실 자체도 중요하지만 그것을 찾음으로 인해서 우리가 잃어버린 자의식을 회복할 수 있습니다. 저는 민족주의의 요체는 바로 이런 것이라고 생각합니다. 자의식을 회복하면 인간은 자유로운 사고를 할 수 있고, 자유로운 사고가 가능하면 내가 중요할 뿐 아니라 남도 중요하다는 것을 알게 되죠. 그렇지 않습니까? 나에 대한 자의식이 없거나 부족하니까 열등감에서 남을 억압하는 것이지 만약 내가 자유로운 의식과 어느 정도의 자신감을 가지고 있다면 남을 도와주거나 최소한 남과 더불어 살고자 하는 그런 생각을 자연스럽게 갖죠. 단군, 석가모니, 예수 등처럼 아주 먼 고대부터 인류가 궁극적으로 지향하고 터득하려 했던 것이 아닌가요? 그것을 특별한 개인이 아니라 집단으로서, 하나의 문화로서 갖고 있으면서 지향한 사람들이 우리 조상들입니다.

그리고 '밝'이 있습니다. 우리 문화 곳곳에 남아있는 것이 하늘(天), 태양입니다. 태양을 또 다른 한자로 표현할 때는 '백白'자로 나타냈습니다. 저는 보통 '백의민족'이라고 말할 때 백의白衣에 해당하는 백白을 흰색 즉 'White'로 해석하지 않습니다. 그럼 화이트 대신에 어떤 단어로 해석할까요? 저는 'Bright' 즉 밝음, 광명으로 해석합니다. '백'은 밝음을 상징하는 겁니다. 그러니까 야나기 무네요시가 환희를 느끼면서 발견했다고 믿었고 자기 식의 의미를 부여한 흰 것은 'White'이고 제가 본 흰 것은 빛, 즉 Bright이죠. 우리 문화에서는 '백白'이라는 글자를 소중하게 여겼고 많은 곳에 사용하였습니다. 백자가 들어가는 산명, 지명 등은 이루 헤아릴 수 없을 정도입니다.

그리고 이렇게 자의식이 강해서 하늘의 자손이라고 스스로 생각했고 주위에 선언했습니다. 우리는 늘 하늘에 제사를 지냅니다. 원조선인들은 고인돌을 만들어서 하늘에 제를 올렸습니다. 저는 고구려인들이 하늘의 자손, 해의 자손이란 인식을 충분히 보여주는 대표적인 유물로서 광개토태왕릉비와 장군총을 선택하고 그 논리를 제공하고 있습니다.

물론 광개토태왕릉비는 광개토태왕의 업적과 평가, 성공의 선언뿐만 아니라 계승성을 표현하고 있습니다. 당연히 첫 구절부터 '유석시조추모왕지창기야惟昔始祖鄒牟王之創基也. 출자북부여出自北夫餘, 천제지자天帝之子, 모하백녀랑母河伯女郎'이라고 새겼습니다. 부여 적자론이며, 추모가 천신과 물신의 직손直孫이라는 천명입니다. 또 두 번째 구절에 가면 태왕이 직접 선언합니다. '아시황천지자我是皇天之子, 모하백녀랑母河伯女郎, 추모왕鄒牟王', "나는 황천의 아들이고, 어머니는 신의 딸이다." 고구려인들이 '하늘의 자손'이라는 자의식과 하늘의 뜻을 받았다(天託)는 선언입니다. 그토록 자유롭고 거창한 선언을 할 수 있는 것이, 상징물이 어디에 또 있을까요?

집안集安시내를 나와서 동쪽으로 한 30여 분 달리면 압록강물이 근처로 흐르는 들판이 있습니다. 그 지역에는 무덤들이 여러 개 있는데, 그 가운데 하나가 '모두루총' 또는 '염모묘'라고 부르는 고분입니다. 태왕이 살아계셨을 때 만들어진 묘인데, 그 무덤 안에서 발견된 묘지석을 보면 추모가 성왕이며 해와 달의 자식이라고 먹으로 썼습니다. 그 밖에도 고구려인들의 천손인식을 알려주는 증거들은 여러 방면에서 매우 많습니다. 특히 대표적인 문화인 고분벽화에는 천조天鳥, 천왕랑天王郎, 기린마, 천마天馬, 비어飛魚 등 하늘과 관련된 성수들이 그려져 있습니다. 오회분의

4호묘와 5호묘에는 해 속에 든 삼족오三足烏와 달 속에 든 두꺼비가 있는데, 이는 각각 해모수와 유화부인을 상징합니다. 백제, 신라도 마찬가지겠지만 유독 고구려는 그것을 강렬하고 분명하게 표현하고 있습니다.

이것은 북한의 평안남도 순천 지역에서 발견된 고구려시대의 고분인 '천왕지신총天王地神冢' 안에 있는 벽화입니다. 황새 비슷한 새를 타고 하늘을 유유히 날아가는 인물을 천왕이라고 먹으로 써놓았네요. 고구려 사람들은 황천, 일월, 천손, 천왕 이런 용어들을 많이 썼거든요. 말 그대로 자의식이 워낙 강했으니까.

그리고 이규보가 쓴 『동국이상국집』에도 '해모수는 천왕랑天王郎이다'라고 되어 있어요. 이 기록을 보면 최소한 고려시대까지도 고구려의 건국신화와 고구려의 역사는 충실하게 계승되어 왔던 것입니다. 다만 김부식이 쓴 『삼국사기』에 이르러 많이 사라졌지만, 그래도 김부식이 죽은 후까지도 남아 있었기 때문에 일연, 이규보, 이제현 같은 사람들이 고구려-조선 계승성, 고려의 조선 계승성에 관한 많은 기록들을 남길 수가 있었던 겁니다.

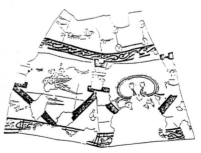

평안남도 순천시 북창리 천왕지신총의 벽화

이러한 고구려는 당연히 조상을 신으로, 하늘로 숭배하면서 제사문화를 발전시켰지요. 사료에 '국동대혈國東大穴'이란 존재가 나타납니다. 집안시에서 나와 동쪽으로 압록강 가를 타고 계속 달립니다. 장천고분군을 지나고, 그렇게 가다보면 국동대혈이 있는 산골마을에 도착합니다. 차에서 내려 40여 분 산골짜기로 걸어 들어가다가 능선을 타고 올라가면 이 굴이 나타납니다. 양쪽이 뚫린 큰 규모의 동굴입니다. 한 100여 명이 모여 행사를 벌일 수 있을 정도의 굴이지요. 한 눈에도 인간의 능력으로는 풀 수 없는 의미가 담겨있고, 뭔가 큰 행사가 벌어졌던 곳이라는 것을 느낄 수 있습니다. 이곳이 『삼국지』나 『후한서』의 〈동이전〉에 기록된 국동대혈(나라 동쪽에 있는 커다란 굴)로 추정하고 있는 장소입니다. 나라 동쪽에 있는 큰 혈인데 바로 유화부인을 모시는 곳입니다. 고구려인들은 한 편으로 시조인 고주몽을 모시고, 한편으로 주몽의 어머니인 부여신인 유화부인을 모십니다.

국동대혈

고구려 사람들이 얼마나 조상신을 잘 모셨는가, 그 사례들이 많이 있지만 한 가지만 말씀드리죠. 고구려와 당나라 간에 전쟁이 치열하게 벌어질 때, 특별히 요동성 전투와 여러분들이 다 잘 아시는 안시성 전투가 벌어질 때의 상황이 중국 사서에는 이렇게 기록되어 있습니다.

'위급한 상황에 처하자 고구려인들은 사당에 가서 빌었다', '예쁜 여인을 화장시킨 후에 주몽사당에 들여보냈다', '고구려가 망할 때 소상에서 피눈물이 흘렀다' 등등.

그러니까 고구려인들은 어느 곳에서든지 시조인 추모와 어머니인 유화부인을 모시는 신앙을 갖고 있었습니다. 일종의 사당이죠. 당연한 거 아니겠어요? 그들에게는 조상이 곧 신이예요. 우리 민족은 다 마찬가지였지만, 고구려인들이 얼마나 조상을 잘 숭배했는가는 중국의 사료를 통해서도 입증할 수 있죠.

세 번째로, 저는 자의식과 연관하여 우리 민족의 특성으로 '목적 지향성'을 들고 있습니다. 제가 조금 전에 탐험정신을 말하면서 우리 터인 동쪽 끝까지 온 사람들의 역동성에 대해 말씀드렸잖아요. 그럼 아주 소박하지만 꼭 필요한 질문을 하나 하겠습니다. 이들은 왜 하필 이곳으로 왔을까요? 무슨 목적으로 왔을까요?

세상에 목적 없는 행위를 하는 인간은 없습니다. 집단은 말할 것도 없지요. 그것도 오랜 세월에 걸쳐서 온갖 희생을 무릅쓰고 끝까지 포기하지 않고 목적지에 도착한 사람들, 그 사람들의 행위에는 반드시 그럴듯한, 아니 굉장한, 어쩌면 숭고할 수도 있는 목적이 있지 않겠어요? 삶의 가치관, 지표 등은 말할 것도 없고, 뭔가 기가 막힌 사연들도 있겠지요. 그 목적을 찾아내는 것이 우리 후손들의 도리이고 의무 아니겠습니까? 아마도 그것이 정체성의 핵심일 수도 있겠지요.

무수한 사람들이 이상을 품고, 거창하고 숭고한 이상을 꿈꾸면서 길을 떠났지만 대부분은 중도에 멈추고 여러 가지 사연 때문에 포기합니다. 그래도 동쪽 끝까지 와서 정착한 사람들이 우리예요.

조금 더 우리에 대해서 알아보지요. 저는 일단 주 목적지에 도착한 다음에도 또 길이 갈라져 나갔고, 각각의 길을 따라 떠난 사람들은 문화가 달라졌고, 운명 또한 달라졌다고 봅니다.

이 지도는 지난 시간에도 제가 보여드렸습니다(76쪽 지도 참조). 여기 표시한 곳이 동아시아에서 가장 오래된 문명이 발생한 '홍산紅山문화 지역'입니다. 흔히 말하는 요서지방인데요. 요동지방과 화북지방, 동몽골 지방이 갈라지는 곳이지요. 저는 크게 보면 여기서 서쪽으로 간 사람과 동쪽으로 간 사람들이 다르다고 봐요. 어떤 두 사람이 똑같이 산에 올라갑니다. 그들은 힘을 보태며 때로는 서로를 의지해가면서 정상에 도달합니다. 하지만 하산할 때는 꼭 함께 하지 않을 수도 있습니다. 내려올 때 서쪽 방향을 택하는 사람과 동쪽 방향을 택하는 사람은 반드시 서로 다른 이유가 있는 겁니다. 본능적으로 작용을 해요.

산에 다니는 사람들이 얘기를 합니다. 저는 젊었을 때 산에 자주 갔습니다. 그 시대에는 산에 다니는 사람들이 별로 많지 않았으니 대체적으로 전문가 그룹들이지요. 이런 경우가 있습니다. 지리산을 좋아하는 지리산파, 설악산을 못 잊어 틈만 나면 강원도로 향하는 설악산파들로 나눌 수 있습니다. 저는 무슨 파 같아요? 지리산파입니다. 생긴 것과는 반대입니다. 외모는 설악산처럼 날카롭고 화려하고 성깔도 있고 급한 편이지요. 그런데 마음이나 지향하는 가치관은 선이 굵고, 자락과 품이 넓으며 능선도 한없이 부드러운 지리산을 많이 갔어요. 저는 사유할 수 있는 공간이 필요했거든요. 결국 기질, 능력, 세계관 등을 종합적으로 고려하여 때로는 본능적으로, 때로는 계산을 해서 행동을 하고 방향을 선택하는 겁니다.

제가 지금 강의 내용과 꼭 연결되는 것은 아니지만 우리 문화나 민족성과 연관하여 몇 마디 더 하겠습니다.

우리 민족은 산을 대할 때 등산登山, 즉 산을 오른다는 말을 잘 쓰지 않았습니다. 더군다나 때로는 산악인들조차 함부로 얘기하는 것처럼 '정복'이라는 단어는 더더욱 쓴 적이 없지요. 그런 사람들은 산에 다닐 자격이 없습니다. 우리 식의 개념으로는 산에 올라가는 것이 '등정'이나 '등산'이 아니에요. 사실은 '입산入山'이죠? '산에 간다', '산에 들어간다', '산에 안긴다', '산과 더불어 하나가 된다' 뭐 이런 개념이지요.

여러분들은 푹 쉬고 싶거나 수행할 때 산을 찾거나 들어가지 않아요? 우리에게 산은 그런 공간이지요. 그런데 언제부터인가 잘못 인식돼서 정복의 대상, 힘을 과시하는 공간, 객기를 부리는 공간, 놀이하러 가는 공간으로 만들었습니다. 그러다 보니 방황하거나 지친 사람들이 찾을, 또 인간들이 사유를 할 자연의 터가 사라졌어요. 그러니까 우리는 더더욱 방황할 수밖에 없죠. 이젠 산도 반 도시처럼 변질된 거에요. 이런 것을 회복해야 하는데, 이런 것까지도 우리 민족주의의 한 영역으로 흡수하게 되면 참 바람직하죠.

다시 돌아가지요. 서쪽으로 간 사람들은 지금의 중국의 핵심인 화북지방에 정착했습니다. 그들은 자연환경에 걸맞게 밭농사를 짓고 황하와 더불어 대규모의 치수사업, 도시건설, 군사국가의 완성, 조직이 체계화됐고, 논리가 치밀한 국가를 만들었고, 흔히 말하는 중화문명의 토대를 만들어 나갔습니다.

그 문화는 거대하고 조직적이며, 현실적인 이익을 추구하고, 복잡하고 정교한 논리와 종교와 사상을 발전시켰고, 실질적인 이익에 예민하여 상업을 발전시키고, 주변의 나라들을 침략하여 자국의 부를 증대시키는 정책을 취했습니다. 따라서 거대하고 가시적이며 화려하고 정교한 문화를 만들었습니다. 일종의 장사꾼의 문화, 군인들의 문화로 발전시켰다고 보아집니다.

반면에 동쪽으로 간 사람들은 어땠을까요? 도대체 우리는 왜 갔고 무엇을 한 겁니까? 우리들이 정착한 이 터는 극동, 즉 the Far East입니다. 나쁜 의미도 있을 수 있지만 결과는 해가 떠오르는 첫 지점이 바로 극동이지요. 그렇다면 동쪽에서 떠오르는 해를 좇아 온 거예요. 인류는 늘 해를 추구했습니다. 생명의 근원, 생존의 근원이기 때문이지요. 특히 길고 험난한 빙하기를 보내고 나서는 해를 더 숭배하였죠. 인류는 존재의 근원인 해를 숭배할 수밖에 없었고, 그 가운데 일부 집단들은 해의 근원을 찾아서 이동하였습니다.

그들은 계속해서 해가 떠오르는 곳을 향하여 이동을 했는데, 애초부터 이상과 목적으로 추구하는 기질을 더 많이 가진 사람들이었겠지요. 잠깐 들판을 지난 후에는 산들이 이어지고 있었습니다. 그런데 그 산들은 부드럽고 둥글며 풍성하고 예쁜, 이제 결혼해서 가정을 꾸린지 얼마 안 된 젊은 여인 같은 인상이었지요. 흡족한 그들은 다시 이동을 계속하여 한 흐름은 동쪽으로 곧장 걸어갔고, 일부는 방향을 틀어 작은 강을 건너 남쪽으로 내려가서 훗날 한반도라고 잘못 명명된 터전을 향해 내려갔습니다. 끝까지 끝까지.

곳곳에서 푸른 물들이 출렁거리는 바다를 만나고, 동쪽의 끝인 목적지에 도달한 사실을 확인하면서 기뻐 날뛰는 모습들이 그려집니다. 그 해가 떠오른 첫 지점이 바로 우리 삶의 터전이었습니다. 그렇다면 우리는 늘 하늘의 자손이란 생각이 있었을 겁니다. 이런 증거들은 온갖 것에서 많게 또는 조금씩 나타나고 있습니다.

우리는, 처음부터 이 터에서 살았던 사람들은 물론이고, 먼 곳에서 이 터전을 찾아 온 그들은 특별한 삶의 양식, 특별한 문화를 추구했고 실현시키고자 했습니다. 모든 것들과 더불어 살고자 하는 소박한 마음씨와 논리입니다.

우리 터전, 간단하게 말해서 자연환경이 그렇게 되기에 안성맞춤이었습니다. 누구나 다 알다시피 크고 작은 산들이 이어지면서 선을 이루고 그 틈새에는 작은 물결들과 좁은 들판들이 펼쳐져 있지요. 산속이나 강, 들판 할 것 없이 어느 곳에나 먹을 것이 풍족했습니다. 또 먹을 것을 찾아내는 능력도 뛰어난 사람들이었으니 문제가 없었습니다.

제가 계속해서 더 우리 민족, 우리 문화를 더 변호해 보겠습니다. 어느 곳에 정착하더라도 자급자족이 가능했으니 서로가 힘겹게 만나서 교역을 열심히 할 필요도 없고 치고받으면서 남의 것을 빼앗을 필요도 없었습니다. 그러다보니 자연스럽게 상업이 발달하지 않았고 도시도 발달할 필요가 없었고, 백성들을 동원해서 거대한 성벽을 쌓고 도로를 만들면서 전차 길을 낼 필요도 없었습니다. 전쟁을 할 일이 별로 없으니 무기산업이 발달하지 않았고 자원을 열심히 채굴할 절박한 이유도 없었습니다. 그래서 백성들은 자연스럽게 적당하게 모여 살면서 씨족사회를 이루었고, 이러한 씨족들이 모여 국가를 만들어갔으니 한 국가는 가족같은 형태였습니다. 백성을 엄하게 관리할 필요가 없으니까 법령이 엄할 필요도 없고 복잡할 이유도 없었습니다. 또 복잡한 교육을 시키거나 사회논리, 윤리 등을 따로 주입시킬 필요를 느끼지 못했겠지요.

이렇게 해서 동쪽으로 오는 길을 선택한 사람들은 자신들의 터전을 독특하게, 어찌 보면 상식적인 바람이지만 이렇게 만들었습니다. 그리고 오 랫동안 남들의 간섭과 침략을 받지 않았고 안에서도 식구들처럼 살아가면서 행복하게 살았습니다. 제가 꼭 동화나 옛날 이야기를 하는 것 같네요. 저는 우리 문화의 생성과 성격, 국가의 발달과정, 문화의 형식 등을 이러한 틀에서 생각합니다.

네 번째 특성인데요. '다양성'입니다.

사람들은 최근에 들어서 이런 질문들을 자주 하곤 합니다. "우리 민족의 성격이 개방적입니까, 아니면 폐쇄적이거나 쇄국적입니까?" 여기에는 물론 잘못된 국사교육 탓이지만, 조선 말에 외세의 침략을 당할 때 마치 지배계급들이 추진한 정책인 쇄국이냐 개화냐 하는 문제와 권력싸움 때문에 조선이 멸망한 것으로 오해했기 때문이지요. 멸망의 핵심원인은 그것이 아닌데요. 일본인들이 우리 역사를 교활하게 왜곡한 것이고 우리는 지금껏 그 숨은 음모를 눈치채지 못하고 있습니다.

어떤 사람들은 정색을 한 채로 주장합니다. 지금이 어느 세상이라고, 한국의 기업들은 꼭 삼성이나 현대를 거론하지 않더라도 세계기업이 됐고 세계화를 지향하는데 내부에서는 너무 배타적이라고, 단일민족론을 주장하고 너무 순혈주의를 고집한다고 말이죠. 아무튼 다른 민족이나 다른 혈족에 대해서 배타적이라고 얘기합니다. 얼핏 들으면 맞는 것 같은 말입니다. 하지만 저는 그렇게 생각하지 않습니다.

조선시대 500년 동안에는 사고가 지극히 교조적이었고 외부세계와 교류하는 일을 법으로 금지했으며, 특히 소중화 의식에 젖어서 사고의 유연성이 사라졌습니다. 그리고 압록강과 두만강이라는 인위적으로 짜 맞춘 자연 공간 속에 갇혀있었기 때문에 그런 사고가 굳어진 겁니다. 역사가 후퇴한 것이지요. 그렇지만 원래 우리들의 모습은 그렇지 않잖아요. 고구려, 백제, 신라 모두 할 것 없이 다 외국문화를 적극적으로 받아들이느라 고심했고, 열심히 발전시켰습니다. 외국인들은 거주하다가 벼슬도 하고 한국여인들과 결혼하는 일도 흔했습니다. 앞에서 잠깐 말했지만 고려는 말할 것도 없었지요. 우리 민족처럼 호기심이 많고 지나칠 정도로 남에게 너그러운 사람들이 어디 있습니까? 그렇죠?

19세기부터 우리 해안에는 이양선, 즉 외국선박들이 자주 나타나고 일부는 상륙해서 사람들과 접촉합니다. 또 여행을 하는 사람들도 있었습니다. 그들은 어떤 형태로든 보고서를 만들었는데 한결같은 말이 있습니다. 대체로 이런 말들입니다. '참 친절하고 순박하다', '잘생기고 호기심이 많다' 개방적이라는 표현이지요. 일본이 우리에게 그렇게 나쁜 짓을 많이 했어도 일본 사람들에게 대놓고 욕하지는 않잖아요.

사실은 조선시대에도 내부에서는 서로가 친절하고 개방적이었지요. 제가 어렸을 때만 해도 자주 한 집안 심부름 가운데 하나가 뭔지 압니까? 집안에 경사가 생기거나 큰일을 치를 때, 고사를 지낼 때는 동네에 떡과 먹을 걸 나르는 것이 일이었어요. 그러면 받는 사람들은 덕담을 하고 저는 그 말을 담아와 어른들에게 전하곤 했었지요. 모두 한식구들 같았었는데, 우리 집은 좀 큰 편이었거든요. 수시로 기름장수 할머니, 화장품 장수들이 먹고 가기도 하고 자고 가기도 했습니다. 예전에는 그게 별스러운 일이 아니었어요.

인심이 좋고 마음 씀씀이가 넉넉하면서 늘 친절한 사람들, 우리 민족은 그런 민족이었거든요. 다만 '근대화다', '도시화다' 해가면서 지금은 다 잃어버렸을 뿐입니다. 우리는 절대 교조적인 사람들이 아닙니다. 오히려 개방적이고 유연한 사람들이죠. 그렇잖아요? 우리나라처럼 이렇게 각각 다른 종교를 가지고 있으면서도 종교 분쟁이 일어나지 않는 나라가 어디 있습니까?

여러분, 지도를 또 한번 보십시오.

여기는 중앙아시아의 알타이 지역입니다. 우리 민족의 혈연, 언어, 문화 등과 깊숙하게 연관된 지역이죠. 그 밖에도 바이칼 루트, 몽골 루트, 연해주 루트 등이 있고, 또 남쪽으로는 동남아시아 루트가 있어서 남방 해양문화가 먼 곳에서부터 흘러 들어오고, 중국에서는 산동성뿐만 아니라 절강성에서 동중국해와 황해남부를 항해해서 한반도의 서남해안으로

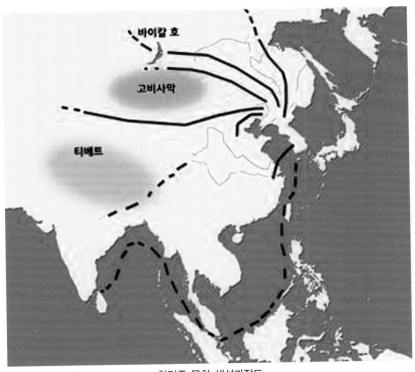

한민족 문화 생성과정도

상륙하고, 또 일본열도에서도 옵니다. 일본은 오늘날의 사이판, 괌 등에서 출발해서 북상을 하면서 동경만으로 접근한 다음에, 다시 이들의 문화가 일부지만 서남쪽을 거쳐 이렇게 한반도로도 오는 겁니다. 우리 문화가 형성되는 과정은 이렇게 다양하기 때문에 문화도 다양하고 혈연적으로도 다양한 종족들이 섞인 겁니다.

고구려도 마찬가지입니다. 얼마나 개방적이고 문화가 다양합니까? 지난 시간에 말했지만 고구려인들은 종족이 일단 다양합니다. 자연 환경도 얼마나 다양합니까? 동쪽은 백두산에서 연해주로 끝 모르게 이어지는 대삼림지대가 펼쳐지지요. 북으로는 송요평원을 지나면 대흥안령과 홀론보이르 초원지대(呼倫湖 貝湖지역)를 지나 바이칼호 주변까지 이어지고, 동북쪽으로는 소위 동북평원을 넘어 소흥안령과 흑룡강 상류, 중류유역의 대삼림지대까지 확장됩니다. 또한 강이 얼마나 많이 길게 흐릅니까? 흑룡강黑龍江, 송화강松花江, 눈강嫩江, 요하遼河, 대릉하大淩河, 압록강鴨綠江, 두만강豆滿江, 우수리강 등 크고 길며 수심이 깊은 많은 강들이 60여 개나 있습니다. 거기에 해양까지 있으니.

구성원인 주민들도 역시 꽤나 다양했습니다. 고구려인을 주체로 했지만 백제, 신라, 가야의 일부 주민들과 동부여, 북부여 유민들이 참여하게 됐습니다. 또한 부여의 지파인 두막루豆莫婁는 물론이고 흥안령興安嶺으로 이어지는 지역에 살던 선비鮮卑, 시라무렌 유역의 오환烏桓, 거란契丹을 비롯해서 거기서 갈라져 나온 실위室韋, 해奚, 고막해庫莫奚 등의 몽골계 여러 종족들의 일부는 고구려의 구성원입니다. 또한 흑룡강 유역과 연해주 지역에 거주하는 말갈족도 고구려의 생활권, 문화권에 속하였습니다. 거기가다 항복하거나 점령지의 한漢족들도 유이민으로 들어와 거주하였습니다.

그러니까 이러한 상황 속에서 고구려는 자연스럽게 동아시아의 모든 종족들이 포함된 다종족적 국가로 변해가는 겁니다. 하나의 국가 영토이지만 안에는 색다른 자연환경, 이질적인 문화가 공존하면서 복합적인 공간으로 탈바꿈한 것입니다. 이것이 개방성입니다.

그런데 개방되거나 다양성만을 추구하면 예상했던 문제들이 터져 나올 수밖에 없습니다. 우선 내부에서는 종족 간에 빈부의 차이가 생기고 권력에 더 근접한 종족과 멀리 소외되는 종족들이 생깁니다. 문화가 서로 다른 데서도 엄청난 문화충격(culture shock)들이 발생했을 겁니다.

그렇다면 이러한 상황을 그대로 방치했을까요? 그러면 분열이 심각해지고 대폭발이 일어나면 자멸하거나 외부에서 조금만 공격을 가해도 무너지고 말죠. 결국 안정된 통일제국을 지향한다면 이미 패배한 피정복민들을 감성적으로 위무해야 합니다. 또 현실을 인정하도록 논리적으로 설득시키고 사상적으로 친화시키는 일을 해야만 합니다. 이때 고구려의 지도부들은 딜레마에 빠졌을 것이 분명합니다.

고구려의 핵심부가 남만주 일대 평양지역으로 이동했을 때 이주민이나 토착인들이 만약에 폐쇄적 태도, 다양성을 인정하지 않는 태도를 가졌다면 고구려란 나라가 발전하거나 유지될 수 있었겠습니까? 안 되죠.

개방성을 인정하고 대폭 외부문화를 수용하느냐, 아니면 고구려의 정체성을 더욱 강화시키면서 고구려 중심주의로 나가느냐? 조금 더 학문적으로 포장하면 '다양성多樣性과 자아自我', '보편성普遍性과 정체성正體性'이라는 것을 놓고 고심했을 것입니다.

저도 그렇게 생각하지만 고구려인들은 두 마리 토끼를 모두 잡는 방식을 선택했습니다. 다양성과 자의식은 꼭 상반되거나 적대적이지는 않습니다. 오히려 정체성은 강하게 하면서 고구려 역할론을 강조하고 한편으로는 이익을 공유하는 겁니다. 또 힘을 모아 국가를 운영하는 겁니다. 지역과 종족 문화의 차이가 있으면 국가의 일을 실현하는 데도 분명 역할의 차이가 있을 겁니다. 이러한 역할을 분명히 해주고 공동체를 만들어 간다면 공존共存과 상생相生이 가능할 수 있습니다.

결국 고구려는 개방적이었고 다양성을 인정했기 때문에 다른 종족들을 품어 오고, 생활양식이 전혀 다른 사람들이 관계를 맺어도 문제가 일어나지 않았습니다. 말하자면 쌀밥, 김치, 미역국, 된장찌개를 먹는 사람들과 햄버거와 코카콜라를 먹는 사람들, 양꼬치 구이나 요구르트를 먹는 사람들, 모두 함께 한 밥상에 앉아서 먹을 수 있는 사람들이 우리였거든요. 재미있는 이야기입니다. 고구려인이 그렇습니다.

역사적인 사실에 근거해서 한 가지만 말씀드리지요. 고구려사람들은

러시아 우수리스크, 사할린 지역

버터도 치즈도 양꼬치도 먹었고 요구르트도 마셨습니다. 신라도, 발해도 된장이 유명하다는 것은 사료에 남아 있습니다. 콩의 원산지가 고구려이니까 비록 사료에는 없더라도 있는 것이 당연한 거 아니겠어요.

우리 민족문화의 생물학적 유전자, 역사적 유전자 속에는 개방성이 지나칠 정도로 충만했습니다. 그런 사례들은 또 얼마든지 볼 수 있습니다. 바로 고구려를 계승한 발해국입니다.

지도에서 보는 이 지역은 러시아의 프리모르스키(프리모르예), 즉 연해주의 우수리스크입니다. 옛날 발해의 솔빈부 자리입니다. 또 이 사진은 연해주와 사할린, 홋카이도 사이에 있는 바다인 타타르 해협입니다. 이 지역은 지금은 러시아의 영토지만 1860년도 까지는 청나라의 영토였습니다. 그 해에 맺어진 '베이징 조약'에서 빼앗긴 것이지요. 그래서 연해주는 중국에게는 수복할 영토로 인식되어 있습니다. 그런데 그 이전에는 발해의 핵심 영토예요. 또 고구려의 영역이었고 원조선의 영역이었을 수도 있습니다.

엄청나게 많은 숲이 발달하고 삼림이 빽빽하게 각종 나무들이 우거졌고, 그곳에는 헤아릴 수 없이 많은 야생 동물들이 서식하고 이름 모를 신비의 약초들이 자랍니다. 그러니까 발해인은 값비싼 모피무역을 하잖아요. 이해하기 힘들지만 우리 기록에는 하나도 없습니다. 어쨌든 연해주도 우리의 영역이었던 겁니다.

그런데 왜 우리가 개방성이 약하고 다양성이 부족하다고 강요합니까? 지난 시간에 말씀드렸습니다만 생물학적으로도 다양성을 띠고 있습니다. 제 외모 자체가 이미 우리 민족은 생물학적으로 다양성이 있다는 구체적인 증거예요. 저는 상대적으로 서양인에 가까운 투르크 계통입니다. 중앙아시아 우즈베키스탄의 사마르칸트에 살았던 소그드인의 피가 섞였을 수도 있고, 페르시아나 터어키인과 피를 나눈 형제일 수도 있습니다. 다양한 종족들이 모여서 다양한 문화 양식을 경험했고 그래서 더불어 살 수가 있었던 겁니다.

다시 말하면 조선 왕조 500년 동안 성리학적 이데올로기에 주입되었고 소중화 의식에 사로잡혀 있었습니다. 그들은 대외관계적으로 늘 저자세로 있으면서 내부적으로는 계급모순을 심화시키면서 백성들을 억압했던 거죠. 조선사 전공자들은 싫어할지 모르지만 전 조선조를 실패한 나라라고 규정을 하고 있어요. 불과 500년 동안의 조선을 가지고 우리의 전통이라고 억지 궤변을 떠는 행위는 지양해야 합니다.

10월에는 제가 회장인 한민족학회에서 한민족 문화의 생성과정을 주제로 삼은 학술회를 개최합니다. 제가 세운 7개의 지역과 길이라는 가설 속에서 각각 분야의 연구자들이 발표할 예정입니다. 각 분야의 전문가들이 구체적인 실상을 보여줄 거라고 확신합니다.

다섯 번째로 '조화와 상생'입니다. 결국 이것이 우리 민족성의 핵심이라고 생각합니다. 앞에서 말한 특성인 다양성과는 너무나 상반된 개념 같지요? 제가 두 번째 특성으로 자의식을 들었지 않습니까? 이 자의식이 개방성과 만나 하나로 어우러지면 자연스럽게 상생으로 변하는 것이지요. 앞에서 고구려 문화가 얼마나 다양한가를 말했지만 우리 민족성 가운데 가장 특징적이고 바람직하고, 또 이 시대에 우리나 인류에게 절실하게 필요한 성격이 조화와 상생입니다.

저는 역사의 목적은 인간이 우주 내에 있는 일체의 것들과 합일을 지향함으로써 인간성을 구현하고 이상사회를 추구하고 만들어가는 것이라고 생각합니다. 이러한 점은 예술과 미의식도 마찬가지인데요.

우리 문화는 그 어느 때인가 아마도 1차는 청동기시대의 시작일 가능성이 높지만, 기본 원핵이 생성되었기 때문에 그때부터 원핵이라고 정할 뿐입니다. 그 이후에도 새로운 문화와 종족들이 쉬지 않고 들어오지만 이미 국가체제를 갖춘 조선이라는 원핵 속에서 동화되면서 하나의 공동체를 이뤘습니다. 즉 어느 지역, 어느 역사보다도 더 강력하고 잘 용해된 용광로, 즉 '멜팅포트(melting-pot. 도가니)', '샐러드 보울'이 된 것입니다. 그리고 이러한 방식은 의복, 집, 음식 등 모든 분야에 걸쳐 다 적용되었고 실제 생활에서 운영되었습니다.

우선 음식을 살펴보면 아주 분명하게 드러나지요. 우리 음식들 가운데 설렁탕, 곰탕, 비빔밥, 된장 등이 있는데, 우리가 그 중 좋아하는 음식입니다. 우리가 개방성과 상생이라는 가치를 지향하기 때문이지요. 어떤 재료든지 뒤섞어서 고유의 맛은 가능한 한 유지하면서도 전혀 다른 맛을 내게 하는 방식입니다. 더욱이 우리는 발효를 시키는 기술을 습득했기 때문에 많은 음식들을 발효시켜서 먹는 문화가 발달했습니다.

이 매력적인 조화와 상생을 표현하는 압축적인 기호가 여러 가지 있는데, 그 가운데 하나가 '3'이란 숫자라는 겁니다. 우리나라의 모든 사상, 단군신화로부터 시작해서 근대, 현대에 이르기까지 주장하는 것이 무엇입니까? 바로 공동체 의식이고 숫자는 '3'이고, 그 다음에 요즘에 많이 유행하고 있는 바로 상생이거든요. 그래서 3이라는 숫자가 중요합니다. 저는 앞에서 이미 '3의 논리'라는 용어를 소개하고 그 의미와 논리를 말했습니다.

거듭 말하지만 '3'은 단군신화와 주몽신화의 공통적인 기본구조이고 사상이며 논리체계입니다. 훗날 독립군들이 전쟁을 벌일 때 대종교에서 확산시킨 천부경과 삼일신고 등도 그 맥락이 동일합니다. 앞의 강연에서 설명했었지만 저는 오래전부터 '3의 논리'라는 이론을 폈는데요, 이러한 논리와 현상은 우리 문화의 여러 방면에서, 그리고 샤머니즘이 성행하였던 동북만주와 동시베리아에서는 흔하게 발견이 됩니다.

고구려의 건국신화를 보면, 추모는 하늘을 숭배하는 유목문화집단을 주축으로 삼아 하백이라는 물의 신으로 상징된 토착집단 또는 선점집단과 결합해서 성립된 문화의 시조입니다. 그렇게 때문에 고구려에서는 '국중대회'라는 대규모의 제의 겸 잔치를 베풀고—동맹東盟이라고 기록되어있지만 아마 동명일 가능성이 높지요— 주몽과 물의 신이면서 동굴의 신인 유화부인을 함께 제사지냅니다. 이렇게 해야만 고구려문화는 유목과 농경, 대륙과 해양이 결합하고 조화를 이루고 상생한다는 국가의 목표를 각인시킬 수가 있지요.

고구려가 추구하고 지닌 '3의 논리'를 확인할 수 있는 것이 또 있습니다. 이 사진을 보십시오. 잘 아시죠? 중국 길림성 집안에 있는 광개토태왕릉비입니다. 장수왕이, 아버지가 돌아가신 지 2년째인 414년에 수도인 국내성國內城에 세운 비입니다.

많은 분들이 이 비에 관심을 갖고 있습니다. 특히 우리 한국인들에게는, 이 비문에 새겨져 있는 글자를 일본인들이 변조했는가? 변조했다면 어떻게 했을까? 이것이 중요합니다. 그런데 제가 오늘 민족성과 연관지어 말씀드리고 싶은 것은, 이 광개토태왕릉비는 탐험정신, 강한 자의식, 천손의식 그리고 그것과 함께 개방성과 상생의 논리에서 나타난 3의 논리를 표방하고 있다는 것입니다.

우선 전체 모양을 살펴보도록 하지요. 이 비는 너비 1.38~2미터, 측면 1.35~1.46미터, 높이 6.39미터의 사면석에 총 1,775자의 글자가 새겨져 있습니다. 대단한 높이이고 크기이지요. 3층집 높이니까요. 그런데 광개토태왕비는 일반적인 비들과 다른 점이 많습니다. 이 그림을 살펴보시면 알겠지만 기하학적으로 정확하게 재단된 직육면체가 아니고 아래 부분과 위부분의 폭, 길이, 크기 등이 다릅니다. 정면에서 바라보면 아래 부분이 좁고 위로 올라갈수록 두텁고 폭이 넓어집니다. 아래 폭과 위 폭이 다르면 느낌상 위 폭이 큰 것처럼 느껴지는 시각적 효과가 있습니다. 거대함이 강조되는 건 당연한데, 면의 모서리 선이 직선이 아니고 휘어졌을 뿐 아니라 안으로 쑥 들어간 부분도 있습니다.

높낮이도 일정하지 않고 표면은 약간 다듬었는데 울퉁불퉁하고 굴곡진 틈에 글자들을 새겨 넣었습니다. 사람들은 만져보려는 충동을 일으킵니다. 얼핏 보면 이건 비가 아니라 '그냥 돌덩어리를 갖다 놓았네' 그럴 정도로 굉장히 자연스럽습니다. 저는 그래서 '광개토태왕릉비는 심었다'라는 표현을 즐겨 사용합니다. 온 존재를 어디선가(?) 특별한 곳에서 뽑아다가 특별한 곳에 심은 신령석(holy stone)이라고 보는 것이죠.

저는 임금의 업적을 기리고 세상에 자랑하기 위해서, 또 백성들에게 중요한 선언을 전달할 목적을 갖고 세웠을 때는 고구려사람들이 가장 중요하게 여기는 목적의식과 논리를 포함시켰다고 봐요. 고구려사람들은 책, 생활, 예술을 통해서 뿐만 아니라 비를 통해서도 고구려인들의 사상을 알렸을 거예요. 또 이런 방식이 가장 효과적이고 쉽잖아요.

그런데 왜? 이상하잖아요. 왜 이러한 형태의 비를 세웠을까요? 짧게 말씀드리지만 여기서 적용되는 단어는 '비', '정형성' 또는 '어리숙함'입니다.

다른 글에서 이미 자세하게 신경써가면서 발표했지만, 고구려 임금들, 광개토태왕이나 장수왕, 또 고구려 지배계급은 새롭게 복속된 많은 종족을 지배하는 체제가 아니라 조화와 협력을 바탕으로 삼은 공동체, 더불어 사는 세상이었습니다. 문화와 사상, 정책, 시대정신은 공존과 상생이었고 이것들이 가장 중요하고 상징성이 강한 광개토대왕비에 표현된 것입니다. 즉 '비정형성', '어리숙함', 많은 사람들과 더불어 살고자 하는 '조화', '상생'의 논리, 즉 3의 논리를 표현했다고 저는 보는 겁니다.

또 하나 '3의 논리'는 장군총에도 나타나 있습니다. 길림성 집안의 용산 기슭에 위치(place)하고 있는데, 대형의 화강암을 정사각형으로 쌓아 7층으로 올린 거대한 방형계단석실묘의 원형입니다. 아래 그림에서 보이듯 정삼각형 구도로 되어 있으며, 한 변은 고구려척高句麗尺으로 100척인 35.6미터이며, 높이는 12.4미터입니다. 제1층에는 적석이 밖으로 밀려나가지 않도록 높이 약 5미터의 거대한 호분석을 각 면에 3개씩 기대어 세웠는데, 현재는 북면의 1개가 사라져서 모두 11개가 남아 있습니다. 몸체는 3등분으로 구획되어 있었는데, 3분의 1에 해당하는 윗 부분에는 원래 목조건축물이 있었고 하위 3분의 2에 해당하는 석조물은 3계단으로 된 7층으로 구성되었습니다. 즉 3·7이란 숫자가 되고, 이는 단군신화에

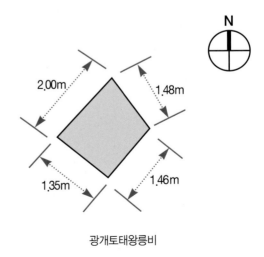

광개토태왕릉비

나오는 수리구조와 동일하지요. 주몽신화에도 나오지만 고구려는 3이라는 숫자를 중요시하고 별들을 신앙하면서 북두칠성에 의미를 두어 고분의 벽화에도 많이 그렸습니다.

장군총이 만들어진 시대의 지식인들은 '신논리新論理'와 '신문화新文化'를 창조해야 하는 시대정신이 있었고, 그것을 실현해야만 했습니다. 외모와 색, 분위기, 글꼴과 내용 등은 조상숭배와 건국신화(단군신화 및 주몽신화), 신앙들을 일치시키는 논리를 담고 있습니다. 특히나 3이라는 숫자로 상징된 합일合一의 논리입니다.

'3의 논리'는 지금 보시는 고구려의 고분벽화들에도 나타납니다. 이 고분벽화는 유일하게 일반인들에게 공개관람을 하게 한 오회분 5호묘 그림입니다. 저는 40여회 정도 들어가 보았습니다. 천장에는 황룡이 꿈틀거리는 모습으로 그려져 있고 주변에는 좌측의 청룡 외에도 돌아가면서

장군총

용들이 꼬리와 입을 물어가면서 힘차게 용틀임을 하고 있습니다. '묶는 문화'가 아니라 '엮는 문화'를 상징하는 것이지요. 마치 고구려인들이 이렇게 얘기하는 것 같아요.

"세상의 모든 일과 존재들은 인연을 통해서 이어지고 이어진다. 그러니 조화를 이루면서 상생할 수밖에 없다."

이 그림들 바로 밑의 북면 벽에는 현무도가 그려져 있습니다. 북쪽과 어둠을 상징하는 신령스러운 거북이답게 장중하고 무거운 듯하면서도 의젓한 거북 그림이지요. 그런데 거북의 머리와 다리는 뱀의 그것과 유사하거든요. 이 꼬리와 입이 뒤엉켜서 사실은 어디가 시작이고 끝인지, 머리통이고 꼬리인지 애매모호하게 되어 있습니다. 이 현무도 가운데 가장 압권은 북한의 강서군에 있는 강서대묘에 그려진 작품, 일종의 성화이지요.

저는 고구려의 현무도를 들여다 보다 보면 서양신화에 등장하는 우로

강서대묘 현무

보루스(ouroboros)를 연상하곤 합니다. 머리가 꼬리를 먹으면서 원형을 이룬 것인데, 끝이 없는 무한운동과 의미를 나타냅니다. 모든 용들이 서로가 서로를 이어가면서 엮어 가고 있습니다. 그리고 사물은 조화를 이룰 수밖에 없다는 강력한 메시지가 전달됩니다.

이렇게 모든 고분의 벽화들은 세계를 갈등과 대립으로 파악하지 않습니다. 모든 것들이 '조화調和와 공존共存'을 지향하며 역사를 이루어낸다는 '3의 논리'를 다양한 형태와 기호로 표현하고 있습니다. 사람얼굴을 한 새, 소머리를 한 사람 등 반수반인半獸半人, 신인神人같은 존재들이 다양한 형태로 등장합니다.

또 하나 상징적인 존재물로서 '삼족오'가 있습니다. 근래에는 고구려와 연관된 드라마 때문에 '삼족오'가 알려졌습니다. 사실은 그 전에는 잘 알지 못했습니다. 2002년도에 월드컵 축구 대회가 개최되었습니다. 원래 우리가 추진하고 따낸 월드컵 개최권이었는데 일본이 교묘하게 끼어들면서 공동주최라는 형식이 돼버린 것이지요. 그런데 당시 출전한 일본 축구협회가 사용한 엠블럼은 공교롭게도 삼족오였습니다. 정작 당사자인 우리는 삼족오를 사용하기는커녕 뭔지 조차도 모르고 있었는데, 일본에서는 이미 1920년대 후반부터 삼족오를 여러 가지 용도로 사용했습니다. 물론 일본의 건국 신화에서는 까마귀가 초대천황이라고 알려진 진무(神武)천황의 건국을 도왔기 때문에 신령스러운 새로 알고 있었습니다. 하지만 신앙이랄 정도로 구체적으로 삼족오에 의미를 두지는 않았습니다. 그들은 그 시대에 한국의 문화재를 조사하고 약탈하면서, 고구려 고분들을 열어보고 나서 그 가치와 의미를 간파했기 때문에 심지어는 축구협회의 엠블럼에까지도 응용한 겁니다.

저는 바로 월드컵의 열기가 국민적으로 뜨거워질 때에 이러한 사실을 신문에 공개했지요. 그때 대학원에서 고고학을 공부한 동아일보의 이광표 기자가 기사를 작성하고 제가 부연 설명하는 형식이었습니다. 오회분 4호묘의 삼족오와 일본축구협회의 엠블럼을 나란히 놓고 비교하는 사진이 있는 기사였습니다. 중앙아시아의 우즈베키스탄을 여행할 때는 사마르칸트의 시내에서 택시를 탔다가 일본축구협회의 엠블럼인 삼족오 마스코트를 보았습니다.

아무래도 사람들은 삼족오가 가진 의미에 대해서 관심을 가지고 진지하게 질문을 합니다. 삼족오는 어떻게 생겼고 어떤 특징이 있으며 무엇을 의미하고 있습니까? 어떤 문화와 관련이 있고, 어떤 성격을 지니고 있으며, 지리상의 기원을 어디에 두고 있나요? 삼족오는 우리 민족 또는 고구려가 갖고 있는, 고구려에만 있는 독특한 새인가요? 왜 고구려는 고분벽화에서 유달리 삼족오를 집요하게 표현하고 있나요? 그 이유는 무엇일까요? 그것이 표현하려는 의미와 논리는 무엇일까요? 이런 질문을 말이죠.

우선 간단명료하게 말하면 삼족오는 다리가 3개인 까마귀를 말하는데, 고구려 고분벽화에서는 해를 상징하는 붉은 원 안에 있습니다. 반대편에는 달이 있고 그 가운데에는 섬섬(두꺼비)이나 옥토끼가 있습니다.

까마귀에 대해서 조금 더 알아보지요. 북방민족들에게 까마귀는 원래 '일자日子(해의 자식)', 즉 하늘과 땅을 연결하는 전령입니다. 해를 상징하기 때문에 '해새'이지요. 그래서 하늘과 해를 숭배하는 북방민족들에게는 아주 귀중하고 신령스러운 새이

2002한일월드컵 일본팀 엠블럼

지요. 당연한 반응이지만, 늘 그들에게 공격을 받고 불안에 떠는 한족들은 까마귀를 싫어하고 불길한 조짐을 나타낸다고 기피합니다. 그런 한족의 풍습을 우리는 어처구니없이 뜻도 의도도 모른 채 맹종하면서 까마귀를 싫어하게 된 겁니다.

한민족의 삼족오 문화

그런데 삼족오는 '해새'라는 의미에 또 다른 의미가 더해진 겁니다. 그 가운데에서도 가장 압축적인 의미는 다리가 3개라고 할 때의 그 '3'이라는 숫자입니다. 특히 고구려에게 삼족오는 단순히 해를 상징하는 까마귀로서 끝나는 것이 아닙니다. 이름에서 나타나듯이 다리가 3개이고 날개가 2개이며 머리에는 길고 분명하게 뿔이 하나 달린 독특한 형태로 표현했습니다. 실재로는 존재할 수가 없는 구조이죠. 누가 봐도 의도적으로 강조한 것임을 알아챌 수 있습니다. 그래서 삼족오 모양을 조금만 유심히 살펴보면 머리(대갈)통인 위에서 아래로 내려가면서 1, 2, 3으로 되고 반대로 다리인 아래에서 위로 올라가면서는 3, 2, 1이 되는 겁니다. 그렇다면 수리상으로는 '3-2-1' 또는 '1-2-3'으로 상징되는 변증법적 논리와 함께 조화의 논리를 압축적으로 표현합니다.

고구려인들은 삼족오를 집요하게 추구한 것 같아요. 각저총, 무용총, 오회분의 5호묘와 4호묘, 진파리 1호분, 덕화리 1호분 등에다 그렸습니다. 용산리 7호 무덤에서 출토된 금동관모의 장식품에도 삼족오가 있습니다. 일본 아스카(飛鳥)에서 발견된 고구려 유민이 묻혔을 고송총 벽화의 해 속에도 삼족오가 날고 있습니다. 백제 고분에서 발굴된 관모에도 삼족오는 나타납니다. 신라의 관직에는 '오간烏干'처럼 까마귀 오烏자가 들어있고, 『삼국사기』와 『삼국유사』에도 신라 아달라왕 때 일본열도로 건너가 소국의 왕과 왕비가 된 연오랑延烏郎과 세오녀細烏女가 등장합니다.

비슷한 이야기인데요. 저는 뗏목을 만들어서 바다를 탐험한 적이 몇 번 있었습니다. 제가 뗏목 탐험을 한 이유는 몇 가지가 있습니다. 탐험 역사적인 사실의 고증과 고대 항로의 발견 등등. 하지만 저로서 가장 의미를 둔 것은 우리 민족의 문화이고 사상인 '3의 논리'를 구체적으로 실험하고 사람들에게 그것을 입증해 보이려는 행위였지요. 일종의 퍼포먼스였고 그걸 여러 차례 강조했는데 주목들을 안 하더군요.

바다에서 탐험을 할 때 사람과 자연, 즉 주체인 사람과 대상체인 바다는 실질적으로는 생과 사를 담보로 진행되는 갈등과 투쟁의 관계입니다. 적어도 행위자이면서 약자인 인간에게는 말이죠. 그런데 중간에 매개체인 뗏목이 들어가면서 인간은 바다와 한 몸이 돼 버려요. 물결 자체가 되어 하나로 움직이니까 나뭇잎은 망망대해에서 태풍 한 가운데에 놓여 있어도 전복되지 않잖아요. 물론 운동법칙을 따르면 일종의 표면장력 때문이지만 저는 정신성과 이론을 부여한 겁니다. 나뭇잎은 절대 전복되지 않잖아요, 아주 오래되면 물기를 먹어 침수될 수는 있어도. 따라서 正과 반反의 갈등 구조가 아니라 조화와 협력의 관계로 전환된 것이거든요.

저는 그것을 보여주기 위해서 뗏목을 탄 것인데, 그래서 뗏목의 명칭이나 돛 그림, 탐험대의 깃발 등에 그 논리를 표현했고, 탐험 도중이나 탐험이 끝난 후에 출판한 책들에서도 꾸준히 그러한 내용을 설명했습니다. 하지만 사람들이 잘 이해하지 못하더라고요. 아직까지도 주목들을 하지 않습니다. 그래서 그 후에는 돛 그림에 삼족오를 그려 넣어서 분명하게 전달하고자 했습니다.

1996년에 중국의 절강성 영파에서 중국의 산동성 해안에 거의 붙어 있는 모야도라는 섬, 9세기경에 장보고 선단이나 신라 선단이 출항하던 적산 법화원 앞의 조그만 섬이지요. 그곳까지 16일 동안 항해를 했습니다. 그 후에 1997년 여름에는 절강성의 조우산(舟山)군도를 출항해서 흑산도에 도착하기까지 17일 동안 항해했습니다. 그때 만들어 사용한 뗏목은 이름이 '동아지중해호東亞地中海號' 였는데 돛의 천에 그린 그림은 삼족오였습니다. 철학적인 사유와 종교적인 수행을 바탕으로 그림을 그리는 강찬모 화백이 유화로 그려준 것이지요. 그는 워낙 고구려 문화에 관심이 많은데다가 오랫동안 친분을 쌓아 왔기 때문에 선뜻 그려준 겁니다.

저는 삼족오야 말로 제가 지향하는 뗏목탐험의 정신성과 우리 역사를 가장 집약적으로 표현할 수 있다고 판단했습니다. 이렇게 해서 동중국해와 황해의 한 가운데에서 때로는 태풍이 휘몰아치는 한 복판에서도 한민족의 정신성과 한국문명의 세계관 논리 등을 뗏목과 삼족오 등을 통해서 표현하고 세상에 전달하고 싶었던 것이지요. 그래서 이 탐험은 때로는 일종의 퍼포먼스라고 주장하기도 했습니다.

이 놀랄만한 그림이 바로 현무도입니다. 현무도 또한 '3의 논리'를 적절하게 표현했다고 봅니다. 다들 느끼셨겠지만, 몸의 형태에서 강한 역동성과 함께 편안하고 육중한 안정성이 함께 느껴지죠? 이렇게 여러 군데 나온 머리와 꼬리 등이 서로가 꼬여져 있습니다. 청룡에서도 백호에서도 나타나지만 특히 현무도에는 아주 압축적으로 나타납니다. 이걸 아셔야 합니다.

우리 문화는 2개 또는 여러 개의 끈을 연결할 때 매듭을 '묶는 문화'가 아니라 다만 '엮는 문화'라는 것이죠. 묶은 것은 옹이가 져서 풀 수가 없습니다. 하지만 엮은 매듭은 툭 치거나 살짝 한 부분만 풀어 주면 금방 풀어집니다. 옛날에는 농부들이 시골에서 소를 키울 때 소 말뚝을 꽂아놓은 곳에 소 끈을 걸어 놓습니다. 그러면 소는 못 움직여요. 그런데 사람은 손가락이나 발 등으로 툭 쳐서 빼내면 매듭은 간단하게 풀려지고 맙니다. 아주 합리적인 방법이지요. 시골에선 '소말뚝 매듭'이라고 얘기를 하는데 저는 탐험을 하면서 가스통 매듭이라고 배웠습니다. 프랑스의 전설적인 산악인인 가스통 레뷰파의 이름을 따온 것이지요.

확실히 '묶는 문화'와 '엮는 문화'는 모든 면에서 다른데, 벽화에서는 모든 것이 다 엮여 가고 엮여지고 있잖아요. 이것이 우리 민족이 지향해온 '조화'와 '상생'을 표방한다고 생각합니다. 서로가 더불어 사는 거죠. 이것을 다른 말로 하면 수학에 나오는 '뫼비우스의 띠(Mobious strip)'와 유사합니다. 안과 밖 구분이 없는 것, 같이 하나로 움직이는 것, 강력한 역동성과 안정성, 그리고 더불어 살고자 하는 상생의 논리가 포함되었다고 보기 때문에 각별히 애정을 가지고 있습니다. '야성', '감성', '지성'이 어우러진 것이 바로 현무도이지요.

이런 정신과 주제들은 우리 예술사, 고려청자와 조선백자를 거쳐 이중섭의 몇몇 그림 가운데에도 등장하고 있어요. 앞으로 이런 사상과 예술들을 다시 살리고 복원해야 한다는 겁니다. 과거의 장점을 지금 다시 되살려서 재가공을 해야죠. 르네상스는 특별한 것도 특정문화의 산물도 아닙니다. 우리도 일본도 중국도 르네상스를 했고, 또 계속해서 해야 합니다. 최근에 들어서 중국은 공자를 다시 불러들이고 있습니다. 역사란 과거를 모델로 삼아서 늘 새롭게 새롭게 전진해가는 건데 왜 우리는 그렇지 않죠? 이런 태도는 문제가 있습니다.

이제 마지막입니다. 우리 민족성 가운데 마지막 특성, 즉 다섯 번째인데요. 다소 부정적이고 단점일 수도 있지만 '감성적'이라는 점을 지적하고 싶습니다. 저는 지나치게 감성적인 것은 좋아하지 않습니다. 감성적이면서 논리성도 갖춰야하거든요.

인간은 이따금씩은 진지해지고 사유할 수 있어야 하는데, 우리는 감성적 측면이 강한데다가 최근에 들어서는 지나칠 정도로 너무 감성적이 된 거 같아요. 잠시 멈추고 좀 앉아서 천천히 호흡도 해가면서 사유도 해야 하는데, 그리고 뭔가 논리를 하나 붙들고 복잡한 현상들을 하나하나 분석해 가야 하는데, 냉정하고 침착해야 하는데 도리어 감성에 휘둘리다 보니까 남의 얘기에 쉽게 혹하고 움직인다는 것이죠.

저는 학생들에게 때때로 이렇게 얘기하곤 합니다. "시냇물은 절대 졸졸졸 소리를 내지 않는다." 정말이에요. 여러분들도 잘 들어보세요. 사람은, 특히 문화인은 사물을 자기 눈으로 보고 자기 귀로 들어가면서 자기 언어로 표현을 할 수 있어야 해요. 무엇보다도 자기 가슴으로 느껴야 해요. 그게 사람이죠. 남의 것을 추종하고 남이 시키는 대로 따라가기만 한다면 그건 사람이 아니잖아요.

공부를 못했다고 현대인에게 무식한 시대라고 평가받는 예전에야말로 오히려 안 그랬어요. 현대가 되면서 이러한 문제들이 밀물처럼 밀려들고 있습니다. 인류의 미래를 소재로 삼은 SF영화에서 다루는 주제가 그런 거 아닙니까? 인간 의식까지도 통제하는 갖가지 프로그램들이 나온다는 거, 매트릭스를 비롯해서 얼마나 많은 영화들이 있습니까? 21세기를 맞이한 인류의 미래는 정말 어려운 것 같습니다. 이러한 인류문명이 위기에 처했을 때 우리가 이러한 문제들을 해결할 수 있는 새로운 로직(logic)과 사상을 찾아내고 주장해야 하는데, 또 가능하면 민족주의에 그런 것들을 담을 수 있어야 하는데, 전 가능하다고 봅니다. 왜? 우리 민족이 본래부터 추구해 온 삶이 '3의 논리', '조화', '상생' 이런 것이었기 때문이죠.

좋게 말하면 '흥'이나 '신바람' 이고 나쁘게 말하면 한이 교차되는 것이죠. 우리는 열정이 있고 풍류도 좋아하고 멋을 좋아하지만 자칫 잘못해서 삐끗하면 여러분들이 아는 것처럼 부정적인 측면으로 흘러가거든요. 모든 것은 이렇게 서로 상반된 면을 함께 갖고 있어요. 가능하면 좀 더 긍정적인 면을 더욱 개발한다면 훨씬 좋은 결과를 가져올 수 있는데 말이죠.

우리는 전에는 '느림의 미학', '사유의 방식' 등이 오히려 지나칠 정도였는데, 최근에 들어서는 분명 사유능력이 뒤떨어지는 것 같아요. 아쉬워요. 그리고 너무 급해요. 정상적인 삶, 바람직한 삶을 누리려면 좀 더 속도를 줄여야 합니다. 조선시대와는 또 다른 체계를 가진 '느림의 미학'을 추구해야 하는데 말이죠.

제가 82년도에 뗏목을 띄웠을 때의 일을 또 다시 얘기할 수밖에 없는데요. 뗏목을 띄운 목적 중 하나가 첫 번째 3의 논리의 구현이에요. 하지만 유사하면서도 약간 다른 것이 있었는데 바로 '느림의 미학'이었어요. 뗏목은 성질 급한 사람들은 말로 표현할 수 없을 정도로 느립니다. 때로는 들길을 양반걸음으로 휘적 휘적 걷는 것보다도 더 느리거든요. 1kn(노트)정도이지요. 물론 강한 바람을 받거나 태풍을 만나게 되면 상상할 수 없을 정도로 빨라지지요. 하지만 평상시에는 느려요. 그런데 '느림'이란 게 인간에게는 때로 필요한 거죠. 특히 현대문명, 도시문명, 정보화 사회에서는 더더욱 필요해요.

저는 이렇게 멋과 풍류를 즐기면서 느림을 추구한다고 해서 탐험정신이나 자의식이 사라진다고 생각하지는 않아요. 함께 추구할 수 있고 추구해야 한다는 믿음을 갖고 있습니다.

조금 전에 보여드렸습니다만 무용총 벽화나 쌍영총 벽화에 보면 고구려 청년의 모습이 등장합니다. 결코 크지 않은 말을 타고서 달리다가 몸을 뒤로 젖히면서 곧고 심지 깊은 눈빛을 한 채 활을 당겨 쏘는 장면이 나오죠? 잘 보세요. 저는 거기서 우리가 생각하고 있는 전형적인 무사의 모습을 떠올리지 않아요. 일본 전국시대에 활약했던 잔인한 사무라이나 중국 무협영화에서 나오는 야만적이고 비정한 눈빛 같은 것을 떠올리지 않아요. 저는 그 그림에서 탐미적인 분위기마저 흘러나오는 아름다움과 유연한 몸놀림, 우아한 표정을 봅니다. 저는 인간은, 특히 우리 민족은 달리는 말 잔등 위에서도 사유할 수가 있다고 생각합니다. 제 말이 틀립니까? 특히 여러분들은 그러실 것 같은데. 인간은 빨리 달리는 순간 순간에도 사유할 수가 있어요.

사유는 꼭 긴 시간과 복잡한 절차, 남들의 이상스레 여기는 눈빛을 감수하면서까지 할 정도는 아닙니다. 보통은 사유한다고 해서 산 속 깊은 곳에 들어가거나 전원생활을 하면서 농사짓는 것이 아닙니다. 어떤 과정 속에서도, 산업화 사회에서도, 인터넷이 범람하는 정보화 사회, 어쩌면

무용총 수렵도

이 보다 더 속도감 높고 복잡한 미래사회에 가더라도 느낌은 얼마든지 가능하고 인간이기 때문에 사유는 늘 해야 한다는 것이죠. 그런 의미에서 우리 민족의 정체성을 얘기할 때 감성적인 면이 때로는 좋기도 하지만 지금처럼 지나치면 안 되니 좀 극복해야 하지 않을까 그런 생각을 합니다.

그 동안에 많은 분들이 우리와 외국인을 비롯해서 우리의 정체성을 놓고 이런 저런 주장들을 펼쳤지만, 저는 사실과 검증을 중요시하라는 역사학자 입장에서, 또 제가 실천한 여러 가지 체험과 구축한 이론 등을 통해서 민족성을 이렇게 정의하고자 합니다. 탐험정신, 강한 자의식, 개방성, 상생, 이렇게 4가지로 정리했고, 다소 부정적인 요소로 감성적인 면을 추가로 거론했습니다. 하지만 두 개로 딱 한다면 제가 늘 얘기했듯이 '자의식과 상생' 이라고 얘기합니다. 이것들은 제가 학문, 탐험, 예술에서 구현하고자 하는 사상이고 학문입니다.

이제 우리 민족주의가 할 일은 분명합니다. 남에 의해서 일방적으로 규정되어 왔던 우리 민족의 근원과 민족 생성의 과정, 개성인 민족성 등은 이제 우리 시각으로 보고 발굴한 다음에 적용해야 합니다. 가능하면 이 시대에 맞게끔 긍정적으로 재규정할 필요가 있습니다. 그래서 왜곡됐고 부당하게 평가되었던 우리 문화를 회복해서 재현하면서 제대로 대우를 받으면서 살아가는 일, 이것이 민족주의의 할 일이라고 생각합니다.

여러분 저는 제1강부터 제4강까지 민족문제에 대하여 강의하였습니다. 오늘 마지막 4강에서 다룬 주제는 '우리는 과연 누구인가?', '우리의 성격은 무엇인가?' 였습니다. 이제 강의를 마치겠습니다.

사회자 : 교수님, 〈다시 보는 우리 민족〉, 민족이란 주제를 가지고 4강을 끌

어왔습니다. 자, 오늘 전체 강의를 정리하면서요, 우리가 나누었던 이 이야기 주제를 어떻게 하면 많은 사람들이 공감을 하고 나눌 수 있을까요? 어떤 노력이 필요할까요?

첫 번째 제 강의는 '탈민족주의', 민족의 효용성을 약화시키는 사회적 역사적 배경을 말했습니다. 그런데 이러한 배경을 알기 위해서는 구체적인 사실을 바탕으로 삼아 논리적으로 접근하는 일이 필요합니다.

두 번째 강의는 민족의 구성 요소는 무엇인가? 과거와는 달리 우리 역사를 정확하고 구체적으로 규정하기 위해서, 또 우리의 정체성 즉 우리가 진정 누구인가를 규명하기 위해서도 이제는 우리가 갖고 있는 입장에서 다양한 이론들을 만들어낸 이후에 있는 사실을 본 모습 그대로 볼 필요가 있습니다. 그리고 '자의식'의 문제인데요. 오랫 동안, 우리는 자기 존재를 '타인他人'에 의해서 규정당해 온 기간이 너무 길어요. 그런데 그 '타인(남)'은 우리의 친절한 이웃, 유익한 동반자가 아니라 오히려 우리와 경쟁하거나 때로는 우리를 억압했던 사람들이거든요. 어처구니없지만 그들의 해석을 통해서 우리 스스로를 규정해왔는데 이제는 그런 것 다 떨쳐버리고 무시하세요. 특히 젊은 사람들은 자신들의, 우리의 입장에서 스스로를 과감하게 보고 판단하는 거예요. '나는 누구인가?', '우리 가정은 누구인가?' 그리고 '우리 민족은 누구인가?' 이러한 것들을 이제는 모든 편견, 통념을 깨고 있는 그대로 보라는 것이죠. 그러면 본인들도 자유로운 사고를 갖게 되고, 자유의지(free will)를 갖게 되고, 개인은 자동적으로 성장하고 그 덕에 우리 민족도 발전할 수가 있는 거죠.

또 한 가지는 현실입니다. 지금 우리는 여러모로 어려운 상태에 직면해있습니다. 제가 첫 강의시간에 말씀드렸지만, 인류는 문명사적으로 위

기에 처해있습니다. '조화와 상생'이란 논리와 사상은 민족문제나 역사
문제를 넘어 동아시아, 세계, 나아가 인류문제와 직결되어 있습니다.

어차피 동아시아는 어떤 형태로든지 공동체를 이루겠습니다만, 중국
과 일본, 우리 지역은 당분간 경쟁과 갈등이 불가피합니다. 특히 상대적
으로 약소국인 우리는 생존이란 면에서 절실합니다. 또 하나 남북은 평
화를 유지하면서 빠른 시간 안에 통일되어야만 합니다. 이런 큰 문제들
이 있습니다. 또 여러분들 누구나 다 알고 인정하다시피 한국 사회는 내
부에 너무나 많은 심각한 문제들이 범람하고 있습니다. 무엇보다도 공동
체 의식이 파괴되고 있어요. 도전 정신이 약화되고 있어요. 사람들은 지
나치게 감성적인 탓인지 매사 즉흥적이고 논리적이지 못합니다. 예전 같
은 상생의식도 사라지고 있습니다. 이런 화급하게 해결해야 할 문제들이
산적해 있습니다. 그럼 이러한 문제들을 해결하려면 뭔가 유효성있는
모델을 제시하고 누구나가 가진 힘과 뜻을 모아갈 필요가 있는데, 만약
그 동안에 바른 의미의 민족주의란 것이 작동하고 있었다면 어땠을까 생
각해 봅니다.

인생과 역사에서 가장 중요한 요소는 주체인 자기자신이 아니겠습니
까? '내가 누구인가?', '민족이 누구인가?'에 대한 성격부터 규정한 다
음에 많은 문제점을 해결하는 논리들을 모아놓은 큰 그릇을 삼아서 그것
을 통해서 더 새로운 세계를 향해서 전진하는 노력을 기울일 필요가 있
습니다. 그렇게 해야 하지 않을까요? 자의식, 이것을 찾는 노력이 정말
절실한 시절입니다.

**사회자 : 네, 우리는 늘 스스로를 한민족이라고 불러 왔습니다. 한, 크다, 환하
다, 그 의미만 수십여 가지인 이 말은 하늘과 땅의 이상을 이루는 인간의 광명사**

상을 의미한다고 합니다. '홍익인간'과 '재세이화'를 건국의 이념으로 한 한민족의 민족성은 결코 편협한 국수주의나 제국주의로서의 민족주의와는 다릅니다. 그동안 4강에 걸쳐 윤명철 교수님과 함께 〈다시 보는 우리 민족〉이라는 주제로 조화와 상생의 즐거운 민족주의, 열린 민족주의로 가는 길을 생각해 보았습니다. 많은 도움이 되셨길 바랍니다. STB상생방송 역사특강, 함께 해 주셔서 감사합니다.